普通高等教育"十二五"规划教材

保险团队管理

主　编　宋安顺
副主编　傅　航　阳玉浪
参　编　张益林　张昌松　谭新兰
　　　　董　竞　李　平
主　审　许　捷

北京大学出版社
PEKING UNIVERSITY PRESS

内 容 简 介

本书在介绍团队及团队管理一般概念的基础上,结合保险组织中的团队特点,讲述了保险团队增员管理、保险团队业务管理、保险团队激励、保险团队沟通与冲突处理、保险团队成员留存与职涯发展、保险团队执行力建设等内容,为保险公司的团队管理提供理论指导。

本书既可作为应用型本科、高职、成人高校金融保险类相关专业的教材,又可作为金融保险类企业员工的培训和自学教材。

图书在版编目(CIP)数据

保险团队管理/宋安顺主编. —北京:北京大学出版社,2012.6
ISBN 978-7-301-20408-5

Ⅰ.①保… Ⅱ.①宋… Ⅲ.①保险企业-企业管理-组织管理学 Ⅳ.①F840.32

中国版本图书馆 CIP 数据核字(2012)第 049255 号

书　　　　名:	保险团队管理
著作责任者:	宋安顺　主编
策划编辑:	邱　懿
责任编辑:	邱　懿
标准书号:	ISBN 978-7-301-20408-5/F·3123
出版发行:	北京大学出版社
地　　　　址:	北京市海淀区成府路 205 号　100871
网　　　　址:	http://www.pup.cn
电子邮箱:	zyjy@pup.cn
电　　　　话:	邮购部 62752015　发行部 62750672　编辑部 62754934　出版部 62754962
印　刷　者:	三河市博文印刷有限公司
经　销　者:	新华书店

787 毫米×1092 毫米　16 开本　13.5 印张　329 千字
2012 年 6 月第 1 版　2019 年 11 月第 3 次印刷

定　　价:29.00 元

未经许可,不得以任何方式复制或抄袭本书之部分或全部内容。

版权所有,侵权必究

举报电话:(010)62752024　电子信箱:fd@pup.pku.edu.cn

前　言

现代管理越来越重视团队这一概念,团队越来越成为各种工作组织中的一个主体,其重要性也日益显现,团队管理理论已经发展成为当今世界管理学理论的一个重要分支。越来越多的组织已经发现,相比于其他工作方式,以团队为基础的工作模式可以取得巨大的成绩,关键在于如何对团队实施有效的管理。由于团队的诞生符合市场竞争的需要,具有极强的生命力,因此得以迅速在全球范围内推广到各领域各行业。

当前保险行业面临激烈的竞争,众多保险公司都采取了团队这种有效的组织模式。由于保险行业的特殊性,保险公司的团队管理也存在着诸多与一般团队管理所不同的地方,具有鲜明的行业特色。实践表明,保险公司的团队管理当前已面临瓶颈,在管理模式、激励手段、人才素质、团队有效扩张等方面难以维持持久高效地运作。保险行业的团队管理迫切需要相关的理论来对实践进行指导。然而,迄今为止,市面上还找不到一本专门针对保险行业出版的团队管理类教科书,本书的问世可望填补这一空白。

本书编者在编写过程中不仅参阅了大量的文献,还深入保险公司进行了广泛调研,汲取了大量理论和实践的成果精华,在反复推敲的基础上定稿。本书共分九章,内容包括团队概述、团队建设、保险团队与团队主管、保险团队增员管理、保险团队业务管理、保险团队激励、保险团队沟通与冲突处理、人性化管理与新人留存、团队精神培育等内容。

本书具有以下三个特点。一是突出了操作性,精选了大量的案例,并在内容中穿插了许多小资料,将团队管理理论的实践运用尽可能多地展现给读者;二是内容合理,不仅注重内容的系统性、科学性,还力求使内容的编排与保险团队管理实践相一致,使内容与结构都具有实用性和先进性,深入浅出,循序渐进,并通过案例、实训等环节将理论与实践结合起来,同时也增强了知识性与趣味性;三是结构新颖,构建了包括教学目标、教学要求、案例导入、各章小结、思考练习、案例分析和实训项目为内容的复合型教材体例,以适应教师精讲、学生参与、师生互动、提高技能的新型教学理念和教学方法。

本书由宋安顺担任主编,并负责拟定编写提纲、统稿和定稿,傅航和阳玉浪任副主编。具体编写分工为:傅航、董竞编写第一章、第三章、第八章,阳玉浪、谭新兰编写第二章、第七章,张益林、张昌松编写第四章、第五章,宋安顺、李平编写第六章、第九章。全书由许捷担任主审。

  本书既可作为应用型本科、高职高专、成人高校金融保险类相关专业的教材，又可作为金融保险类企业员工的培训和自学教材，对于行业和公司高管也具有一定的指导作用。

  在编写中我们参考和吸收了前人的研究成果，并得到了保险职业学院众多师生和多家企业的支持与帮助，借以充实内容，谨在此表示感谢。

  由于编者水平有限，书中难免出现疏漏、不妥和错误之处，敬请广大读者和专家批评指正，以期不断改进。

编 者
2012 年 2 月

目　　录

第一章　团队概述 ……………………………………………………………（1）
　　第一节　团队的概念 ……………………………………………………（2）
　　第二节　团队的构成要素 ………………………………………………（8）
　　第三节　团队的类型 ……………………………………………………（12）
　　案例分析　《西游记》中的唐僧团队 …………………………………（19）
　　实训项目 …………………………………………………………………（21）

第二章　团队建设 ……………………………………………………………（22）
　　第一节　团队建设概述 …………………………………………………（23）
　　第二节　团队发展阶段 …………………………………………………（28）
　　第三节　团队建设的途径 ………………………………………………（32）
　　案例分析　是什么使波音 717 击败竞争对手 ………………………（37）
　　实训项目 …………………………………………………………………（38）

第三章　保险团队与团队主管 ……………………………………………（39）
　　第一节　保险团队的特征 ………………………………………………（40）
　　第二节　保险团队管理艺术 ……………………………………………（42）
　　第三节　保险团队主管的角色定位 ……………………………………（47）
　　第四节　保险团队主管所需的素质 ……………………………………（50）
　　案例分析　一名有效的管理者应该具备什么样的素质？ ……………（53）
　　实训项目 …………………………………………………………………（54）

第四章　保险团队增员管理 ………………………………………………（55）
　　第一节　保险团队增员简介 ……………………………………………（56）
　　第二节　保险团队增员原则 ……………………………………………（58）
　　第三节　保险团队增员途径 ……………………………………………（62）
　　第四节　保险团队增员误区 ……………………………………………（66）
　　案例分析　增员对比 ……………………………………………………（71）
　　实训项目 …………………………………………………………………（72）

第五章　保险团队业务管理 ………………………………………………（73）
　　第一节　保险团队活动量管理 …………………………………………（74）

I

第二节　保险团队会务管理 ……………………………………… (80)
　　第三节　保险团队绩效管理 ……………………………………… (88)
　　第四节　保险团队客户服务管理 ………………………………… (93)
　　案例分析　A 公司的团队管理之策 ……………………………… (99)
　　实训项目 …………………………………………………………… (100)

第六章　保险团队激励 ………………………………………………… (102)
　　第一节　激励理论概述 …………………………………………… (103)
　　第二节　保险团队激励原则 ……………………………………… (106)
　　第三节　保险团队激励方式 ……………………………………… (109)
　　第四节　保险团队激励机制的构建 ……………………………… (115)
　　案例分析　RS 保险公司的激励方式 …………………………… (123)
　　实训项目 …………………………………………………………… (124)

第七章　保险团队沟通与冲突处理 …………………………………… (125)
　　第一节　团队沟通概述 …………………………………………… (126)
　　第二节　保险团队沟通技巧 ……………………………………… (132)
　　第三节　保险团队沟通要素与沟通策略 ………………………… (143)
　　第四节　保险团队冲突处理 ……………………………………… (148)
　　案例分析　果真是"管到怕"了吗？ …………………………… (160)
　　实训项目 …………………………………………………………… (160)

第八章　人性化管理与新人留存 ……………………………………… (162)
　　第一节　人性化管理的内涵 ……………………………………… (163)
　　第二节　保险团队的新人流失与留存 …………………………… (168)
　　第三节　团队培训 ………………………………………………… (172)
　　第四节　团队成员职业生涯规划 ………………………………… (181)
　　案例分析　王主任的电话追踪 …………………………………… (188)
　　实训项目 …………………………………………………………… (189)

第九章　团队精神培育 ………………………………………………… (190)
　　第一节　团队精神概述 …………………………………………… (190)
　　第二节　团队凝聚力培养 ………………………………………… (196)
　　第三节　团队精神塑造 …………………………………………… (201)
　　案例分析　蚂蚁如何将巨蟒搬回家 ……………………………… (206)
　　实训项目 …………………………………………………………… (208)

主要参考资料 …………………………………………………………… (209)

第一章
团队概述

▶ **教学目标**

通过本章学习,树立最基本的团队理念,对团队有一个初步的认识;了解团队与群体的区别以及团队的基本类型,掌握团队的概念、高绩效团队的特征以及团队的构成要素。

▶ **教学要求**

要求掌握团队的概念,并能用这些概念去区分现实中的团队与群体;能够用这些基本理念指导组建一支高绩效的团队并认清团队的不足及改进方式。

▶ **案例导入**

每当秋天来临,你就会看到一会排成人字、一会排成一字的大雁向南方飞去。是什么力量支撑着他们飞向那遥远的南方呢?原来当大雁扇动双翼的时候,所有尾随的同伴都可以借力飞行,雁群以"V"字形的方式飞行比孤雁单飞增加了71%的飞行距离。无论任何时候,当一只大雁要脱离队伍,它马上就会感受到一种阻力,借助前一只伙伴的支撑,它很快就能回到自己的队伍。雁群飞行过程中,头雁最辛苦,没有任何力量可以借助,一旦头雁疲倦,就会主动退回到队伍中而由另外一只雁取代。在队伍中,后面的大雁会以叫声来鼓励前面的伙伴继续前进。当有大雁生病或受伤时,其他的两只大雁会从队伍中飞回来协助并保护它,始终伴随左右,直到生病的大雁康复或死亡为止,然后它们继续组成自己的队伍飞行,直到赶上大队。一只孤雁永远也飞不到那遥远的南方!这就是团队的魔力!

第一节 团队的概念

一、团队的含义

"团队"一词来源于英文单词"team",直译的最常用的词汇是小组,但该词往往也成工作团队,即"work team"。团队与我国现在工厂企业里的班组、学校里的教研组是性质不同的两种基层单位。团队的概念有多种不同的解释,如美国学者罗宾斯团队强调成员们协同合作后的巨大绩效,中国学者章义伍强调对每一个成员知识技能的合理利用,中国著名的团队管理培训师章义伍强调对每一个成员知识技能的合理利用,国内团队管理领域的研究生先驱贾硕林、颜寒松强调"其成员的行为之间相互依存、相互影响"和"追求集体的成功"。

由此可见,现实中应从多角度全面理解团队概念的范畴。在管理科学和管理实践中,人们有着基本一致的看法,即"团队"一词的概念是:一个组织在特定的可操作范围内,为实现特定目标而建立的相互合作、技能互补、一致努力的由若干成员组成的共同体。也就是说,团队是由一些具有共同信念的人为达到共同目的而组织起来的,各成员通过沟通与交流保持目标、方法、手段的高度一致,从而能够充分发挥各成员的主观能动性,运用集体智慧将整个团队的人力、物力、财力集中于某一方向,形成比原组织具有更强战斗力的工作群体。

团队成员要接受一定的训练,要掌握团队工作技能和习惯,特别是每个成员都要掌握多种技能,以便在工作中相互支援。团队成员要具备解决问题和做出决定的能力,还要进而能明确问题并提出解决问题的方法。因此,并不是群体中的每一个人都能成为团队成员,同时,也不是每一个既定组织都可以引进团队组织和团队管理。

好的团队不一定能打造一个好的企业,至少在短时间内不能,而一个强势的企业肯定有一个高效的团队。群体,在英文叫做 Group;团队,在英文叫做 Team,团队不同于群体。群体可能只是一群乌合之众,并不具备高度的战斗能力,而团队则必须要满足下面三个条件。

（一）自主性

如果一个领导不在公司,也没带手机,员工能自主做事,正常运作,用不着逢事都向领导打手机请示,这样的组织就可以看做是一个团队。可以这样说,员工找领导的次数越多,公司里的自主性就越不强。公司的管理者应该想想,公司的员工提出过什么方法,讲过什么想法,员工参与决策越多,公司的自主性就越强。

（二）创造性

国内许多组织中经常是领导在下达意见或提出主张,下属员工都是听领导的指挥做事。领导长期决策,容易抹杀员工的创造性。作为团队的一员,员工自己会不会经常发掘问题点?会不会对自己的工作定期提出流程改善建议?这是团队具有创造性的表现。

(三)合作性

俗话说:人心齐,泰山移。可见合作性对于团队达成目标具有非常重要的作用,因此团队成员不仅要有较强的工作意愿和工作技能,还要强调成员之间的相互合作,共同完成任务。如果每位成员都能做到大公无私,主动发挥团队合作精神,就有可能把团队任务完成得又快又好。所以,中国企业的管理者更应该充分重视团队的合作性。比如后勤部门,不是后进部门,也不是坐在后面,而是要走到前面去做工作,这样才能体现团队的合作性。

> 20世纪30年代,全球最大最强的汽车制造企业是美国的通用汽车公司。而到20世纪80年代,日本的汽车已经成功地打入美国市场。日本汽车的成功离不开良好的团队合作。
>
> 企业生产的产品一般经过市场营销、产品设计、成本核算、生产制造、销售、售后服务等环节。美国的汽车制造企业是按照流程从市场营销开始,一直到售后服务来开展业务,一般需要5年时间形成一个周期。而日本企业通过良好的分工与团队合作,从市场营销开始,各个部门共同参与,一般只需要18个月就形成一个周期。借助团队合作的高效,日本汽车企业在20世纪80年代利用能源危机这一契机,成功打入了美国汽车市场。

二、团队和群体的区别

可以说,"团队"一词脱胎于工作群体,又高于工作群体。所谓群体是指为实现某个特定目标(个体目标或整体目标),有两个或两个以上相互作用、相互依赖的个体的组合。在工作群体中的成员,不存在成员之间的协同机制,因而群体是不能够使群体的总体绩效水平大于个人绩效之和的。团队和群体的区别如下(如图1-1所示):

(一)领导方面

作为群体应该有明确的领导人;团队可能就不一样,尤其团队发展到成熟阶段,领导权往往授予到团队成员之中,甚至成员共享决策权。

(二)目标方面

群体的目标必须跟组织保持一致,但团队中除了这点之外,还可以产生自己的目标。

(三)协作方面

协作性是群体和团队最根本的差异,群体的协作性可能是中等程度的,有时成员还有些消极,有些对立;而团队中应呈现齐心协力的气氛。

（四）责任方面

群体的领导者要负很大责任,而团队中除了领导者要负责之外,每一个团队的成员也要共同负责。

（五）技能方面

群体成员的技能可能是不同的,也可能是相同的,而团队成员的技能是相互补充的,把不同知识、技能和经验的人综合在一起,形成角色互补,从而达到整个团队的有效组合。

（六）结果方面

群体的绩效是每一个个体的绩效相加之和,团队的结果或绩效是由大家共同合作完成的产品。

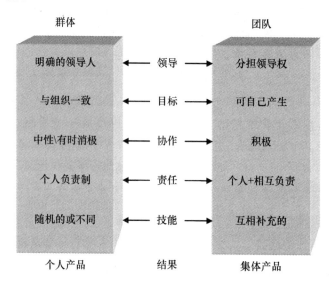

图 1-1　团队和群体的比较图

群体和团队的实例区分:

龙舟队、旅行团、足球队、候机旅客这四个类型中,哪些是群体? 哪些是团队?

实际上,龙舟队和足球队是真正意义上的团队;而旅行团是由来自五湖四海的人组成的,它只是一个群体;候机室的旅客也只能是一个群体。

NBA 在每赛季结束后都要组成一个明星队,由来自各个队伍中不同的球员组成一支篮球队,跟冠军队比赛,这个明星队是团队还是群体,或其他组织?

明星队是团队还是群体,有一些争议。我们的看法是:明星队至少不是真正意义上的团队,只能说是一个潜在的团队,因为最关键的一点是成员之间的协作性还没有那么熟练,还没有形成一个整体的合力,当然从个人技能上来说也许明星队个人技能要高一些。所以认为它是一个潜在的团队,在国外也有人叫它伪团队。

从群体发展到真正的团队需要一个过程,需要一定的时间磨炼。这个过程通常分为以下三个阶段(如图1-2所示):

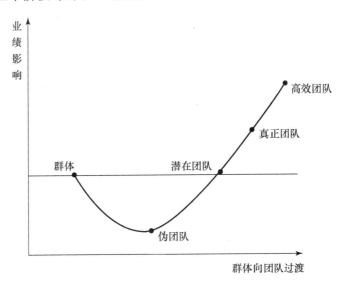

图1-2　群体向团队发展的阶段

第一阶段,由群体发展到所谓的伪团队,也就是我们所说的假团队。

第二阶段,由假团队发展到潜在的团队,这时已经具备了团队的雏形。

第三阶段,由潜在的团队发展为一个真正的团队,它具备了团队的一些基本特征。真正的团队距离高绩效的团队还比较遥远。

三、高绩效团队的特征

尽管每一个成功的团队都有着其不可替代的特质,但是它们也具备一些共同的特征,而且这些特征往往是团队取得成功所必不可少的。通过比较分析很多个成功和失败的团队,总结出取得高绩效的团队必定具备的六个特征:效率至上,结果导向,各司其职,目标一致,高度协同,快速反应。

(一) 效率至上

在团队管理中,尽管效率不等于绩效,但是要取得高绩效,高效率是根本。成功的经理人将团队效率视为第一位。在他们看来,不能够取得高效率,一切都毫无意义。今天的企业面对的是一个竞争异常激烈的商业时代,在这个时代,商业经营最重要的因素便是速度。唯有速度才可以使企业获得成功。速度首先意味着效率:没有高效率,就不可能获得高速度。

高绩效团队信奉"效率为王",他们认为确定好目标之后,决定团队成败的最

关键因素便是效率。因此,他们将精力集中在寻求更加有效、更为快捷的解决问题的方法。他们绝不墨守成规,因为它们知道,"老办法每个人都在用,每个团队都在用"。如果不能够创造出新的工作方式,便意味着可能将被淘汰。

A带领着公司最杰出的销售队伍,每年他们都能够在已经相当饱和的市场中获得增长,并且不断将新进入市场的竞争对手赶出自己的市场领域。在一次交流过程中,我们聊起了团队的绩效,A直截了当地说:"对于一个团队来说,最重要的就是创新,不断地创新,唯有创新,才能够保证效率。当你的效率超过竞争对手时,无论是客户还是市场资源,都会向你产生倾斜,你将在市场之中获得更多的话语权和主动权。"

(二)结果导向

高绩效团队的第二个共同的特征是"一切以结果为导向",无论取得了多么杰出的成就,但是如果与最初的目标不相一致,在他们看来就是失败。

高绩效团队中的每一个成员,每时每刻思考的都是如何实现既定的目标。因为结果决定一切,结果象征着团队所创造的价值,而企业的发展正是依靠每一个团队所创造出来的价值。

同样,结果决定着客户的态度。在当今日益激烈的市场竞争中,无论企业和团队抱有多么良好的态度,或是提供多么便捷的服务,如果生产出来的最终产品无法令客户满意,那么就只能够遭遇失败。

"每天起床之后,我们考虑的都是如何与目标靠得更近一些。我们在办公室的每一个角落都写上今年的目标,这样我们就可以时刻牢记目标。"

B是一名软件开发部门的经理,去年年底,竞争对手开发了一套新的软件,很快获得了市场的青睐。在研究过对方的产品之后,他们发现了一个重要的技术性问题尚未得到解决。于是他立即组织部门召开了会议,立下军令状,要在下一个市场高峰(寒假)来临前解决这一技术难题,从而取代对方在市场中的地位。

(三)各司其职

彼得·德鲁克在他最为畅销的作品《卓有成效的管理者》中将团队成员的取长补短视为团队取得高绩效的关键因素。只有团队中的每一个成员都能够充分发挥自身的特长和技能,并且产生一种高度的协同,才能够取得真正的高绩效。

杰克·韦尔奇始终强调管理的根本就是人的问题:"把适合的人放到适合的位置上去,然后给予他们充分的自主权。"真正高效的团队总是如此,团队中的每位成员都非常明确自身的职责,同时对自身的工作有着高度的要求。

"我只要做好自身的工作,当然,我需要与大家保持步伐一致,过快和过慢都是不行的。"C是一位年轻的女职员,在连续换了3次工作之后,终于找到了自认为理想的工作。因为在新的岗位上,她非常明确自身的工作和要求,而不像以往总是迷迷糊糊,做完今天的工作就不知道明天将会做什么。

(四)目标一致

如果说团队是有灵魂的,那么这个灵魂必定是团队的目标。只有共同的目标才能够将一个由多人组成的群体凝聚为息息相通的团队。

一支高绩效的团队必定拥有一个共同的目标,这一目标会渗透到团队成员的行为之中。目标是否一致是评价一个团队是否具备凝聚力的核心标准,只有团队中的每一个成员都非常明了团队的目标,并且深刻理解自身在实现这一目标过程中所承担的职责,团队才能够取得高绩效。

失败的经理人无法使自己的成员理解目标,因而也无法将目标分解落实下去。研究人员曾与一些失败的团队成员进行沟通,在询问他们为何会遭遇失败时,总是会得到以下一些答复:

"我不知道我们要往哪里去,每天都有一些具体的工作,但这些工作之间又没有确切的联系。"

"上面总是在不停地变换着目标,当我们为前一个目标做好准备时,往往又需要另起炉灶,为新目标作准备。"

"从加入这一团队开始,我始终也没有弄清自己应该做什么,更别提整个团队的目标了。"

……

(五)高度协同

协同总是被管理者们反复地强调,然而事实上,大多数团队的协同存在问题。

高度协同是一支团队能否实现目标的基础要求之一。研究众多失败团队的结果表明,它们虽然在最终也实现了目标,但失败的原因却不外乎两种:一是超出了预定的时间,错过了良好的市场机会,最终处于被动地位;二是消耗的成本和资源过多,使企业陷入了严重的财务危机。

这两种原因的产生往往正是因为内部的协同性不够。很多经理人将大量的时间花费在内部反复地沟通和协调上,无法将目标清晰地传达给每一位团队成员,也无法使团队成员保持良好的协同去实现目标。

某集团是一家客车制造企业,这是一家内耗极其严重的企业,由于团队内部存在着沟通障碍,常常延误客户的提车时间。延期交车已经是一个极其严重的问题了,然而,在该企业的制造车间内还存在着另一个更为严重的问题:材料总是被严重浪费。浪费的原因很简单:在造车之前,车间主任没有将所需要的材料用量清晰地告诉工人们,导致了工人们根据自身的经验随意配置材料。

根据销售资料可以发现,该企业所销售出去的产品,许多在成本上已经高于销售价格。可想而知,长期下去,这样的企业将被内部的协同问题拖垮。

(六)快速反应

成功的企业通常有一个重要的特征,那就是在外界市场环境发生变化时,迅速采取措施,把握市场机会成为领先者。

很多企业管理者都有类似的感受,常常在机会面前感觉到"心有余而力不足"。那么,是什么决定着一个企业的快速反应能力?自然是组成企业的各个部门,而打造部门快速反应能力的责任应由经理人来承担。一个具备快速反应能力的团队往往具备以下一些特点:对企业自身所处的环境异常敏感,能够及时把握住行业的变化,并结合企业实际情况采取行动;在确定了新的任务和目标之后,能够迅速使团队每一位成员都全身心地投入其中;在面对问题时,团队所有成员群策群力,寻求解决方案,等等。

李嘉诚在总结自己的成功经验时说:"决定一件事后,就迅速行动,勇往直前去做,这样才会取得成功。"

一个职业经理人这样说:"今天的市场并不缺少机会,机会很多,但是我们往往只能眼睁睁地看着机会从身边擦肩而过。为什么?根本原因在于自身的能力不够,无法迅速作出调整以适应机会的需要。"

效率至上、结果导向、各司其职、目标一致、高度协同、快速反应是一支高绩效团队所拥有的六种典型特征,团队管理者应力求使自己的团队朝这些特征靠拢,保证团队的高效运行。

第二节 团队的构成要素

任何组织的团队,都包括五个要素,简称"5P",即目标(Purpose),定位(Place),权限(Power),计划(Plan),和人员(People)。这五个要素是组成团队必不可少的。

一、目标(Purpose)

团队应该有一个明确的目标为团队成员导航。没有目标这个团队就没有存在的价值。团队的目标必须跟组织的目标一致,大目标可以分解成小目标并具体落实到各个团队成员身上,由团队成员合力实现这个共同的目标。同时,目标还应该得到有效地传播,让团队内外的成员都知晓。如把目标贴在团队成员的办公桌上、会议室里,以此激励所有的人为这个目标去工作。

自然界中有一种昆虫很喜欢吃三叶草,这种昆虫在吃食物的时候都是成群结队的,第一个趴在第二个的身上,第二个趴在第三个的身上,由一只昆虫带队去寻找食物,这些昆虫连接起来就像一节一节的火车车厢。管理学家做了一个实验,把这些像火车车厢一样的昆虫连在一起,组成一个圆圈,然后在圆圈中放了它们喜欢吃的三叶草。结果它们爬得精疲力竭也吃不到这些草。

这个例子说明在团队中失去目标后,团队成员就不知道向何处去,最后的结果可能是饿死,这个团队存在的价值可能就要打折扣。

对于一个企业来说,自从打算开始在组织内部建设团队一开始,就必须树立明确的目标,直至该团队完成使命消亡为止。团队管理者应该思考:建立团队的原因和目的是什么?我们希望我们的团队能够为我们的企业解决什么样的问题?完成什么样的任务?这些都是在建立团队之初就应该明确的。团队的目标还有更广泛和深远的意义。共同,远大的目标可以令成员振奋精神,与企业的政策与行动协调和配合,充分发挥生命的潜能,创造超乎寻常的成果,从而在真正的学习中体会工作的真意,追求心理的成长与自我实现,并与周围的世界产生一体感。

归根到底,人是社会的动物,有着一种自然的归属感,不仅团队,人类的任何一种组织的诞生都是基于人类彼此存在共同的需求。在人类群体活动中,很少有像共同的愿景这样能激发出强大力量的东西。在这样的一个群体中,只有共同的愿景才能够使得团队的成员知道自己明确的角色和任务,从而真正组成一个高效的群体,把工作上相互联系,相互依存的人们团结起来,使之能够产生 $1+1>2$ 的合力,更有效的达成个人、部门和组织的目标。如果团队各个成员的目标各不相同,那么这个团队的前景就会岌岌可危了。

团队的目标并非是一成不变的,例如:在新产品开发出来以后,团队工作的重点毫无疑问的应该转移到增强它的竞争力上去;如果目标是提高客户对产品的满意度,那么团队的第一步就是如何提高服务质量等等。

在团队建设中,有人做过一个调查,问团队成员最需要团队领导做什么,70%以上的人回答——希望团队领导指明目标或方向。而问团队领导最需要团队成员做什么,几乎80%的人回答——希望团队成员朝着目标前进。

二、定位(Place)

团队的定位包含两层意思:第一层是团队的定位,即团队在企业中处于什么位置?由谁选择和决定团队的成员?团队最终应对谁负责?团队采取什么方式

激励下属？第二层是个体的定位，即作为成员在团队中扮演什么角色？是订计划还是具体实施或评估？第三层是团队如何结合到现有的组织结构中？如何产生出新的组织形式？这往往是管理者重点思考的问题。

在讨论团队的定位问题时，有必要首先回答一些重要的问题，例如：团队是什么类型的，建议/参与型团队？生产/服务型团队？计划/发展型团队？行动/磋商型团队？团队面临的首要任务是什么？团队对谁负责？依据什么原则决定团队的成员和团队的各种规范？明确团队的定位是非常的重要的，因为不同类型的团队有着极大的差异，它们在工作周期，一体化程度，工作方式，授权大小，决策方式等各方面都有很大的不同。如一个服务团队可能需要持久的工作，它的一体化程度是非常高的，它的成员中的差别化不是很严重；可是一个研发团队的工作周期可能很短，但是它的成员的差别化要求会很高。

在团队的定位明确以后，接下来就可以制定一些规范，规定团队任务，确定团队应如何溶入组织结构中。同时，也可以借此传递公司的价值观和团队预期等重要信息。当然，这不仅仅是一个管理者改造组织结构的问题，也是管理者与团队全体成员一起转变和更新思维的过程，如此使团队成为一个更具有合作性的工作场所，让来自组织不同部分的人们能够真正成为团队伙伴。这将打破传统的组织结构模式，使我们深入研究并重新审视组织自身的结构问题，对企业团队进行准确的定位。

三、权限(Power)

所谓权限，是指团队负有的职责和相应享有的权利大小。团队当中领导人的权力大小跟团队的发展阶段相关，一般来说，团队越成熟领导者所拥有的权力相应越小，在团队发展的初期阶段领导权是相对比较集中。确定团队权限要考虑两个方面：(1)整个团队在组织中拥有什么样的决定权？如财务决定权、人事决定权、信息决定权等。(2)组织的基本特征。如组织的规模多大，团队的数量是否足够多等；一般来说，组织对于团队的授权有多大，它的业务是什么类型。对团队权限进行界定需要回答以下几个问题：

- 团队的工作范围是什么？
- 它能够处理可能影响整个组织的事物吗？
- 它的工作重心集中在某一特定领域吗？
- 不同团队的界限是什么？
- 你所组建的团队在多大程度上可以自主决策？

团队工作成效在很大的程度上取决于其积极性和主动性。在企业中，影响人们的工作积极性的主要因素就是权责利的合理配置问题。团队的权限范围必须与其定位、工作能力和所赋予的资源相一致。调动团队的积极性，需要适当的、合理的、艺术的授权。

这些实际上是团队目标和团队定位的延伸。解决了这些问题,就初步解决了团队的权限问题。当然,要解决的问题会随着团队的类型,目标和定位不同而会有很大的差异,这也取决于组织的基本特征,如规模,结构和业务类型等。对于复杂多边的情况,我们无法给出特定的解决方案,但是在解决权限问题时必须坚持这样一个原则:在考虑团队权限因素时,一定要分清轻重缓急。

四、计划(Plan)

计划有两层面的含义:(1)目标最终的实现,需要一系列具体的行动方案,可以把计划理解成目标的具体工作的程序。(2)提前按计划进行可以保证团队的进度。只有在计划的操作下团队才会一步一步地贴近目标,从而最终实现目标。团队应如何分配和行使组织赋予的职责和权限?团队应该如何高效的解决面临着的各种各样的问题。换句话说,团队成员应该分别做哪些工作,如何做?具体讲这就是计划工作。

一份较好的团队工作计划常常能够回答以下问题:

- 团队需要多少成员才合适?
- 团队需要什么样的领导?
- 团队领导职位是常设的还是有成员轮流担任?
- 领导者的权限和职责分别是什么?
- 应该赋予其他团队成员特定职责和权限吗?
- 各个团队应定期开会吗?
- 会议期间要完成哪些工作任务?
- 预期每位团队成员把多少时间投入团队工作?
- 如何界定团队任务的完成?
- 如何评价和激励团队成员?

事实上很难对上述某些问题给出具体的解答。其具体的答案应根据组织本身特点和实际需要进行合理选择。需要强调的一点是:有些规模或结构相对简单的组织应当考虑人员问题而不是优先考虑职权和计划问题。这样可以避免在决定团队如何发挥作用前选定团队成员而导致一系列问题。

五、人员(People)

人员是构成团队最核心的力量。2个以上(包含2个)的人就可以构成团队。目标是通过人员具体实现的,所以人员的选择是团队中非常重要的一个部分。在一个团队中可能需要有人出主意,有人制订计划,有人实施,有人协调不同的人一起去工作,还有人去监督团队工作的进展,评价团队最终的贡献。不同的人通过

分工来共同完成团队的目标,在人员选择方面要考虑人员的能力如何,技能是否互补,人员的经验如何,等等。

选择成员的原则同样要根据团队的目标和定位。一旦明确了团队需要进行哪些工作,下一步要做的事情就是制订出团队人员职位的明确计划。这项计划的制订者应该尽可能多的了解候选者。他们每个人都有哪些技能、学识、经验和才华? 更重要的是,这些资源在多大程度上符合团队的目标、定位、职权和计划的要求? 这都是在选择和决定团队成员时必须认真了解的。充分了解了所有的候选者,之后,就是挑选最优秀的人选问题。

无论你自己如何定义"最优秀",一个团队绝对不仅仅是几名"最优秀"的人的简单集合。团队是能够产生协同作用的人员的合理组合。因此,我们面临的问题,就不单单是"谁最优秀"的问题,而是"如何为团队提供最佳资源组合并获得最理想的结果"的问题。例如,某人是所有候选中最有才华的,但是因为他无法和其他人和睦共处,组建团队时或许就不能不忍痛割爱。另一方面,某位候选人可能在技能、学识和经验等方面存在一定不足,但是具有领导才干,他也能顺理成章的入选。此时不能求全责备。

第三节　团队的类型

斯蒂芬·罗宾斯根据团队成员的来源、拥有自主权的大小以及团队存在的目的不同,将团队分为三种类型。一是问题解决型团队,该团队往往组织成员就如何改进工作程序、方法等问题交换看法,并就如何提高生产效率、产品质量等问题提供建议,不过它对调动员工参与决策过程的积极性方面略显不足。二是自我管理型团队,这是一种真正独立自主的团队,它们不仅探讨问题解决的方法,并且亲自执行解决问题的方案,并对工作承担全部责任。三是多功能型团队,这种团队由来自同一等级、不同工作领域的员工组成,他们来到一起之后,能够使组织内(甚至组织之间)的员工交流信息,激发新观点,解决面临的问题,协调完成复杂项目。

一、常见的团队类型

(一) 问题解决型团队

在团队出现的早期,大多数团队属于问题解决型团队,就是由同一个部门的若干名员工临时聚集在一起而组成的团队。团队成员定期碰头,一起讨论如何提高产品质量、增加生产效率、改善工作环境、改进工作程序和工作方法,互相交换看法或提供建议。但是,这些团队没有对自己形成的意见或建议单方面采取行动的决策权。

对问题解决型团队应用最广的类型,是"质量圈"(QC)或"全面质量管理小组"(TQC)。

> 我国国有企业的生产车间、班组等,大致属于问题解决型团队,即职工可对改进工艺流程以提高劳动生产率和产品质量等问题提出意见和建议,是团队建设的一种初级形式。在江浙一带的乡镇企业中,已形成了一些所谓的"小企业群集",通过任务分解,迅速实现生产。它们因大多地处分散并独立完成任务,故大致属于一种较初级的自我管理型团队。我国企业中跨功能型团队还非常少见。即使一些企业尝试建设真正意义上的团队,其组建运行尚处于摸索之中。

(二)自我管理型团队

问题解决型团队在员工参与决策方面权力缺乏,功能不足。弥补这种欠缺的结果,是建立独立自主地解决问题、对工作的结果承担全部责任的团队,即自我管理型团队。

自我管理型团队的人数通常有 10~15 人,他们承担一些原本由上级承担的责任。一般来说,他们的责任范围包括控制工作的节奏、决定工作任务的分配等。这种自我管理型团队甚至可以自由组合,并让成员相互进行绩效评估,而使主管人员的重要性相应下降,甚至可能被取消。

需要注意的是,自我管理型团队并不一定带来积极的效果。例如,其缺勤率和流动率偏高。这说明,对自我管理型团队这一形式的采用有一定的范围,需要具备一定的条件。

> 自我管理型团队模式最早起源于 20 世纪 50 年代的英国和瑞典,比如沃尔沃现在的管理模式非常先进,其位于武德瓦拉的生产基地,完全由自我管理型团队进行整辆轿车的装配。在美国,金佰利、宝洁等少数几家具前瞻意识的公司在 20 世纪 60 年代初开始采用自我管理型团队模式,并取得了良好的效果。随后,日本引入并发展成为强调质量、安全和生产力的质量圈运动,到 80 年代后期美国借鉴并创造性地把团队模式发展到了一个新阶段。在这近二十年里,企业所采用的团队类型在不断变化着,以求得最佳效果,很多公司已逐渐从关注于工作团队,转变为强调员工参与决策和控制决策的实施,其中以团队成员自我管理、自我负责、自我领导、自我学习为特点的自我管理型团队越来越显示出其优越性,也逐渐被主流接受。根据 Law Jeretal 的研究发现,1993 年 68%的《财富》1000 强公司使用了自我管理型团队。施乐公司、通用汽车、百事可乐、惠普公司等都是推行自我管理型团队的几个代表,据估计,大约 30%的美国企业采用了这种团队形式。

(三)多功能型团队

多功能型团队是团队形式的进一步发展。这种团队通常由来自同一等级、不同工作领域、跨越横向部门界线的员工组成,他们聚集在一起的目的就是完成一项特定的任务。可以说,盛行于今的项目管理与多功能团队有着内在的联系。

多功能型团队是一种有效的形式,它能使组织内(甚至组织之间)不同领域员工之间交换信息、激发出新的观点、协调复杂的项目、解决面临的问题。但是,多功能型团队不是"野餐聚会",而是有着明确的任务,在其形成的早期阶段往往要花费大量的时间,使团队成员学会处理复杂多样的工作任务,使背景不同、经历和观点不同的成员之间建立起相互信任的关系。多功能型团队是一种运用很广的团队形式,这一团队形式在20世纪80年代末覆盖了当时主要的汽车制造公司,包括丰田、尼桑、本田、宝马、福特、克莱斯勒等,它们都通过"多功能"来协调、完成复杂的项目。

> 麦当劳有一个危机管理队伍,责任就是应对重大的危机,由来自于麦当劳营运部、训练部、采购部、政府关系部等部门的一些资深人员组成,他们平时在共同接受关于危机管理的训练,甚至模拟当危机到来时怎样快速应对,比如广告牌被风吹倒,砸伤了行人,这时该怎么处理?一些人员考虑是否把被砸伤的人送到医院,如何回答新闻媒体的采访,当家属询问或提出质疑时如何对待?另外一些人要考虑的是如何对这个受伤者负责,保险谁来出,怎样确定保险?所有这些都要求团队成员能够在复杂问题面前做出快速行动,并且进行一些专业化的处理。

二、团队类型的新发展

随着团队管理在现代管理中的作用日益突出,团队类型出现了一些新的发展。

(一)跨部门(组织)团队

1. 跨部门(组织)团队的兴起

跨部门团队,是在一个组织内部消除部门分割、实现提高企业内部业务流程效率的组织变革的结果;而跨组织团队,则是对传统组织界限的超越,也可说是对企业外部流程或者市场的重组。

真正的跨组织团队,是组织之间以团结合作、合力创造价值的方法来产生变化的结果。跨组织团队这种新的关系被称为伙伴关系。跨组织团队基于合作而形成的伙伴关系,是对传统交易关系的超越。目前,跨组织团队的合作形式主要有以下几种。

(1)企业与供应商之间的合作。这一方式的合作是指双边跳出组织边界将各自公司内的流程、甚至公司内部的功能加以整合。

(2) 企业与客户之间的合作。这一方式的合作是指通过二者之间的信息沟通实现"消费—生产"的一体化,从而使自身获得市场。

(3) 企业与竞争者或其他企业之间的合作。这一方式的合作主要是指双方共同致力于某些项目(技术、市场等)的开发,以类似战略联盟的形式实现互惠互利。

2. 跨部门(组织)团队的特点

(1) 它是体现"通才"特征的团队。现代企业的工作非常复杂,涉及的知识面非常广,因此,现代企业的流程工作更多的时候是不可能由个人式的通才来完成的,只能是以工作团队(Work Team)通才的形式来完成。由此可见,现代企业流程再造的组织基础是跨部门(组织)团队,这种类型的团队从整体上体现了通才的特点。

(2) 它是各项职能齐全的团队。传统的工作部门小组是按职能划分的,功能比较单一,所构成的群体是一个同质的群体;工作部门小组不仅在横向上分工严密,而且在纵向上存在等级关系。这样,在传统组织中,一个流程往往横跨几个部门,流程的运行效率低,运转周期长。而在跨部门(组织)团队中的工作小组是一个异质结构,其功能比较强,它能实现一个流程的功能,或者至少能完成一个流程中较为完整和复杂的任务。

(二) 学习型团队

1. 学习型团队的兴起

美国麻省理工学院彼得·圣吉教授于1990年出版的《第五项修炼——学习型组织的艺术与实务》一书,融合了团队管理、组织学习、创造原理、认识科学、群体深度讨论于模拟演练等,而发展出来一种人类梦寐以求的组织蓝图——学习型组织,使人们能够在工作中建立共同愿景,从而活出生命的意义。时至今日,这本书仍在中国畅销,且在圣吉理念的引导下,许多企业都以此为理论基础提出了建立学习型团队的目标。

彼得·圣吉认为,传统组织以个人为基础、各自为战。而在新型环境下,大家必须从整体上考虑问题,共同合作,以团队的形式参与竞争。传统组织下的人们,必须改变自己对周边世界的看法(改变心智模式),祛除个人主义思想,代之以系统思考问题的方法,围绕大家共同的愿景目标,共同学习,共同努力。为培养这种学习型组织,彼得·圣吉提出了五项修炼内容:自我超越、心智模式、共同愿景、团体学习、系统思考。其中,系统思考是五项修炼的核心。通过五项修炼,培养团队的学习气氛,进而形成一种符合人性的、有机的、扁平化的团队——学习型团队。

2. 学习型团队的特点

学习型组织强调组织及其成员的共同愿景、共同学习、扁平化和自主型管理、成员家庭与事业平衡发展以及领导者的全新角色等方面。在彼得·圣吉研究的基础上,后人通过研究,提出了学习型团队的特点。

(1) 强目的性。进入21世纪,更有效的组织学习,使组织及其成员能从容应对每天都在发生变化的市场环境和由此带来的前所未有的挑战。更敏捷、个性化、及时、相关的工作方式,使组织更快、更有效地取得较好的绩效水平,从而与竞争者拉开距离。因此,学习型团队是以提高工作绩效为前提,与业务目标紧密相关的。在这样的团队中,学习已成为人们的自觉习惯,成为团队各项职能中必不可少的一部分,学习被视为团队成功的关键要素。

(2) 强认同性。在学习型团队里,学习不是少数人的特权,而是整个团队开发知识、提升技能、改善态度的转变机会。学习总是和团队所要解决的问题相关联的,每个团队成员都受到提高工作质量、不断进步的团队动机驱使。因此,团队能够从所需解决的问题出发来判断哪些知识应该学习,怎样将其结合到团队的知识体系中;团队的氛围也能鼓励、奖励、帮助和促进个人和团队的学习;团队也清楚地知道,持续不断的学习对于团队的生存和成功是必不可少的,从而认同学习型文化,自觉进行创造性的学习。

(3) 强时效性。学习型团队是团队成员在紧密结合时代特征的基础上认同并实践的价值观。团队成员不仅进行一般意义上的知识与技术的学习,更主要的是在进行具有鲜明时代特征的修炼式学习。自己学习、团体学习、专职学习、业余学习、培训学习、实践中学习,每个团队成员都是热情的学习者,每个团队成员都是老师、辅导员和教练。学习已成为工作的核心。

(4) 强引导性。学习在学习型团队内部具有至高无上的地位,各个层次的领导都是学习领导,并充分交流,达成共识。通过提出挑战性的问题或刺激好奇心的办法,来鼓励团队成员学习;用合适的奖励、委托训练和制订发展计划以及建立学习资料中心等办法,使学习制度化;容忍错误、避免指责,以跨学科、跨职能的整合,发展一种从个体学习和团队学习转向团队储存知识和经验的转移机时;倾听团队成员的心声,从而营造一个相互信任的环境;支持持续改进,营造知识共享的良好氛围并以此增强工作绩效。这样,从团队领导到团队成员都能系统地、全局地、联系地、动态地思考和认识团队的活动,自觉将学习转化为个人行为习惯、行为方式和行为准则。

(5) 强开放性。学习型团队强调知识必须能在整个团队里迅速有效地传播。学习型团队包含三个截然不同但又相互关联的学习层次。

第一个层次是个人学习。通过自学,借助技术的教导和观察,取得技能、洞察力、知识、态度和价值观等方面的改变。

第二个层次是团队学习。团队内部完成的在知识、技能和能力等方面的增长。

第三个层次是组织学习。组织内部倡导并推动持续改善而获得智慧、能力和生产效率的提升。

很显然,学习型团队不是一夜之间就建成的,学习型团队的成功来自多种因素。塑造学习型团队时,努力培养团队成员的学习态度、责任感,营造出一种利于学习的环境氛围,形成学习型文化,是学习型团队成功的关键所在。

> 联想从与惠普(HP)的合作中学习到了市场运作、渠道建设与管理方法,学到了企业管理经验,对于联想成功地跨越成长中的管理障碍大有裨益;现在,联想积极开展国际、国内技术合作,与计算机界众多知名公司,如英特尔(Intel)、微软、惠普、东芝等,保持着良好的合作关系,并从与众多国际大公司的合作中受益匪浅。
>
> 除了能从合作伙伴那里学到东西之外,联想还是一个非常有心的"学习者",善于从竞争对手、本行业或其他行业优秀企业以及顾客等各种途径学习。
>
> 柳传志有句名言:"要想着打,不能蒙着打。"这句话的意思是说,要善于总结,善于思考,不能光干不总结。

(三)虚拟团队

1. 虚拟团队的兴起

随着经济全球化进程的加快和先进的多媒体网络、信息通信技术的普遍应用,一种新型的团队工作模式应运而生,这就是虚拟团队。虚拟团队运作的基础是跨部门团队和跨组织团队。所谓虚拟团队,是一种以虚拟组织形式出现的新型工作组织模式,是一些人由于具有共同理想、共同目标或共同利益,结合在一起所组成的团队。从广义上说,虚拟团队早已应用在真实的团队建设世界里。虚拟团队只要通过电话、网络、传真或可视图文来沟通、协调,甚至共同讨论、交换文档,便可以分工完成一件事先拟定好的工作。换句话说,虚拟团队由进行实际工作的真实的团队人员组成,在虚拟的工作环境下,并在虚拟组织的各成员相互协作下提供更好的产品和服务。

2. 虚拟团队的特点

虚拟团队作为一种新型的团队形态,具有不少优于传统的实体性团队的特征。

(1)组织资源的最优整合。虚拟团队大多是跨企业间或企业的子公司,甚至是跨地区、跨国家界限的组织形式。虚拟团队以信息技术为支撑,进行跨地区的实时交流,完成特定任务,因而团队边界非常宽泛。虚拟团队在整合团队的各种资源时,要以同时在团队内部和跨越团队边界的范围来进行,其资源的选择余地和优化程度可能非常高。

(2)多元文化的最优整合。虚拟团队是由不同国籍、不同文化背景,承担不同经营管理职能的个人构成的跨国界团队。虚拟团队的这种多元文化特征,可以帮助团队成员形成全球化的视野和意识,提高团队成员国际知识水平和跨文化交流的能力、多元文化意识,避免公开和潜在的文化冲突与障碍。

(3) 低成本,高效率。虚拟团队的大部分信息交流活动都是借助于互联网和通信技术等来完成的,从而减少了公务差旅费、办公与会议场地的租用费等一系列费用。IBM公司采用虚拟团队模式减少了世界各地的办公室数量,既能够大幅度节省费用开销,又能够大幅度提高生产率。惠普公司的统计数据表明,以虚拟团队方式工作的销售人员,其利润水平是传统销售人员的2倍。

(4) 满足成员对高品质工作和生活的需求。虚拟团队成员可以实现"在家办公",这有利于帮助成员调整工作和闲暇的时间表,满足组织员工追求高品质工作和生活的双重需要,从而达到提高生产率和提高员工满意度的双重功效。

(5) 功能特点专长化。虚拟组织只保留自己的核心专长及相应的功能,比如专于设计的,就只保留设计功能,专于制造的,就只保留制造功能而将其他非专长的能力及相应的功能去掉。"专长化"可以看做是对实体组织"完整化"的否定。

(6) 运作方式合作化。虚拟团队完成一个项目时必须借助于其他能在功能和资源上形成互补关系的企业,通过和其他企业的合作来完成一次运作过程。在虚拟团队运作过程中,通过合作关系形成一个合作网络,在这个合作网络上,每个团队成员都不具有驻留性,即在合作网络上不时有网络中的企业离去和网络外面的企业进入——进进出出均依据项目需要而定。

(7) 存在方式离散化。虚拟团队本身在空间上的存在不是连续的,它的资源、功能呈离散状态——分散在世界的不同地方,彼此之间通过高效的信息网络连接在一起,高效的信息传递超越了时空障碍。

  2003年导致全球三十多个国家和地区四百多人死亡的神秘病毒SARS在各地爆发后,世界卫生组织迅速联络来自中国、德国、法国、日本、新加坡、香港、英国等国家和地区流行病领域的13家顶尖实验室,成立了非典型肺炎研究的虚拟团队,在最短的时间内找到了病原体。这些散居在世界各地的科学家每天进行可视电话会议,在一个加密的网站上交换病毒图谱,在第一时间交换信息,彼此互动,相互启发。在研究团队中各位专家毫无保留的共同努力下,SARS病毒的研究只用了3周时间就取得了重大突破,速度实在是惊人。可见,有效的团队信息结构的确能使团队中的信息有效集中、有序管理,高效优质地满足团队对各种信息的需求。

本章小结

本章主要阐述了团队的基本概念。团队是一个组织在特定的可操作范围内,为实现特定目标而建立的相互合作、技能互补、一致努力的由若干成员组成的共同体。作为一个团体必须符合三个条件：自主性、合作性和创造性。"团队"一词脱胎于工作群体，又高于工作群体。所谓群体，是指为了实现某个特定目标，有两个或两个以上相互作用、相互依赖的个体的组合。在工作群体中的成员，不存在成员之间的协同机制，因而群体是不能够使群体的总体绩效水平大于个人绩效之和的。高绩效团队需具备六个特征：结果导向、效率至上、各司其职、目标一致、高度协同和快速反应。任何组织的团队，都包括五个要素，即目标、定位、权限、计划和人员。这五个要素是组成团队必不可少之物。常见的团队类型通常有三种：问题解决型团队、自我管理型团队和多功能型团队。其中自我管理型团队和多功能型团队在生活中应用较多。近年，团队类型又有新的发展，第一种是跨部门（组织）团队，是对传统组织界限的超越既是对企业外部流程或者市场的重组，它是体现"通才"特征和各项功能齐全的团队。第二种是学习型团队，它在系统地解决问题、采用新的方法进行实验、从自己过去的实践中学习、从他人的经验和优秀实践中学习、在组织中迅速有效地传递知识五个主要方面出类拔萃。第三种是虚拟团队，是一种以虚拟组织形式出现的新型工作组织模式，是一些人由于具有共同理想、共同目标或共同利益，结合在一起所组成的团队。

1. 团队的概念是什么？结合实际，对这一概念你是怎么理解的？
2. 团队和群体的区别是什么？
3. 高绩效团队的特征是什么？
4. 谈谈你对虚拟团队的理解？在什么情况下这种团队应用起来效果比较好？
5. 团队构成要素的"5P"是指什么？
6. 谈谈你对学习型团队的认识？

《西游记》中的唐僧团队

《西游记》中的唐僧团队最大的特点就是互补性，领导有权威、有目标，但能力差点；员工有能力，但是自我约束力差，目标不够明确，有时还会开小差。但是总的来看，这个团队是个非常成功的团队，历经九九八十一磨难，最后修成了正果。

一个理想的团队就应该有这四种角色。一个坚强的团队，基本上要有四种人：德者、能者、智者、劳者。德者领导团队，能者攻克难关，智者出谋划策，劳者执

行有力。

德者居上。唐僧是一个目标坚定、品德高尚的人,他受唐王之命,去西天求取真经,以普度众生,广播善缘。要说降妖伏魔的本领,他连最差的白龙马都赶不上,但为什么他能够担任西天取经如此大任的团队领导?关键在于唐僧有三大领导素质:首先,目标明确、善定愿景;其次,手握紧箍,以权制人;第三,以情感人,以德化人。总的来说,作为企业领导,要用人为能,攻心为上。目光如炬,明察秋毫,洞若观火,高瞻远瞩,有眼光就不会犯方向性的错误。

能者居前。孙悟空可称得上是老板最喜欢的职业经理人,因为他能力很强,但有缺点。孙悟空有个性、有想法、执行力很强,也很敬业、重感情,懂得知恩图报,是个非常优秀的人才。但这样的人才如何才能留住他,如何提升他的忠诚度?首先得有规矩,得有紧箍咒。规矩是权威,唐僧如果没有了权威,估计孙悟空早不把他放到眼里了。但制度的力量是有限的,制度只能让员工不犯错,但要让员工有凝聚力,与企业同心同德,还要靠情感,唐僧就是靠他的情感管理,用他的执著和人品感化了孙悟空。此外,如果没有修成正果的目标和愿景,孙悟空也许中途就回去了;没有师徒的情分,估计孙悟空也不会这么卖命;当然,如果没有偶尔的紧箍咒,也许悟空早酿成大错。

智者在侧。从好的方面看,猪八戒虽然总是开小差,吃得多、做得少,时时不忘香食美女,但是在大是大非上,立场还是比较坚定,从不与妖精退让妥协,打起妖怪来也不心慈手软;生活上能够随遇而安,工资待遇要求少,有的吃就行,甭管什么东西,而且容易满足,最后被佛祖封了个净坛使者,是个受用贡品的闲职,但他非常高兴,说"还是佛祖向着我"。更为重要的是,他成为西天枯燥旅途的开心果,孙悟空不开心了,就拿他耍耍,有些脏累差的活,都交给他,他虽有怨言,但也能完成。如果没有猪八戒,这个旅途还真无聊。另外,猪八戒的另外一个优点就是对唐僧非常的尊敬,孙悟空有不对的地方,他都直言不讳,从某种程度上也增加了唐僧作为领导的协调和管理作用。之所以说猪八戒是个智者,完全是站在当今社会的角度。现代社会,员工的压力都很大,如何做一个快乐的人,就要用到猪八戒的人生哲学了。当然,八戒的人生哲学,只是我们在遇到挫折失败时候的一种自我解脱,不能成为自己的主流价值观。

劳者居其下。如果唐僧这个团队只有他和悟空、八戒三个人,那还是有问题,唐僧只知发号施令,无法推行;悟空只知降妖伏魔、不做小事;八戒只知打打下手、粗心大意;那谁挑担子、谁喂马、谁管后勤?可见一个团队,各种人才都要有。沙和尚是个很好的管家,任劳任怨,心细如丝。他经常站在悟空的一面说服唐僧,但当悟空有了不敬的言语,他又马上跳出来斥责悟空,护卫师傅,可谓是忠心耿耿,企业对于这样的人,一定要给予恰当的位置,如行政、人事、质量管理、客户服务等方面。沙和尚忠心耿耿,他是唐僧最信任的人,是老板的心腹,但属于那种有忠诚度但能力欠缺的人才,老板喜欢用,但如果重用、大用,就会出问题。这类人由于能力有限,又无法担当重任,所以往往会造成企业的重大战略决策失误。

问题

1. 唐僧团队之所以能取得如此辉煌的成就,你认为关键因素是什么?
2. 结合案例谈谈你对团队协作性的认识。

实训项目

张文因为其个人的工作能力和表现,被领导提为天剑区总经理,已经有半年的时间了,过来后,基本了解了公司情况同时业务也在照常进行。但是最近这段时间,他越来越觉得负责的这个区有问题。

采购部副经理多次同财务部副经理发生争执,他认为产品进厂了,财务部就得付钱,但问题是,公司最近确实资金比较紧张。对于采购部副经理,张文真的很发愁,他确实能力比较强,但不太敬业,对公司也缺乏热爱,而且这个人非常缺乏合作性,几乎公司上下所有的人都因其不配合的态度同他有过争执。对于他这样的人,公司到底应该怎么办?

张文最近这段时间越来越赏识客户服务部经理王成。办事精炼、安排事情周到细致,跟他在一起非常舒服,张文每当有什么事情,都同他商量一下,而且一些信息也来源于他,在会上也公开表扬他。问过别人对他的评价,都还不错。张文觉得自己得到了一个人才。你觉得张文的做法对团队建设是否有益,怎么做更好?

技术部经理是张文花巨资请过来的,确实也给公司创造了很大的价值,但这个人就是有个习惯,每三个月必须有十天的休假,去旅行,来的时候张文同他并没有谈这个问题,但技术经理不管他同意与否,正常休假。大家都有意见,凭什么他总享受特殊政策?公司的规章制度对他为什么就不好用?你怎么看待这个问题?团队中规章制度重要吗?

又有一批销售员进入了公司,张文深刻感受到企业的扩大,但他也非常担心他这个团队尤其是企业文化对新人的影响。新人来企业必然同老员工有文化的冲突,尤其是这么多人更让他担心,怎么才能让新人更快的接受企业文化并迅速成为团队中一员呢?

第二章
团队建设

▶ 教学目标

通过本章的学习,掌握团队建设的含义、团队建设的原则、作用与任务,了解团队建设中处在不同阶段团队的特点,掌握团队建设的要素及团队建设的途径。

▶ 教学要求

要求掌握团队建设的基本概念、团队建设的过程、原则和途径,并能运用这些基本知识来指导实践中的团队建设。

▶ 案例导入

硅谷首席创新大师、被誉为IT界的拿破仑的"苹果之父"——乔布斯在1998年接受《财富》杂志采访时说:我们所需要的只是四大产品平台,如果我们能够成功搭建这些平台的话,我们就能够用A级团队来完成每一个项目。这样的组织结构简单、实用,分工明确,便于管理。这正是我的风格,精简与专注。

乔布斯创建苹果王国的组织机构非常简单:一个人负责工程部,一个人负责软件开发,一个人领导设计团队,一个人负责公司运营,一个人负责全球销售。公司从上到下是一条清晰的链条式结构,每个部门都由一个专门的人负责,每一位员工只对一个上级负责,绝不会出现多头领导的现象,确保团队战斗力的完全发挥。他在任期间,以每年5款产品的速度推陈出新,据新浪科技北京时间2011年9月6日晚间讯,台湾电子时报市场调研公司Digitimes Research分析师Luke Lin预计,2011年全球智能手机出货量将达到4.62亿部,与2010年的2.88亿部相比增长60%。其中苹果iPhone出货量高居榜首,将达到8640万部,与2010年的4750万部增长81.9%。由此可见全球智能手机销量的头把交椅已非苹果莫属,这就是苹果团队的威力!

第一节　团队建设概述

一、团队建设的含义

团队建设(team building)广义上是指在企业管理中有目的、有计划、有组织地组建团队,并对其成员进行训练、提高、总结的活动过程。企业通过团队建设可以有效而迅速地解决一些在工作标准与岗位职责中遇到的新问题,推行一些规范、合理、实用的工作方法,增加组织的凝聚力,提高团队成员的整体素质。

团队建设狭义上是指团队内部的一组成员通过自我管理的形式负责一个完整的工作过程或其中一部分工作。工作小组成员在一起工作以改进他们的操作或产品,计划和控制他们的工作过程并处理日常问题,甚至可以扩展到公司更广范围的问题。

团队建设应该是一个有效的沟通过程。在该过程中,参与者和推进者都会彼此坦诚相对、增进信任,共同探索发挥团队出色作用的核心问题。

> 钓过螃蟹的人或许都知道,篓子中放了一群螃蟹,不必盖上盖子,螃蟹是爬不出去的,因为只要有一只想往上爬,其他螃蟹便会纷纷攀附在它的身上,结果是把它拉下去,最后没有一只能够出去。这个故事形象地说明,如果团队建设做得不好,那么团队成员就会缺乏团队精神,结果是自私自利,目光短浅,不愿意帮助别人,甚至不愿意看到别人成功,不去学习别人的成功,却一心一意思考着如何在背后使坏,把别人一起拉下去,最后互相牵制,搞得团队里乌烟瘴气,就像拖后腿的螃蟹一样。因此,团队不抓好团队建设工作,就永远是不可能成功的团队。

二、团队建设的原则

一个团队要有统一的目标、统一的思想、统一的行动、统一的声音、统一的规则,没有目标就没有方向,没有规矩不成方圆,不达成共识就不会有生产力。在团队建设过程中,有必要遵循以下原则。

(一)共同目标原则

确立清晰明确的愿景和目标是团队建设的首要原则。共同的目标是团队存在的基础,心理学家马斯洛曾说,杰出团队的显著特征便是具有共同的愿望与目的。由于人的需求不同、动机不同、价值观不同、地位和看问题的角度不同,对企业的目标和期望值有着很大的区别,因此,要使团队高效运转,就必须有一个共同的目标和愿景,就是让大家知道"我们要完成什么"、"我能得到什么"。这一目标是成员共同愿望在客观环境中的具体化,是团队的灵魂和核心,它能够为团队成员指明方向,是团队运行的核心动力。为了使团队的目标更具激励作用,在设计目标和愿景时,必须从以下几个方面入手。

1. 必须明确团队的目标、价值观以及指导方针。

2. 制定实现目标愿景的激励机制,使每位团队成员都相信团队的愿景并愿意努力去实现它。

3. 团队的目标应该根据团队及其企业现有内外环境资源及市场机会理性分析,综合评判,必须建立在团队确实能做到的愿景的基础之上,目标不能定得太高,也不应太低,必须切实可行。

4. 团队目标应该是团队成员利益的集中体现,不仅要合乎社会规范,具有时代性,而且要与团队成员的价值取向相统一。须知对于一个团队来说,所有的团队成员都支持一种观点是至关重要的,必须达成共识。

5. 目标的制定要有前瞻性,团队发生变化以后,理念和目标也必须获得刷新,否则,就会丧失其导向功能和动力作用,目标必须得到有效的贯彻推行。

(二)相互信任原则

良好的团队氛围和健康和谐的人际关系能使团队成员之间从生疏到熟悉、从提防到开放、从动荡到稳定、从排斥到接纳、从怀疑到信任,可以长时期内使人们保持亲密。团队关系越和谐,组织内耗越小,团队效能就越大。信任对于团队的健康发展和效率提高具有至关重要的作用。要使团队健康发展,团队主管和成员之间就应该团结一心,按时、按量履行对团队的承诺,主管在实施企业政策时要公正、公开,从而使团队成员对企业领导的信用以及企业的政策产生信心。同时,主管应该在团队工作范围内充分授权,并向团队公开团队工作所必需的信息,尽量创造机会,与团队成员进行交往、沟通,注重员工工作满意度和生活满意度的提高。团队是每个成员的舞台,个体尊重与满足离不开团队这一集体,要在团队内部经常性地倡导信任、感恩和关爱他人的良好团队氛围,尊重员工的自我价值,将团队价值与员工自我价值有机地统一起来,通过实行良好的工作福利待遇、改善工作环境、职位调换等手段使成员感受工作的乐趣以及挑战性,从而提高团队的工作效率。

> 国内外战绩辉煌的篮球队之所以经常赢得冠军奖杯,关键在于他们的教练是一位极为卓越的领导者,懂得让球队产生一种浓郁的"家人意识",即团队意识,他们具有共同目标,而且愿意相互信任,因此他们的球员在千变万化的球场,愿意在必要的情况之下,牺牲个人得分的机会,在次次奏效的妙传当中,表现出大公无私,协调合作的精神。因为全队共进退,大幅提高了得分率,获得最后的胜利。

(三)行为规范原则

团队要建立健全有效的管理制度、绩效评估体系与激励机制。健全的管理制度、良好的激励机制是团队精神形成与维系的内在动力。一个高效的团队必须建立合理、有利于组织的规范,并且促使团队成员认同规范,遵从规范。合理的制度与机制建设主要包括以下几个方面。

1. 团队纪律。有了严明纪律,团队就能战无不胜。

2. 上级对下级的合理授权。这样就能明确责任和义务,充分调动各方面的积极性和创造性。

3. 有效的激励约束机制。要建立科学的工资制度以及公平考核与升迁制度,在实施激励时,要充分考虑人的需求的多样性,激励形式要丰富多样,注重精神激励与物质激励并举并重,不论是正激励还是负激励都应该做到及时,这样才能促进团队不断发展。

(四)完善技能原则

要有效地提高团队的整体素质,提高团队竞争力,学习是一个重要方面,要注重培训。在知识经济时代,唯一持久的竞争优势是具备比竞争对手学习得更快的能力。对于现代企业来说,企业培训已经成为持续不断地学习和创新的手段和工具,培训对于团队目标的实现非常重要。在团队中,应该营造积极的培训氛围,使团队成员乐于培训,确信自己可以做得更好。企业要在生产经营的同时有计划地实施企业的员工教育培训,把企业办成一个学习型企业。必须重视并积极创造条件,组织员工学习新知识、新技术,经常开展岗位练兵与技术比武活动,为其提供各种外出进修和学习的机会,提高员工的知识、技能和业务水平,使他们能够不断提高自身素质适应企业发展的需要。同时,要加强员工的思想政治工作,加强员工的职业道德建设,培养员工爱岗敬业、团结拼搏精神,在企业内形成和谐、友善、融洽的人际关系和团结一心、通力合作的团队精神。

(五)领导力原则

领导力是指领导在动态环境中,运用各种方法,以促使团队目标趋于一致,建立良好团队关系,以及树立团队规范的能力。优秀的团队领袖往往能同时充当教练员和协调员的角色,能在动态环境中对团队提供指导和支持,鼓舞团队成员的信心,帮助他们更充分认识自己的潜力,并为团队指明方团队领导的行为从而直接影响团队精神的建立。一个优秀的团队领导能够带动并且提高整个团队的活力,指导并帮助团队取得更加突出的成绩。由此可见,团队领导首先要懂得如何管人、育人、用人;其次,必须加强自身素质和能力的修炼,要善于学习、勤于学习,懂得运筹帷幄,懂得把握方向和大局,研究事业发展战略;同时,还要加强自身的德性修养,懂得以德服人,做到开阔胸襟、讲究信誉,发扬民主,敢于否定自己、检讨自己,善于集中团队成员的智慧、采纳团队成员的意见,发扬民主管理的作风,

不断提高领导水平。

将团队定义为"一个联合而凝聚的团体"的管理大师威廉·戴尔,在他《建立团队》一书中就一针见血地指出,近十五年来,领导干部在组织内的角色已经产生重大的改变,他解释说明道:"过去被视为传奇英雄,并能一手改写组织或部门的强硬经理人,在现今日趋复杂的组织下,已被另一种新型领导干部取代。这种领导干部能将不同背景、训练和经验的人,组织成一个有效率的工作团队。"

三、团队建设的作用

团队建设要通过目标管理,提高决策速度,使管理者有时间进行战略性思考,让成员充分明了努力方向;通过激励管理,提高团队执行力,推进成员间协作、信任与沟通;通过学习管理,提高角色的认知能力,培育团结精神和创新精神,让成员具备释放压力和化解危机能力从而达到增强整体竞争力、提高效能的目的。具体来说,团队建设的作用主要表现在以下几个方面。

(一)团队建设可以使团队产生大于个人绩效之和的群体效应

团体与个人的关系就如同整体与部分的关系,团队模式的建立使组织结构大大简化,使领导和团队、团队和团队以及团队内部成员之间的关系成为伙伴式相互信任和合作的关系。建立在志同道合基础上的团队可以起到功能互补的作用,因而决策更合理、科学,士气高涨,从而产生了比个体简单相加高得多的劳动生产率。

当新闻记者采访杰克·韦尔奇时,他说了这样一句话:"我的成功,百分之十是靠我个人旺盛无比的进取心,而百分之九十,全仗着我拥有的那支强有力的团队。"《逆领导思考》一书的作者罗伯特·凯利也说过类似的话:"说到追随与领导,大多数组织的成功,领导人的贡献平均不超过两成。"这是千真万确的事实:一个组织的成功,不光是靠领导人个人的智慧和才华,绝大部分的成功关键在于领导者周边的那些追随者和整个团队完美的表现。

(二)团队建设可以提高企业组织的灵活性

企业团队的共同价值取向和良好的文化氛围,使组织能更好地适应日益激烈的竞争环境,以其敏捷、柔性的优势,增强企业的应变和制变能力,提高企业组织的灵活性,提高企业竞争的效能性。

(三)团队建设可以产生极强的凝聚力

随着改革开放的不断深入,人们的物质文化生活水平也在不断地提高,人们的思想得到了极大的解放,人们已经不再满足于别人对自己的控制和管理,他们不仅仅把工作当做一种谋生的手段,而是更希望在工作中找到人生的乐趣,实现自我价值和自我发展。团队建设之所以强调沟通协调,成员之间相互信任、坦诚沟通,人际关系和谐,是因为这样可以提高员工归属感和自豪感,激发企业员工的积极性,增强企业内部的凝聚力。

（四）团队建设应注重对成员的培养

团队建设鼓励成员能力提升,并对员工进行工作扩大化训练,使其具备持续学习完成任务所需要的知识与技能,使得团队成员迅速进步,从而带来团队工作效率的成倍增长。同时,团队在文化氛围上既强调团队精神,也鼓励个人的完善与发展,从而激发了个人的积极性、主动性和创造性,使得企业员工从机器的附属中摆脱出来,充分体现了人本管理的思想。

在我们的生活当中,单打独斗的时代确实已经过去。诺贝尔奖设立的前25年,合作获奖的只有41%,现在合作获奖的已占到80%。"篮球之神"迈克乔丹率领公牛队获得6次NBA总冠军的奇迹,也是要靠团队才能创造的!在国内,IT巨头联想集团为了应对强大的国际竞争对手,提出要打造一支如狼似虎的团队,简称"打造虎狼之师"。这其中的团队管理的精髓也让我们研究团队管理的人士心向往之。

四、团队建设的任务

团队的好坏,象征着一个企业后继发展是否有实力,也是这个企业凝聚力和战斗力的充分体现。团队建设首先应该从主管做起,主管的观念、思维、视角对团队建设起到至关重要的作用,其次主管要理清工作思路,要有心胸,精诚团结,协作到位,心里始终要装着员工,支持员工的工作,关心员工的生活,用自己的行动和真情去感染身边的每位员工,平时多与员工沟通交流,给员工以示范性的引导,捕捉员工的闪光点,激发员工工作的积极性和创造性,更重要的是主管要沉下身去和员工融为一体,让员工参与管理,给员工创造一个展示自己的平台,形成一种团结协作的氛围。主管的垂范可极大带动全体成员的积极参与。如此,建设一支优秀团队并不难。

素有中国"指甲钳大王"之称的广东聚龙集团的梁伯强很早就对团队管理有了自己的独到见解。他首先在自己公司提出了"一个人的事业不叫事业,一个人的成功不是成功"的理念,引进了团队管理模式,把自己的公司分成管理者团队、经营者团队和生产者团队,各团队根据共同目标实施团队建设,鼓励全员参与。

一般讲,团队建设是一个使团队品质不断完善的长期过程,团队建设要完成三大任务,即:创建团队,培养团队,提升团队。而团队建设的长远目标则是使团队能够不断发展壮大并同时使团队成员得到成长和发展。因此,从一定程度上来看,团队建设应是团队与成员两者共同的提升与发展。

1. 创建团队

这是团队的基础工作,是团队建设的起点,选配优秀的成员凝集成整体这是一个复杂的系统工程,不能简单地组合人员成群体即为团队,必须根据不同的工作筛选适合的成员,放到适合的岗位,同时还要经历一个心理融合期,增进成员之间的沟通、了解、信任,使团队形成合力。一般来讲,团队中要有一个明确的工作目标;至少要有三种不同类型的技能人才:技术专长技能人才、问题解决和决策技能人才以及沟通人际关系技能人才,此外,团队要有科学合理的行为规范。

2. 培养团队

要建设真正意义上的团队,其核心任务之一是培育团队品质,具体内容包括:团队沟通、团队激励、团队培训、团队精神、团队文化、团队决策、团队领导等,通过一系列的建设,使团队成员之间可以共同分享团队目标和核心价值观,能够共同面对团队的任务和困难,产生强有力的凝聚力。因此,团队的培养不是一朝一夕的事,而是伴随团队存在和发展的全过程。

3. 提升团队

团队建设要致力于使团队不断适应外部环境的变化,持续保持和增进团队的优秀品质,同时使团队成员能够得到提升。只有团队成员与团队整体共同发展,团队才能持续存在,才能在竞争中立于不败之地。

第二节 团队发展阶段

从团队的创建和发展过程来看,团队要经历五个阶段,即成立、激荡、凝聚、成熟和调整阶段。

一、成立阶段——团队的组织与融合

在一个组织中,组建团队一般有两种可能,一是建立以团队为基础的组织,即以团队为整个组织的运行基础;二是在组织中有限的范围内或在完成某些任务时采用团队的形式。不管是哪一种,团队成员大都是由不同动机、需求与特性的人组成的,此阶段缺乏共同的目标,彼此之间的关系也尚未建立起来,成员之间的了解与信任不足,尚在磨合之中,整个团队还没建立其规范,或者对于规矩尚未形成共同的看法,这时候矛盾很多,内耗很多,一致性很少,花费很多力气,却产生不了多好的效果。

位于得克萨斯的布朗伍德市的Wes-Tex印刷公司,身为总裁的史蒂夫·布莱克(Steve Blake)最近十分失落,他试图把公司商业名片订单的7天期限缩短,但由于他是个专制式和总管式的决策者,结果并不成功。他决定尝试一些过去没试过的办法,他把加速生产的任务转交给他的130名员工来解决。

员工们决定组成团队共同攻克难关,他们从生产流程的每个环节中抽出员工组成一个工作团队,以找到瓶颈所在。然后,团队领导者使用生产流程图,逆向评估整个生产过程。他们追踪早晨邮递来的订单所经历的每一个步骤。通过分析,他们得出结论并决定做出重大改变,以使重复订单可以在2天内完成,所有的产品都可以在4天之内生产出来。然后,团队中的个体开始在自己的领域中想办法做出改变并加以实施。例如,他们在生产过程中消减了耽误时间的环节,并重新安排了工作日程,他们居然大幅缩短了运输时间——实现了2天/4天的目标。

在这个阶段,主要应完成以下两方面的工作:一方面是形成团队的内部结构框架,另一方面是建立团队与外界的初步联系。

(一)形成团队的内部结构框架

团队的内部结构框架主要包括团队的任务、目标、角色、规模、领导、规范等。在其形成过程中,下列问题是团队组建者必须要明白的。

- 是否该组建这样的团队?
- 团队的任务是什么?
- 团队中应包括什么样的成员?
- 成员的角色分配如何?
- 团队的规模要多大?
- 团队生存需要什么样的行为准则?

(二)建立团队与外界的初步联系

其步骤主要包括:(1)建立起团队与组织的联系;(2)确立团队的权限;(3)建立对团队的绩效进行考评、对团队的行为进行激励与约束的制度体系;(4)建立团队与组织外部的联系与协调的关系,如建立与企业顾客、企业协作者的联系,努力与社会制度和文化取得协调等。

在团队组建之初,团队成员比较关注所要做的工作的目标和工作程序。

在人际关系的发展方面表现为,成员之间相互了解和相互交往,彼此呈现出一种在一起的兴趣和新鲜感受。所有团队成员需要明白的是人们对我的期望如何?我如何才能融入团队?我们该做什么?有什么规矩?

在行为方面则可能表现为:在完全了解情势之前,不会轻易投入;承受着可能的对个人期望的模糊和不确定状况;保持礼貌和矜持,至少一开始不表现出敌视

态度,等等。

二、激荡阶段——团队的磨合

团队经过组建阶段以后,团队获得发展信心,但同时也形成了各种观念激励竞争、碰撞的局面,出现人际冲突与分化。团队成员面对其他成员的观点、见解,更想要展现个人性格特征,对于团队目标、期望、角色以及责任的不满和挫折感被表露出来。团队成员间、团队和环境间、新旧观念间会出现矛盾,甚至负责人的权威都面临挑战,团队组建初期确立的原则也会受到冲击与挑战。作为团队负责人应具有解决冲突和处理问题的能力,创造出一个积极向上的工作环境。动荡期首要的任务是稳定人心。首先要认识并处理各种矛盾和冲突,比方说某一派或某一个人力量绝对强大,那么作为领导者要适时的化解这些权威和权利,绝对不允许以一个人的权利打压其他人的贡献。同时要鼓励团队成员就有争议的问题发表自己的看法。要善于做引导工作,想方设法化解矛盾,而不应置之不理或进行权力压制。这一时期,如不能因势利导,防患于未然,团队就会面临颠覆的危险,至少是在团队发展的道路上埋下了隐患的种子。

同时,这个阶段要准备建立工作规范。没有工作规范、工作标准约束,就会造成一种不均衡,这种不均衡也是冲突源。因此领导者在规范管理的过程中,自己要以身作则。

> 通用电气总裁韦尔奇被誉为"世界经理人的经理人",但多数人对他的了解和尊重,并非是因为他在管理学基础理论上做出了多么大的建树(尽管他一本书的版权就卖了700万美元),而是作为通用电气总裁与属下的有效沟通和示范,比如他经常手写一些"便条"并亲自封好后给基层经理人甚至普通员工,能叫出一千多位通用电气管理人员的名字,亲自接见所有申请担任通用电气500个高级职位的人等。正是这些简单有效的办法使韦尔奇的策略有效的贯彻下去,从而形成了一个具有强大执行力的优秀团队。

三、凝聚阶段——团队的品质形成与保持

团队如果长期处于动荡的状态下是不会有凝聚力的,要让动荡的团队及早稳定下来,规避危险,首先是要建立健全适应团队发展的行为规范。没有一整套行之有效的规章制度和工作标准,就不能形成有效的制衡机制。其次是要调整领导角色,以身作则,起模范带头作用,鼓励团队成员参与决策。再次是化解矛盾冲突,安抚人心,广开言路,公平公正处理有争议的问题。

随着团队的逐步规范,成员之间建立了共同的愿景,有了明确的团队目标,相互之间建立了默契,同时能做到遵章守纪,使得各项工作顺利进行,但此时对组织

的依赖性还很强,没能形成完全意义上的自我管理团队。

那么,在这一阶段最核心的建设目标是什么呢,是文化建设,即团队文化,可以说,团队文化是团队凝聚力的核心来源。有人形容团队就像冰山,呈现在人们视野中的仅仅只有1/9,而看不到的部分占到8/9。对团队来说,1/9是愿景、目标、策略,8/9则是团队文化,它包括文化理念、激励机制、培训方式、员工共识,等等。文化是团队的灵魂,优秀的团队,文化建设占有重要的位置,并能最终融入到团队的思想和行为中去,这将最终影响团队建设的成败和团队绩效。

> 诺基亚公司的企业文化包括四个要点:客户第一、尊重个人、成就感、不断学习。公司的团队建设完全围绕企业文化为中心,不空喊口号,不流于形式,而是落实到具体的行动中。诺基亚强调要把人们的思想和行为变成公司与外界竞争的优势,要提升诺基亚的员工成为一个工作伙伴,不仅是停留在一个雇主与员工的劳动合约关系。唯有这样,工作伙伴们才会看重自己,一起帮助公司积极发展业务。

四、成熟阶段——团队的品质提升

到了这一阶段,团队成员具备完成任务的使命感和荣誉感,已经进入到踌躇满志、充满自信地完成各项任务时期。至此,成员们已经学会了如何建设性的提出不同意见,能经受不同程度的考验,能全力以赴去面对各种挑战。彼此尊重、相互信任,易于接受新思维、新观念,主动学习,自我创新,整个团队已经熟练掌握如何处理内部冲突的技巧,也学会了团队决策和团队会议的各类方法,并能通过团队追求团队的成功,彰显团队的巨大能量。

> 在里茨-卡尔顿饭店,每一位一线员工都拥有一笔2000美元的基金,用以帮助解决客户的问题,可以由他们自由处置,而不必事先报告。一个常常被人们说起的故事是,有一位客人入住亚特兰大的里茨卡尔顿饭店,欲飞往夏威夷去做一次重要的演示,但他却有点粗心大意,到了机场才发现,自己把计算机和所有的幻灯片都丢在了饭店里。客人惊恐万状,试图改变行程而未果,所以他打电话到饭店,要求服务人员将他的计算机交给联邦快递,务必于第二天上午10点之前送达夏威夷。第二天,饭店经理到岗作例行检查,问下属:"玛丽去哪儿了?""她去夏威夷了,因为她担心联邦快递误了客人的事。"玛丽乘飞机从夏威夷返回的时候,等待她的是同事的鲜花和派对。
>
> 玛丽和她的团队为里茨-卡尔顿饭店赢得了潜在客户。

五、调整阶段——团队的休整与转型

在调整期,对团队而言,有以下几种可能的结局。

1. 团队解散

为完成某项特定任务而组建的团队,伴随着任务的完成,团队也会因任务的完成而解散。此时,高绩效不是压倒一切的首要任务,注意力放到了团队的收尾工作。这个阶段,团队成员的反应差异很大,有的很乐观,沉浸于团队的成就中,有的则很悲观,惋惜在共同的工作团队中建立起的友谊关系,不能再像以前那样继续下去。

2. 团队休整

对于另外一些团队,如大公司的执行委员会在完成阶段性工作任务(如一年为周期)之后,会开始休整而准备进行下一个工作周期,此间可能会有团队成员的更替,即可能有原成员的流出和新成员的加入。

3. 团队整顿

对于表现差强人意的团队,进入休整期后可能会被勒令整顿,整顿的一个重要内容就是优化团队规范。在这里,皮尔尼克提出的规范分析法很是值得借鉴。

首先,明确团队已经形成的规范,尤其是那些起消极作用的规范,如强人领导而非共同领导、个别负责任而非联合责任、彼此攻击而非互相支持等。

其次,制定规范剖面图得出规范差距曲线。

再次,听取各方面人员对这些规范进行改革的意见,经过充分的民主讨论,制订系统的改革方案,包括责任、信息交流、反馈、奖励和招收新成员等。

最后,对改革措施实施跟踪评价,并作必要的调整。

在团队建设的这五个阶段中,每个阶段的工作绩效和团队精神的水平存在很大差异。进行团队建设,就是要分析团队所处发展时期,了解其特点及规律,对症下药,采用恰当的领导方式,减少团队内耗,降低发展成本,提高团队绩效,实现团队的可持续发展。

第三节 团队建设的途径

团队建设的途径选择根据团队的目标、内容和成员对象的不同而有所不同。但归纳起来,主要有人际关系途径、角色界定途径、价值观途径和任务导向途径这四种。

一、人际关系途径

人际关系途径即通过在团队成员间形成较高程度的理解与尊重,来推动团队的工作。这类途径主要通过培训和实验开展成员之间的沟通和交流,培养亲和力,增强成员之间的理解、信任和合作。

通过人际关系途径进行团队建设,领导者很重要,领导者必须充分了解自己的团队成员。作为一名优秀领导者,必须善于直接的双向的沟通,将不同特点或个性的人有效地形成具有合力的团队,彰显亲和力,并运用这种力量营造组织氛围。在这样的组织氛围里,团队成员能够不受猜疑,不用做过多的解释,很容易达成共识,为实现共同目标同心协力,同甘共苦。同时,领导者还应主动分享所拥有的信息,主动寻找所缺少的信息,加强与团队成员的联系。关注在沟通中建立的互相信任关系,注重沟通产生的结果,根据沟通中的信息采取行动,力求把公司的目标、战略与团队成员的努力方向有机地连接起来,把团队成员团结起来,让其在充分理解公司的发展方向、策略和计划的基础上,自愿地付出更多的努力,将其潜能发挥到极致。

而作为团队成员,沟通与交流绝非简单听、说、写,而是全身心倾情的聆听、反应、理解,并有效准确地让别人理解你。在很多情况下,尽管所追求目标是一致的,但却可以形成水火不相容的局面,问题是什么?是由于没有拿掉心中的"自我",从而把有效沟通的窗口严密地封闭起来,没有了交流便成了死水。因此,沟通的有效性关键取决于成员间是否真正关心他人,是否真正把自己融入团队之中,而技巧只是辅助性的。

有效的运用人际关系途径建设团队能使团队更加和谐。

二、角色界定途径

美国著名的职业指导专家、霍普金斯大学心理学教授约翰·霍兰德于1959年提出了具有广泛社会影响的人业互择理论。这一理论首先根据劳动者的心理素质和择业倾向,将劳动者划分为六种基本类型,相应的职业也划分为六种类型,见表2-1。

表2-1 劳动者的六种基本类型

类型	劳 动 者	职 业
实际型	(1) 愿意使用工具从事操作性强的工作; (2) 动手能力强,做事手脚灵活,动作协调; (3) 不善言辞,不善交际	主要指各类工程技术工作、农业工作。通常需要一定的体力,需要运用工具或操作机器。主要职业有:工程师、技术员、矿工、木工、电工、司机;测会员;农民、牧民、渔民等
学者型	(1) 抽象思维能力强,求知欲强,肯动脑,善思考,不愿动手; (2) 喜欢独立和富有创造性的工作; (3) 知识渊博,有学识才能,不善于领导他人	主要指科学研究和科学试验工作。主要职业有:自然科学和社会科学方面的研究人员,专家;化学、冶金、电子、无线电、飞机等方面的工程师、技术人员;飞机驾驶员、计算机操作人员等
艺术型	(1) 喜欢以各种艺术形式的创作来表现自己的才能,实现自身价值; (2) 具有特殊艺术才能和个性; (3) 乐于创造新颖的、与众不同的艺术成果,渴望表现自己的个性	主要指各类艺术创作工作。主要职业有:音乐、舞蹈、戏剧等方面的演员、艺术家编导、教师;文学艺术方面的评论员;节目主持人、编辑、作者;绘画、书法、摄影家;家具、珠宝等行业的设计师

(续表)

类型	劳动者	职业
社会型	(1)喜欢从事为他人服务和教育他人的工作; (2)喜欢参与解决人们共同关心的社会问题,渴望发挥自己的社会作用; (3)比较看重社会义务和社会道德	主要指各种直接为他人服务的工作。主要职业有:教师、保育员、行政人员;医护人员;衣食住行服务行业的经理、管理人员和服务人员;福利人员等
事业型	(1)精力充沛、自信、善交际,具有领导才能; (2)喜欢竞争,敢冒风险; (3)喜欢权力、地位和物质财富	主要指那些组织与影响他人共同完成组织目标的工作。主要职业有:经理企业家、政府官员;商人;行业部门和单位领导者、管理者等
常规型	(1)喜欢按计划办事,习惯接受他人的指挥和领导,自己不谋求领导职位; (2)不喜欢冒险和竞争; (3)工作踏实,忠诚可靠,遵守纪律	主要指各类与文件档案、图书资料、统计报表之类相关的各类科室工作。主要职业有:会计、出纳、统计员、办公室人员;图书管理员;旅游、外贸人员邮递员、人事职员等

一个团队如何在功能与团队角色之间找到一种令人满意的平衡,则取决于团队的任务。团队的效能取决于团队成员内的各种相关力量,以及按照各种力量进行调整的程度。在团队建设中,应注重团队角色和团队成员角色的确定与分配。成功的团队往往由不同性格的人担当其合适的角色组成。每个团队既担当一种功能,又担当一种团队角色。一个团队只有有了适当的范围、平衡的团队角色,才能充分发挥其技术资源优势。

角色界定途径侧重从团队角色和成员角色进行团队建设,它是深受团队建设者喜爱的一种方法。霍兰德的职业选择理论,实质在于劳动者与职业的相互适应。霍兰德认为,同一类型的劳动与职业互相结合,便能达到适应状态,其结果,劳动者找到适宜的职业岗位,才能使积极性得以很好发挥。在组建团队过程中,确定团队角色和分配成员角色时可借鉴这一理论,对成员角色进行分析、筛选、定位,充分考虑他们的专长、个性和智力等因素。

把合适的人放到合适的岗位是创建高效团队的有效途径之一。

剑桥产业培训研究部前主任贝尔宾(Belbin)1981年提出著名的贝尔宾团队角色理论,即一支结构合理的团队应该由八种人组成,这八种团队成员的角色分为:实干家、协调员、推进者、智多星、外交家、监督员、凝聚者、完美者。贝尔宾是通过一系列模拟练习得出上述角色的。贝尔宾证明说成功的团队是通过不同性格的人结合在一起的方式组成的另外成功的团队中必须包括担任不同角色的人。在此基础上贝尔宾提出了团队建设的五个原则:(1)每个团队既承担一种功能又承担一种团队角色;(2)一支团队需要在功能及团队角色之间找到一种令人满意的平衡,这取决于团队的任务;(3)团队的效能取决于团队成员内的各种相关力量以及按照各种力量进行调整的程度;(4)有一些团队成员比另一些更适合某些团队角色,这取决于他们的个性和智力;(5)一个团队只有在具备了范围适当、平衡的团队角色时才能充分发挥其技术资源优势。

三、价值观途径

影响一家公司能做什么、不能做什么的一个重要因素,是它的价值观。一个强势的企业,对于人才的态度,必须"海纳百川,以我为主"。团队建设亦如此,团队成员的言行必须遵循团队整体的核心价值观,避免与团队产生不良冲突。

在团队成员之间就共同价值观和基本原则达成共识是团队建设的重要内容之一。一个团队认可什么样的价值观,将决定这个团队的眼界和高度。但是企业也不能为了高度而忽视深度,没有团队成员一致的认同,好听好看的标语口号是不会转化为团队核心价值观的。只有共同认同,才能共同激励,才能共同提升,才能变成团队成员自觉的意识,也才有可能转化为员工行动的指南。为了规范全体员工的行为,必须统一全体成员的认识,当大家都认同团队核心价值观之后,团队主管就应该立即将其纳入成员手册,让后来者也能在认同这一价值观的前提下进入团队,这样就能保证这个团队的成员在意志上统一、在行动上更有合力,形成团队价值观。

形成团队价值观必须注意以下几个方面:
(1) 通过多次讨论,建立并明确团队的目标、价值观及指导方针;
(2) 确立的观点必须是团队成员相信并且愿意努力工作去实现的;
(3) 确立观点的实现须处于团队成员能力范围之内;
(4) 所有团队成员都支持这一观点,避免各自的目标彼此相反或无法调和根本冲突;
(5) 拥有固定的、无法改变的团队共识是没有意义的,团队共识必须具有在未来进一步发展的潜力,需要经常重新审视团队共识,以确保它们仍然能够适应新的情况和新的环境,因为人员在变、组织在变、工作的性质也在变。

某年冬天,一位客人入住青岛海景花园酒店。早上起来发现自己的车子无法启动,酒店门卫问他是否需要帮忙。客人问门卫如何帮忙,门卫说可以打电话叫车队人来。客人很奇怪,问他这么早,有人肯来吗?门卫说:"在我们酒店,只要是客人有问题需要解决,总经理我也可以叫来。"

海景花园酒店为了实现让客人满意的团队价值观,将组织权力授权到一线员工,让一线员工能够调动资源随时为客人服务。

四、任务导向途径

以任务为导向的建设途径,强调团队要完成的任务。按照这一途径,团队必须清楚地认识到某项任务的挑战系数,然后在已有的团队基础上研究完成此项任

务所需要的技能,并设定具体的目标和工作程序,以确保完成任务。

通常,在增长率高的公司的团队成员十分清楚公司的发展方向,知道他们自己的任务目标应该如何与公司的任务目标相匹配,因此团队在这一阶段更适合任务导向型途径进行建设。而且,高增长率的公司更可能会要求其团队达到更高标准的任务目标,促使团队成员尝试获得更大的成功。建立一个达到更高任务目标的新标准对于高成就的任务目标制定十分重要,这包括任务目标方向和任务目标距离的匹配,衡量难以衡量的事务,协调团队和个人之间的关系以及承担要达成的目标任务所需负的责任,等等。

任务导向团队建设可从以下几个方面着手:
- 确定任务的指导方针,分清轻重缓急;
- 确立明确的行为准则;
- 按照技能和技能潜力,而不是个人性格选拔团队成员;
- 重视第一次集会和行动;
- 确定并且把握几次紧急的、以此为导向的任务和目标;
- 定期考验团队成员对新事物、新信息的反应程度;
- 尽可能多的开展团队活动;
- 充分发挥积极的信息反馈和激励作用。

各个团队在形式和结构上是存在差异的,上述四种途径只是试图在不同的团队基础上进行概括,是抛开了团队环境研究团队建设。虽各有偏重,如价值观途径强调的是长期团队的培养,任务导向途径则适用于短期团队的培养,但它们的一个共同之处在于团队运行时必然是处在一定的社会背景或组织之中,作为社会与组织间协调的参与者,在团队建设过程中,不能僵化地、孤立地运用某一种途径,而应该把它作为一种指导性方法来使用。团队建设不仅仅是团队自身的事情,它还必须考虑整体和全局,即它还要从社会和组织的角度考虑其建设问题,否则,其建设的结果未必适应社会和组织的需要,从而也就失去其建设的价值,同样团队建设也就没有任何意义了。

在建设团队的过程中,除了采用合适的团队建设途径,还需应用团队建设的一些技巧,诸如:组建核心层、制定统一目标、训练团队精英、培育团队精神、进行团队激励,等等。这些内容将在接下来的章节中进一步学习。

本章小结

本章主要阐述了团队建设概念、原则、作用、任务及其途径,以及团队的发展阶段。团队建设的根本作用在于使处在不同阶段的团队能够适应其发展的要求,促进团队成员与团队整体共同发展。团队建设须围绕其目标、定位、权限、定位和人员等要素展开,其基本途径主要有人际关系途径、角色界定途径、价值观途径和任务导向途径四种,在团队建设过程中,不能僵化地、孤立地运用某一种途径,而应该把它作为一种指导性方法综合地灵活地来使用,同时与团队建设的各种技巧相结合。

1. 联系实际谈谈你对团队建设原则的理解。
2. 在团队建设过程中,每个阶段可能面临的问题是什么?
3. 举例说明团队建设有哪些途径?
4. 团队建设的五个要素分别是什么?团队建设如何围绕五个要素展开?

是什么使波音717击败竞争对手

波音717是一种100座的短程喷气式飞机,主要用于通勤市场。它是波音公司在加州长滩的下属厂生产的四种机型之一。

几年来,波音公司处在十字路口上徘徊。公司看到了短程飞机(如717)正在发展的市场前景,但同时公司的订单却需要很长时间才能完成,而且该项目正处于巨额耗资阶段。他们面临两种选择:一种是放弃这个项目;二是大幅度改善该机型的生产效率。管理层选择了后者。

管理层决定使这种机型扭亏为盈,他们把精力集中在三个领域上:基于团队方式构成组织、为员工提供进一步的培训、推行精益生产。员工培训方面包括节约劳动力技术和财务概念(如内部的投资回报率,股东价值)的学习。精益生产致力于改进工作流程和削减成本。例如,工厂中大约500万平方英尺的空间被卖掉,717的工作人员全部搬进同一个工作空间——一间60万平方英尺的工厂。

为了开放沟通渠道,降低废品率,进行有效结盟,他们组建了自我管理团队,员工按照他们的工作职能而不是头衔组合在一起。例如,他们并不是把所有的工程师安排在另一个单独的办公楼上,而是把他们分配进具体的任务团队中。所有职能部门的员工,如财务部、工会、工程部、产品支持部,都根据具体任务的需要(诸如内部设计、最终装配、动力装置、产品运输)进行组合。他们对工作流程也进行了重新设计,从而使员工在设备齐全的生产线上并行工作——这在民用飞机制造上还是首例。正如一位波音高层主管所说:"在这一环境中,设计座位的人之后就是建造座位的人,再后就是安装座位的人。"支持团队位于离装配线几英尺的位置,他们运用各

种设备帮助员工把飞机运转起来,包括在工作进行当中进行调查各种的专家。

这些变革帮助717从一个耗费资金的项目变成了一个巨大的成功者。公司预期在它的生命周期中能卖出将近两百架飞机。不过,令公司员工欣慰的是,很快它的订单已超过了300架。对717的生产要求从6天减为4天,其他的费用也在大幅度缩减。717飞机正迎面痛击它的竞争对手,一年里波音公司售出了19架717,而空中客车公司只售出了3架与之类似规模的A318。

问题

1. 波音公司采用了哪些途径进行团队建设?
2. 你认为波音公司成功击败竞争对手的关键是什么?
3. 如果你是波音公司的决策者,你还有哪些其他做法?

多人参与"对号入座"团队游戏。

游戏目的:争取表格中的每一项都有人对号入座。

游戏作用:增强团队意识,提升团队凝聚力。

游戏说明:

1. 在地上或黑板上制作一张大幅表格(见例表);
2. 根据团队情况列出若干特征内容;
3. 选出一位主持人,将团队排成方阵或圆形,由主持人大声喊出某一种人物特征,凡拥有该特征的人走到中间并且相互击掌(如场地条件有限则出列集合即可),需要证明的项目必须当场演示,比如:唱歌、跳舞等,并请他/她在相匹配的特征下签名;
4. 规定前六项必须要有6位以上不同的人来签名;
5. 对标有"证明"字样的项目,符合该项人物特征的人要先证明自己的特征然后签名。

团队建设游戏——对号入座			
特征	1. 上过电视	2. 是双胞胎	3. 会跳拉丁舞(证明)	4. 得过奖
签名				
特征	5. 穿的袜子有洞(证明)	6. 到过美国	……	……
签名				

第三章
保险团队与团队主管

教学目标

通过本章学习,了解保险团队和一般团队的区别,理解保险团队的特征。掌握保险团队主管在团队建设中的角色定位。掌握保险团队的管理艺术和团队主管应该具备的十大素质。

教学要求

要求了解保险团队特征,并在此基础上能够准确定位主管在团队中的位置。管理好团队必须具备一定的素质,这就要求保险团队主管在实践中多总结多学习。管理艺术是主管追求的一种境界,需在管理实践中慢慢探索。

案例导入

香港新鸿基证券有限公司,是1969年由冯景禧所创办,该公司在日成交数亿港元的香港证券市场上,占有30%的份额,公司年盈利额达数千万元,冯景禧的个人财产达数亿美元。他成了称雄一方的"证券大王"。

"新鸿基"之所以能创造出世界证券业少有的佳绩,主要得益于冯景禧的"大家庭"式的经营管理哲学。为了实施"大家庭式"的经营哲学,在管理方式上,他十分重视人的作用,强调发挥人的创造性。他曾声明:服务行业的资产就要靠管理,而管理是靠人去实行的。在管理原则上,他十分强调团结的力量,注重全公司上上下下的团结一致。他在经营业务的大政方针决定之前,总是广开言路,尤其是重视反面意见,然后加以集中,再向全体业务员解释宣传,使大家齐心协力。他在实施公司的决策时俨然像一位"铁血将军",而在体谅下属时又俨然是一个宽厚的长者。如果有哪个职工向他辞职,他首先会询问是否有亏待过他的地方?如有,就诚恳道歉、改正,并全力挽留。因为他知道,失去一个人容易,但培养一个人难。在管理作风上,他注重以身作则,平易近人。为了使业务员心情愉快,他还刻意创

造一种"大家庭式"的生活气氛,如组织业余球赛,在周末用公司的游艇观赏海景,亲自参加业务员们的"外语"学习,等等。

保险团队不仅具有一般团队的特征,还具有保险团队自己独特的特征,所以对保险团队的管理就不同于一般团队。这就要求保险团队主管在管理团队中能够准确定位自己在团队中位置,并具备一定的管理艺术,而管理艺术是建立在具备基本素质的基础之上,并在管理实践中慢慢探索而得之。

第一节　保险团队的特征

一、当前我国保险团队的特征

这里所说的保险团队,主要指保险营销团队,它不仅拥有一般团队的特点,如:"机构"的不确定性、职责明确、没有等级区别、成员拥有决策权、信息沟通充分、有利于取得效益等特点外,还拥有一些独特的时代特征。

(一)高任务性

保险团队的激励体系是建立在考核基础上,很多公司都建立健全了营销员基本法,营销基本法一般都有一个基本考核原则,即典型的任务导向,团队成员从新人开始就接受基本法的激励模式,日营销运作、周营销运作、月营销运作、FYC (First Year Commission 首年度佣金,指营销人员销售保险产品可获得的第一年度的佣金)等业绩指标、人力指标直接影响着成员的职业生涯和规划。这有一定的合理性,但要谨防陷入"数字论英雄,业绩论成败"的误区。

(二)高激励性

保险团队的高激励性往往与其高任务性有极大的关系,因为保险团队的高任务性,导致团队成员对激励存在极大的依赖,具体体现在:团队成员在工作中几乎事事离不开各种精神激励和物质激励;团队从每天的晨会开始,用先进的文化激励成员,提升士气,让成员理解:"小胜靠智慧,大胜靠教育,长胜靠文化"的理念;团队管理者努力用亲情管理感动团队成员,兴利除弊,铸造成员的集体荣誉感和奉献精神。

(三)高脱落性

根据各保险公司对营销员管理的"基本法",新人如果在一定时期内(通常为半年或者3个月)达到一定的业绩标准,可转为正式业务员,否则被淘汰。成为正式业务员之后,如果业绩持续达到一定的标准,可依次升级至资深业务员、业务主任、高级主任;反之,如果某一段时间内业绩不能达标,便会降级。这种高压力的业绩导向使得保险团队成员具有很高的脱落性。

据资料统计,我国的保险团队中代理人总体流失率每年高于50%,其中,保险代理人新人第一年的流失率达到70%~80%。面对这种情况,保险公司只好再增员,再提高增员奖励。事实上保险公司已经陷入了增员——流失——再增员——再流失这样的怪圈,大量人员脱落,频繁跳槽,人员大进大出,增员越来越难,队伍极不稳定。

（四）低素质性

保险团队中的增员是一个恒久的话题。增员时往往放低营销员进入门槛,拼命招人,提高增员奖罚力度,提高刚刚进入公司的人员的底薪。这种低门槛导致保险团队人员整体素质下降,良莠不齐。同时由于社会对这一行业的种种非议,高素质的人才不愿投身其中。这导致保险营销队伍素质很难提高,队伍规模发展困难。

保险团队要打造高绩效团队,其管理者不仅要认识团队的特征,更要了解人的本质属性,才能对错综复杂的人际关系和团队成员的行为和动机进行有效的引导和管理,才能根据团队发展的不同阶段提出更高的更能发挥全员潜能的管理目标。

二、建设高效保险团队的侧重点

由于保险高效团队除了具有一般高效团队特征外,还具有其独特特征,这就决定了建设和管理保险高效团队要有针对性和侧重点,这些侧重点主要表现在以下几个方面。

（一）管理风格

建设高绩效保险团队,团队管理者要能协调成员关系和营造团队氛围、鼓舞团队士气;管理者在工作方面的行为,其强调工作方法的改进、督促成员努力实现目标。

（二）团队文化

保险是爱心和责任的事业。保险团队鼓励积极的思考习惯和乐观工作态度,注重培养团队成员的职业成就感和满意度,努力营造良好的学习氛围,注重培养成员间的信任和协作关系、注重培养成员的创新精神、保险团队拥有自己远景目标和使命。从公司和团队的长远发展来看,文化是立业和发展之本。

（三）目标导向

保险公司的团队通常是按季度与月份来拟定目标的,包括本月部门人力发展目标和业绩目标,然后分配到每个主任小组成员形成相应的业绩目标,部门、小组、成员就达成月度目标做出承诺。

（四）培训体系

保险公司提供很多培训机会,公司培训目标很明确,团队成员能积极参与培训并经常巩固和应用培训学到的知识,公司的教育培训也很重视培训的效果,一般公司都有一套完善的培训考核制度。

（五）管理制度

大多数保险公司都注重积极建立具有人性化的管理制度,公司很注重制度的制定、实施与创新,并能很好地服务于公司的各项事业发展,对业务员有透明公开的营销管理制度；同时公司的日常管理制度能很好地执行,团队有明确的绩效目标和绩效指标体系。因此,公司制度具有激励和约束的双重功能。

（六）绩效管理

通常各家保险公司都有其绩效考核体系,绩效考核的经营已经常态化了,团队注重任务绩效和关系绩效的实现,团队成员工作目标很明确,且具有较强的职业成就感和满意度,团队主管能很积极帮助下属实现目标,且经常开展针对团队成员的辅导活动。

以上保险团队管理侧重点的存在,要求团队管理者首先要学会适时转变管理风格,在关注绩效目标达成的同时,将营造良好的团队氛围作为团队管理目标之一；其次,在团队日常管理中要制定完善的管理制度和营造良好的团队氛围,将良好的团队氛围纳入绩效目标管理当中。最后,团队管理者还要积极制定实施满足团队成员需求的培训体系。

第二节　保险团队管理艺术

团队管理艺术是指管理活动中的一种高超的手段和方法,它是在长期的管理实践中总结出来的,基于管理者一定的素养、才能、知识、经验基础的创造性的管理技巧。可以说,保险团队管理艺术是管理者的一种特殊才能,这种才能表现为创造性地灵活运用已经掌握的科学知识和管理方法,是管理者的智慧、学识、胆略、经验、作风、品格、方法、能力的综合体现。

可以从以下五个方面理解保险团队管理艺术：

（1）保险团队管理艺术离不开管理者的个人素质,一个满足现状、不求上进的人不会成为一名成功的管理者；

（2）保险团队管理艺术与实践密切联系,单靠书本永远培养不出有用人才,实践是管理艺术的基础；

（3）保险团队管理艺术的主要特征是创造性,能够给人以美感,不能给人以美感的管理者,谈不上保险团队管理艺术；

（4）保险团队管理艺术的表现形式是程序化和非程序化、模式化和非模式化的结合,呆板教条的人掌握不了保险团队管理艺术的精髓；

（5）保险团队管理艺术的主要内容是解决保险团队工作中的各种复杂矛盾。

一、保险团队管理艺术的特征

保险团队管理艺术扎根于管理科学，但又比纯粹的管理科学理论更具灵活性，它不能不问对象、不加选择地照预定的程序千篇一律地办事，它具有以下特性。

（一）保险团队管理艺术是一般艺术的高层次移植

保险团队管理艺术，既然是一种艺术，自然也是来自一般艺术，艺术既表现人的感情也表现人的思想，并且用生动的形象来表现。保险团队管理艺术不是虚构的，而是管理实践中活生生的实在形象，要求管理者本身来塑造自己在团队管理中的不同形象，并运用形象力来产生强烈的导向力。因此，这种移植不是艺术的搬家，而是艺术的升华。

（二）保险团队管理艺术是情感投资所形成的工作优势

如果说管理科学是靠智力投资来形成工作优势的话，那么保险团队管理艺术则主要是靠情感投资形成工作优势的。运用保险团队管理艺术要动感情，就要平易近人、热情处事，只有管理者与被管理者在心理上产生了感情的共鸣，才能有共同的心声，以情感人才能产生心理服人的效果。一个不平等待人、摆官架子的管理者，会让人觉得是感情上的绝缘体、感情投资的吝啬者，是谈不上保险团队管理艺术的。

（三）保险团队管理艺术是心理磁化所形成的磁场

保险团队管理艺术的手法，必须借助自身的心理活动，沟通被管理者的心理要素，使之产生心理共鸣、互相适应、互相吸引。管理者对周围员工的凝聚力，就在于对员工本身的心理磁化过程中，产生一个大的磁场而形成的磁力。反之，管理方法就失去了艺术性。

（四）保险团队管理艺术是管理者内在美的外在表现

保险团队管理艺术是管理者内在品质的外在表现，它可以对被管理者产生强烈的感染力，形成一种美的分享。然而，保险团队管理艺术毕竟不是事物的原形，而是原形在美学屏幕上的映象，正如经过加工、雕刻的工艺品一样，变得美了、艺术了。保险团队管理艺术性的增强，也少不了艺术的加工。

二、保险团队管理艺术的内容

（一）用人的艺术

如何履行管理职能是衡量一个管理者管理能力的尺度。在众多的管理谋略和技艺中，用人的策略是首要的，因为人是保险公司的生命之本。当今社会，人才更是宝贵的智能资源，最发达的国家是拥有人才最多的国家。因此，保险团队的管理者在用人艺术上应做到以下几个方面。

(1) 工作与才能相适应。即团队成员的能力与工作岗位的要求相匹配。

(2) 工作与人的性格及兴趣相适应。这样更有利于发挥团队成员的工作积极性。

(3) 成员互补。团队成员搭配时,要尽可能做到知识的互补、能力强弱的互补和不同性格的互补。

(4) 人才更新。注重人才更新有利于创新性地开展工作,管理者在用人时应进行适度的人才更新,以保持团队的活力。

(5) 用人不疑,用人不嫉。要在信任团队成员的基础上充分给予其工作自主性。

> 汉高祖刘邦平定天下之后,在洛阳的庆功宴上曾说过"夫运筹帷幄之中,决胜千里之外,吾不如子房;镇国家,抚百姓,给馈饷,不绝粮道,吾不如萧何;连百万之军,战必胜,攻必取,吾不如韩信。此三者,皆大杰出。吾能用之,此所以取天下也。项羽有一范增而不能用,此所以为我擒也"。

(二) 分配工作的艺术

(1) 能分配给一个人完成的工作,绝不分给两个人,切忌"共同负责"。

(2) 分配工作要尽量满足团队成员在工作中的社交欲望,使其有机会与别人接触。

(3) 分配任务要让团队成员"跳起来摘果子",工作难度稍大些,完成工作后有成就感。

(4) 工作内容最好多样化,有利于团队成员对工作保持新鲜感,减轻工作疲劳。

(5) 工作分配要甘苦搭配。

(三) 支持下级的艺术

(1) 要重视每一位团队成员的意见,作决策时把基层管理者及被管理人员当做"顾问"。

(2) 中高层领导要让团队主管在管理中做自己的"发言人",自己的意图靠基层团队成员去传达沟通,这样可使团队主管在团队成员心目中的地位提高。

(3) 作下级决策的赞助人,对于基层团队主管已经作出的决定,没有非反对不可的理由就要支持。

(4) 充当下级的"缓冲者",一般情况下尽量不使自己处于"第一线",但下属工作出了差错,管理者要主动站出来承担责任,使下级在工作中有"安全感"。

(5) 管理者应尊重、支持下级的意见,但要保持头脑清醒。一位最佳的管理者既是一位知人善任者,又是一位在下级安心从事其职守时的充分授权者。

(四)运用权力的艺术

保险团队的管理者要有一定权力,以便于推动决策,但权力的威力往往不在行动之时,而在行动之前;动辄使用权力,有时反而削弱了权力的威力。权力要成为工作的间接推动力;而以身作则,班子团结,才是工作的直接推动力。

(五)检查工作的艺术

对团队成员的检查督促,要求前后一致,不要朝令夕改,前后矛盾,免得下级无所适从。检查督促的严密程度要适当,不检查督促是管理者的失职;但过于频繁,效果则可能适得其反,下级轻则会抱怨,重则会感到管理者对自己不信任,对自己的能力有怀疑。

三、提高团队保险团队管理艺术

(一)善于协调多方关系,营造一个良好的团队管理氛围

团队主管要善于协调团队内外部各种组织与个人之间的关系,在企业管理上统一思想。我们知道,企业内存在正式组织和非正式组织,这种非正式组织在保险公司中大量存在。非正式组织通过非常规的方式对企业施加影响。正式组织又分为常设机构组织和非常设机构组织,非常设机构组织在非常时期发挥作用。另外,还有一种隐性的、不明显的业务链组织。某些人尽管不是管理者,但其凭借个人某种职权、资历、重大贡献或者学术地位等,在组织中居于影响者地位,影响着该项业务的效率和方向。其他组织,如工会等,都会对企业管理产生一定的影响力。

主管要允许全员参与团队管理。要把管理当成哲学、艺术、思想,这样更便于学习先进的管理经验。有着数十年在日本、台湾地区和内地等地管理企业经验的台湾人林荣瑞先生专门编著了一本书叫做《管理技术》,强调企业内外应"人人懂管理、人人会管理"。这样,就能避免有些人把管理看得过于神秘或者简单而制造"麻烦",就容易形成统一的正确的企业管理思想。

(二)以人为本,转变管理方式

从团队管理的角度说,以人为本是指管理者的一种领导方式或理念,它指在管理过程中以人为出发点和中心,围绕着激发和调动人的主动性、积极性、创造性展开的以实现人与企业共同发展为目标的一系列管理活动。

人本管理的基本思想就是:人的发展是企业发展的前提。员工的聪明才智是企业重要的知识资源,它的开发程度决定着企业能否持续发展。所以企业管理要以人的全面发展为核心,一方面,人作为管理中最基本的要素是具有能动性的,人与环境是一种交互作用,创造良好的环境可以促进人的发展从而带来企业的发展;另一方面,个人目标与企业目标是可以协调的,人本管理强调对企业员工的尊重,可以使得员工在实现企业目标的同时实现自己的目标。在此过程中,企业进

一步了解员工的需求,使企业目标更能体现员工利益和员工目标。

松下幸之助说过:"当我的业务员有100名时,我要站在业务员最前面指挥部属;当业务员增加到1000人时,我必须站在业务员的中间,恳求业务员鼎力相助;当业务员达万人时,我只要站在业务员后面,心存感激即可。"

由此看来,管理方式是需要与企业的发展匹配的。但是,管理方式的转变必须以管理者的观念转变为前提。如果有人说"我是管理者,为什么要去'恳求',甚至'感激'业务员?"或者,"我是管理者,这样做的话,我哪里还有权威性?""我做管理,业务员就得听我的,否则,我哪里还有魄力?""我是管理者,成绩自然应该归功于我,企业发展了、壮大了,应该是政府、业务员'感激'我才对啊。"即使在民营企业里,如果有人说,"企业是我的,企业发展了是我的本事,我给了业务员工作的机会,业务员的'饭碗'是我给的,何必如此费神。业务员不干就走人,我可以另请高明。"有这样的想法,能转变管理方式吗?

这种抱着"老子天下第一"思想的人,看不到业务员的重要作用,他所管理的企业,注定是做不强、做不大的。即使侥幸成功,这种人也算不上真正的企业家,这种企业也是长久不了的。

还有一种观点:企业不是我的,为什么要去"恳求",甚至"感激"业务员?我辛辛苦苦地管理着企业,又没有比他们多拿几分钱;即使多拿,那也是应该的,符合按劳分配嘛。

上述各种观点的来源都是因为管理者没有干好、干长久的思想,只满足于把工作干起来,得过且过,自我感觉良好。西方有句谚语:罐儿再丑,找个盖子还是很容易。这样的管理者就像盖子。

有的企业管理者,很想把事情干好。企业壮大了,在新的情况下,却又不知所措。但更多的是沉浸在过去的成就之中,总以为过去的方法是成功经验,最后采取老一套方法。殊不知,时移势易。

从现实来看,改变观念不仅仅是某个人的事,而且是企业内各级管理甚至社会各方面的人事,比如舆论、媒体。要关心干事业的人,给他们以宽松的环境,让他们履行起自己的职责来,充分发挥他们的聪明才智。

(三)善于以身作则,树立奉献、进取的精神

经常听到这样一句话:"你能干的,我也能干。"似乎在向世人昭示什么,但绝不是"你能干的,我也能干;你不能干的,我也能干,而且干得很好。"因为,每个人内心都有一个标尺,随时都在自觉或者不自觉地用它去衡量判断事物。前者是把别人的标尺当做自己的标尺,亦步亦趋,发现差距,奋起直追。追上了,歌功颂德;没追上,分析总结妙笔生花,主要原因就是客观条件不如人。这无论是对企业还是对社会都是祸害无穷。

后者则不同了。自己的标尺,随着企业的发展在变化。昨天用的是小学生的

直尺,今天用的是皮尺,明天用的可能是光年单位,大有不畏艰险傲视群雄的风采。他们所表现出来的精神是以身作则、甘于奉献、锐意进取的精神,应该为企业、社会所推崇。这种精神用在保险团队管理中,对提升团队凝聚力非常有利。

（四）善于观察判断,增强审时度势的能力

一要能察言观行,善于识人。这是正确分析问题、处理问题的重要前提。管理者要做事,首先就要用人。要做正确的事,就要正确地用人。合适的人才能正确地做事,从而保证正确的事达到预期的目的。当今社会,一些人为了个人的名利,学会了刻意伪装自己以达到个人的目的,辨才、识才更难。目前,我国保险业的入行门槛还不高,作为保险团队的管理者,就更应该增强观察判断能力,善于识人与用人。

美国标准石油公司里,有一位小职员名叫阿基勃特。他远行住旅馆的时候,总是在自己签名的下方写上"每桶四元标准石油"的字样,在书信及收据上也不例外,签了名,就一定写上那几个字。他因此被同事叫做"每桶四元",而他的真名倒没人知道了。董事长洛克菲勒知道这件事后,大感惊讶地说:"竟有职员如此努力宣传公司的声誉,我要见见他。"于是邀请阿基勃特共进晚餐。后来,洛克菲勒卸任,阿基勃特成了第二任董事长。

二要能明察秋毫,判断入理。人们对待眼前的事物,有时熟视无睹而旁观者清;有时不识庐山真面目,只缘身在此山中;有时一叶障目,只见树木,不见森林。对简单的事物,观察判断事物与观察判断人有相通之处;对复杂的事物,管理者要组织团队成员去研究,情况就要复杂得多。我们日常面临大量的简单事物,通过反复实践,触类旁通,练就"见一叶而知秋"的本领。这是很重要的,是管理者的一项基本功。

三要能审时度势,具有战略眼光。保险团队的管理者不能仅仅把自己定位成一名基层团队的主管,作为管理者,既要明察秋毫,又要"不为浮云遮望眼",看大局,看长远。昨天,成绩与失败都已经过去,既不能躺在过去的温床"坐吃山空",也不能痛苦地"刻舟求剑",身陷其中不能自拔。今天,做好每一件事情,特别是要认清今天的形势,分析趋势。看大势,才能临危不乱；顺势而为,才能"临渊飞越",而不是"临渊而惧"。明天,是今天的方向,要有战略眼光,树立远大理想。

第三节　保险团队主管的角色定位

保险团队主管是整个团队的主心骨,一举一动都直接影响着团队主管在属员心中的地位。团队主管是团队的灵魂,一举一动都会让属员进行学习模仿。有什么样的团队主管就会带出什么样的成员。

目前一些保险公司的团队主管强调管理与控制,只单向接受上级领导的指令,管理下层的进度向上级汇报,如今团队主管必须从被动型的管理角色转向策略型的角色定位。

一、策略的执行者

国务院研究员张永伟博士说:"企业策略的挫败多半在于执行层面出了问题,而执行成功与否的关键在于团队主管是否真正发挥应有的角色功能",策略的功能过程包括:

- 达成目标与短期目标的历程;
- 排定先后顺序;
- 预计执行中可能出现的阻碍和拟订解决方案;
- 落实规则与整合公司资源。

换句话说,保险公司的团队主管应设法把公司的高端愿望解码转化为业务员可执行的工作细节,同时很清楚地向业务员进行沟通,确认每一个人都能了解自己所要扮演的角色。

保险公司的团队主管与上司及下属之间必须建立双向沟通,解决上层策略方向与实际执行方向可能发生的冲突,调和高层愿望与基层之间作业的落差。

公司的团队主管不应该只是被动地接受上层的命令,必须根据自己的专业对现状的理解,提出反馈意见给上层领导,两者之间必须针对公司的策略以及团队主管在策略执行中应扮演的角色,随时保持沟通,确保认识一致。

二、创新的启动者

在保险公司中,要想公司内部有成功的创新方案,团队主管的作用不可小视。创新策略方案的制订,新观点的激发,往往多半来自团队主管的贡献。

我们针对某保险(集团)公司所做的调查研究显示,在 20 项各级保险公司管理者的保险销售创新提案中,团队主管的上司提案有 80% 的失败,团队主管的提案 80% 是成功的。

因为团队主管在组织内处于特殊位置,使其成为公司创新变革最重要的推动力量。一方面,团队主管接近销售第一线,因此可及早观察问题的所在;但另一方面他们并非实际销售人员,不会受到细节限制,能够从比较客观的角度分析问题。因此团队主管应善用自己在组织中特殊优势,贡献自己的价值。主要体现在以下几个方面。

- 新产品的销售方案地制订,客户投诉的处理等。

- 设计基层公司（或团队）的组织架构，提升组织运作效率。
- 召开基层会议，整理和研讨团队主管搜集到的数据，有利于保证公司的政策、策略得到有力实施与执行。

三、组织情绪的管理师

目前我国的保险业竞争日趋激烈，同时有些人对保险业尚不认同，保险公司业务压力非常大。这样团队主管扮演了关键角色，既是变革的推动者以外，同时又要保证变革顺利进行，因此，与基层业务员沟通很重要。

业务员对团队主管信任与信赖，缘于团队主管在组织中的特殊地位，团队主管对业务员较为熟悉，有时可以以非正式的个人关系沟通，免去正式组织关系的脱离与隔阂。

业务员也许不明白方向是否正确，是否能取得成功，对他们又会有哪些影响，工作内容有哪些变更，他们又必须做哪些准备或调整，等等，只有团队主管才能疏通这些思想，引领团队实施公司的变革。

公司的团队主管不应该只将上层的指令传给下层，他必须从基层业务员的角度去思考，收集这些资讯，以他们理解的方式解释公司的政策，协助化解公司推动变革的可能阻力。

四、部门合作的润滑剂

当业务员遇到困难或无法解决问题的时候，团队主管可以协助去除阻碍以及瓶颈，使得事情可以顺利进行，公司的组织架构要扁平化，那么管理的跨度就加大，团队主管为重要角色之一，任何策略改变与执行都不是一个部门的事，通过所有部门的合作，保证部门横向之间的运行不出现偏差。

团队主管经常提到"我们的部门，我的人手，我的预算……"等错误的理念，没有其他部门的支持，同样会影响自己的成绩；同时，团队主管应该培养多元化的专业能力，才能适应组织变革，应对新的工作要求。

五、组织内外的资讯转运站

资讯成为企业经营的重要因素，未来的企业结构属于资讯的组织，对于团队主管而言，最重要的功能是扮演资讯的整合者，包括客户与公司的交流、组织内部之间的交流以及与业务骨干之间的交流。

团队主管有较多的机会接触不同的部门，而且对组织内部有着较为整体的观察，因而可能促使资讯在组织内部保持自由的流通。透过经验分享，让每一个人了解其他人在做什么，保持彼此之间沟通清楚畅通，这就是团队主管的功能作用。

除了组织内部的资讯流通以外，团队主管更是组织内部与外部资讯的交流站,将有关客户、竞争者的信息,主动反馈给组织内部,取得多元资讯的管道的优势,团队主管可提供不同的观点以及创新的见解。

六、组织内部服务的团队主管者

团队主管管理自己的团队,就像公司的组织缩影,团队主管从过去"命令与控制"的管理模式转变为服务团队领导与成员的角色,需要仔细思考如何为自己的团队成员、组织内部的客户与公司服务。

(1) 培养基础的经营能力,一个团队就像小型企业,而且企业多半是以利润为中心,团队主管必须负责团队的绩效,因而团队主管应具备基本的经营能力。

(2) 建立愿景与价值观。公司整体有自己的愿景与价值观,同样的一个团队也有属于自己的愿景与价值观。必须让团队成员了解这个团队在组织内扮演什么角色,可以为组织做出哪些贡献。

> 柳传志是一个创业的传奇。他领导联想由11个人20万元资金的小公司用14年时间成长为中国最大的计算机公司。柳传志的成功除了他个人的能力外,主要得益于拥有一大批像杨元庆、郭为这样高素质的追随者。柳传志的能耐在于始终有办法让下属相信,跟着柳传志干联想一定能成功。这个"信"字很重要。"信"了,才会一呼百应,团结进取;"信"了,才会百折不挠,勇往直前;"信"了,才会令行禁止,服从大局。

(3) 团队主管必须确定方向。团队主管负责将组织策略转化为具体的行动,这是为自己的团队指明方向,告诉成员优先顺序如何,达成目标的进度如何,最重要的是做出有效而明确的决策,避免让团队成员无所适从,延迟工作的进行。

(4) 给予支援与指导。许多时候因为时间紧迫,团队主管习惯直接告诉成员怎么做,只希望把事情完成,这样剥夺了成员的成长机会,时间一长,团队的成员养成了被动接受命令的习惯,反而成了团队主管的负担。团队主管应担任支撑的角色,只要把工作的目标以及期限沟通清楚,有问题给予协助,其余的就放心交给下属。

(5) 关注团队成员的生活发展。团队主管必须了解成员的专长以发展潜力,为他们找寻最好的机会,使其在组织中有更好工作机会,必要时不妨主动帮助成员向高层推荐。

第四节 保险团队主管所需的素质

一个保险团队的绩效往往取决于这个团队主管的素质,往往团队主管的素质越高,它所带领的团队的绩效越高。因此如何提高团队主管的素质,已经成为摆在各个保险公司面前的一项刻不容缓的重大任务。

一、保险团队主管具备高素质的意义

团队主管良好的素质,是发挥团队主管功能、完成团队主管任务和提高团队绩效的重要基础。保险团队主管活动是一项复杂重要的工作,需要团队主管发挥高效的主观能动性,只有具有良好的素质修养,才能胜任团队主管工作,优质高效地实现团队主管目标。

团队主管良好的素质,是发动、团结、率领团队成员开拓进取的保证。团队主管素质优良,整个团队就焕发出勃勃生机与活力,团队成员的积极性、主动性和创造性就会充分发挥出来,出现团结一致、勤奋工作、奋发向上的局面。团队主管者素质平庸低劣,整个组织便呈现出涣散、消极、死气沉沉的气氛,团队主管和团队成员各行其是,无法达成团队目标。

团队主管良好的素质,是团队主管方法和艺术的源泉。团队主管素质优良,就能熟练地运用并不断地创造出适应实践需要的团队管理方法和团队管理艺术。如果团队主管素质低劣,再有效的团队管理方法和艺术都难以被运用,更谈不上创造和发展。所以,团队主管丰富的知识与经验,较强的能力与良好的素质是其不断改进团队管理方法和提高团队管理艺术的基础。

团队主管良好的素质,是公司发展的关键。一个公司的发展,一要靠正确的战略,二要靠高素质的干部队伍。在保险团队中,团队主管是团队活动的主体,是最能动活跃的因素,起着决定性的作用。在公司发展中,团队主管是公司战略、政策的直接贯彻者,又是公司发展战略和决策组织实施者,肩负着承上启下、继往开来的重任。因此,团队主管自身素质如何,直接影响着对战略的理解与实施。

二、保险团队主管所要具备的素质

(一)政治敏锐性

思想政治素质是个人从事社会政治活动所必需的基本条件和基本品质,它是个人思想、政治方向、政治立场、政治观点、政治态度、政治信仰的综合表现。一名优秀的保险团队主管,必须具备良好的政治品质和工作作风。其具体要求是:能坚持四项基本原则,坚持改革开放,自觉按照党的路线、方针、政策办事;能全心全意为人民服务,以身作则,为人表率;要有理想、有事业心、有责任感;要有正确的思想作风,不谋私利,有自知之明;要有良好的生活作风,品行端正,艰苦朴素;要有正确的工作作风,工作细致,讲究方式方法,不拉帮结伙。

(二)专业素养

保险是一个专业性强的领域,作为一名保险团队主管,必须掌握一定的专业知识,具备一定的专业能力。作为基层的团队主管,应能直接指导团队成员的实

务工作,能够代理下属的实务工作。专业能力的主要来源于两个方面：一是从书本中来,二是从实际工作中来。而实际工作中团队主管需要向上司、同事和下属学习,须具备"不耻下问"的态度;同时与客户沟通的过程也是一个良好的学习过程。

(三) 管理能力

管理能力是一名保险团队主管管理团队所应具备的能力,也是日后职务晋升所必需的能力。管理能力是一项综合能力,包括指挥能力、决断能力、沟通协调能力、业务能力、工作分配能力,等等。管理能力如果欠缺,团队就难以做大做强,对团队成员也难以进行有效的管理。管理能力既来自书本,但更多的来自实践,因此要提高管理能力,需要管理者不断的反思日常工作,多作回顾与总结。

(四) 培养下属的能力

作为一名团队主管,培养下属是一项基本的、重要的工作。很多团队主管都有各种理由不愿将一些事交给下属去做,认为自己做更省事。但关键的问题是,如此发展下去,主管将有永远忙不完的事,而下属则永远只能做那些主管认为可以做好的事。殊不知,让下属会做事、能做事,是团队主管的重要职责。一个团队的强弱,不仅取决于团队主管能力的强弱,更取决于所有下属工作能力的强弱。

(五) 学习能力

当今的社会是学习型社会,当今的企业也必须是学习型企业,对于公司每个人也必须是学习型主体。保险团队主管只有不停地学习,才能更好、更快地进步,才能赶上社会的发展。主管的学习是广泛的,有关专业的、管理的、经营的、生活的、休闲的,各种各样,今天学习是未来竞争的根本。

> 科学研究表明,在现代社会里,一个保险主管的知识,只有20%是通过正规学校教育获取的,其余80%是靠工作实践和在职学习获得的。

(六) 道德素质

但丁有一句话:智慧的缺陷可以用道德弥补,但道德的缺陷无法用智慧去弥补。对于职场人,不管是员工,还是团队主管,职业道德是第一位的。对于公司而言,只有在良好的职业道德的基础上,其他素质才有存在的意义,才是一个合格之人才。作为一名保险团队主管,不论公司的好坏、职位的高低、薪水的多少,都应对自己的职业负责,这既是一种基本的素养,也是个人发展的根基。

> 这就好比对于一个人而言,健康、财富、地位、爱情等都很重要,但健康是"1",其他的都是"0",只要"1"(健康)的存在,个人的意义才能无限大。在保险团队主管所需的诸多素质中,首先素质处在"1"的位置。

日本企业界要求主管具有十项品德：使命感;责任感;信赖性;积极性;忠诚老实;进取性;忍耐性;公平;热情;勇气。

（七）身体和心理素质

身体素质是基础，没有健全的体魄和良好的身体素质，团队主管就失去了事业成功最起码的条件。一个身体健康、精力旺盛的主管在思维、记忆等方面会明显强于那些身体素质差的人。而心理素质是指人在感知、想象、思维、观念、情感、意志、兴趣等多方面心理品质上的修养，从某种意义上说，它制约和影响着团队主管的管理素质。良好的心理素质即指心理健康或具备健康的心理。主管的心理素质包括：事业心、责任感、创新意识、权变意识、心理承受能力、心理健康状况、气质类型和管理风格等。

本章小结

保险团队不仅具有一般团队的特点，还具有一些独特的时代特征：高任务性、高激励性、高脱落性、低素质性。保险团队主管如果想在管理上取得一定的成绩就必须在用人的艺术、分配工作的艺术、支持下级的艺术、运用权力的艺术、检查工作的艺术等方面有所造诣。只有在转变管理方式、营造良好氛围、树立进取精神、增强审时度势的能力等方面有所作为才能切实提高自己的管理艺术。在工作中，保险团队主管应能在团队中找准自己的位置，明白自己承担着公司策略的执行者、创新的启动者、组织情绪的管理师、部门合作的润滑剂、组织内外的资讯转运站、组织内部服务的团队主管者等多种不同角色。保险团队主管要具备必要的政治敏锐性、专业素养、管理能力、培养下属的能力、学习能力、道德素质、身体和心理素质才能胜任团队的管理。

思考练习

1. 保险团队的特征是什么？和一般团队有何区别？
2. 谈谈你对管理艺术的理解。在保险团队中，管理艺术的内涵是什么？
3. 在一个团队中，主管的角色应该怎样定位？
4. 保险团队主管需具备哪些素质才能胜任这个角色？
5. 请结合实践，谈谈你心目中好的保险团队主管应该是什么样的？你认为他最重要的品格是什么？

一名有效的管理者应该具备什么样的素质？

苏·雷诺兹今年22岁，即将获得哈佛大学人力资源管理的本科学位。在过

去的两年里,他每年暑假都在康涅狄格互助保险公司打工,填补去度假的业务员的工作空缺,因此他在这里做过许多不同类型的工作。目前,他接受了该公司的邀请,毕业后将加入互助保险公司,成为保险单更换部的团队主管。

康涅狄格互助保险公司是一家大型保险公司,仅苏所在的总部就有五千多人。公司奉行业务员的个人开发,这已成为公司的经营哲学,公司自上而下都对业务员十分信任。

苏将要承担的工作要求她直接负责25名职工。他们的工作不需要什么培训而且具有高度的程序化,但业务员的责任感十分重要,因为更换通知要先送到原保险单所在处,要列表显示保险费用的任何变化;如果某份保险单因无更换通知的答复而将取消,还需要通知销售部。

苏工作的团队成员全部是女性,年龄从19~62岁,平均年龄为25岁。其中大部分人是高中学历,以前没有过工作经验,她们的薪金水平为每月1420~2070美元。苏将接替梅贝尔·芬彻的职位。梅贝尔为互助保险公司工作了37年,并在保险单更换部作了17年的团队主管,现在她退休了。苏去年夏天曾在梅贝尔的团队中工作过几周,因此比较熟悉她的工作风格,并认识大多数团队成员。她预计除了丽莲·兰兹之外,其他将成为她下属的成员都不会有什么问题。丽莲今年五十多岁了,在保险单更换部工作了10年。而且,作为一名"老太太",她在业务员群体中很有分量。苏断定,如果她的工作得不到丽莲的支持,将会十分困难。

苏决心以正确的步调开始她的职业生涯。因此,她一直在认真思考:一名有效的管理者应该具备什么样的素质?

问题

1. 影响苏·雷诺兹成功地成为管理者的关键因素是什么?
2. 为了帮助苏·雷诺兹赢得和处理好与丽莲的工作关系,你有何建议?

实地采访3~5个保险团队主管,请他们谈谈做一名合格的主管需要具备什么样的管理艺术和基本素质。然后同学们把自己的采访所得在班上和其他同学分享讨论。

注意事项:采访前要准备一个采访提纲。

第四章

保险团队增员管理

▶ 教学目标

通过本章学习,了解保险团队增员的基本概念,增员的意义和增员对保险团队的迫切性,学习保险团队增员过程中应注意的几个原则,掌握增员的途径,理解保险团队增员中所存在的误区以及解决办法。

▶ 教学要求

要求掌握保险团队增员对团队的重要意义,增员的原则和途径,以及增员过程中存在的误区,并能用这些理论解决在保险团队增员中碰到的问题。

▶ 案例导入

主管老张想增员自己的客户小刘,小刘是一位私营老板,开过公司,是一块作保险的好料,但小刘却不愿意来,因为他对自己的现状很满意,而对保险业的发展却持怀疑态度。多次的接触虽然使两人成为好友,但要小刘来做保险似乎是毫无希望;但老张"咬定青山不放松",在用利益吸引对方的同时,更多的是通过自己的言行举止来感染对方。好事多磨,在经过长达近两年时间的追踪后,小刘终于被打动了,成为老张的同事,并一开始就表现出卓越的推销才能……靠着这种锲而不舍和持之以恒的精神以及慧眼识珠的能力,在不到两年的时间里,老张就成功增员五人。

保险团队增员与销售一样,都是保险业的命脉所在。持续不断的增员是组织发展壮大的唯一途径。在销售的过程中增员,在增员的过程中销售,增员工作贯穿始终。增员是一个双赢的过程,成功的增员需要增员者具备相应的意愿、技巧、工具、心态等各个方面的技能。

第一节 保险团队增员简介

一、增员的意义

增员与销售是保险业特别是寿险业命脉所在。一个拥有较强实力且对未来发展充满信心的保险团队,必然曾在过去的经营当中,尤其在人力发展方面有过成功的经历。人力多、素质高,能直接带动团队的业绩、士气、活动量、人均保费及续保率的增长。人力是保险事业的核心,人力发展成功,在一定程度上相当于保险事业经营的成功。

增员对公司和个人的发展都有着重要的意义。

1. 达到公司的业务目标

有效的增员是保险公司持续、稳定发展的基础。保险公司讲求的是团队作战,人力发展是公司达成业务目标的一个重要影响因素。举个最简单的例子,假如要完成100万的业绩,是10个人容易完成,还是100个人容易完成?

> 在一个风景优美的湖边,很多人在钓鱼,其中不乏前来旅游的游客。当地人在此出租钓鱼竿和游船。一天,一行50人的阿拉伯旅游团来到此处,发现有很多人在钓鱼,觉得很稀奇,于是跃跃欲试。他们向当地的两位渔民请教,其中一位钓鱼高手不肯,因为他担心别人钓走他的鱼,而另一位说:我教你们可以,不过你们每钓5条鱼分一条给我,旅游团的人集体欢呼并通过。一天下来,那个不肯教别人的人一天钓了五十条鱼,依然保持着一个高手的水平,而另一位教授钓鱼技巧的人一天很轻松却钓到了九十多条。

2. 提高服务效率

保险公司以诚信服务取信于客户,而为客户提供迅捷优质的服务是公司的义务,也是客户的需求所在。只有充实高素质的服务人员才能保证对数量庞大的客户快捷优质地履行承诺,提高服务效率,并保证服务质量,有利于市场开拓,提高市场份额。正确地增员可以有效地解决这一问题。

> 如果一个人在保险之路独行,面对如此之大的市场我们是多么落寞和孤寂,成功时、兴奋时无人分享,痛苦时、失望时无人分担,自己成功的经验无处传播,也学不到别人的长处,保险这条路只能越走越窄,不利于你的发展。正所谓:"只顾做保单,越走越孤单;天天当伯乐,心情真快乐!"

3. 累积人才资本

保险行业的竞争无论在现在还是将来都是人才的竞争。人才资本的累积将越来越影响到保险公司的发展。每个营销员都有一个营销生命周期,由于各种因素影响,势必导致保险团队中人员的脱落。要想保持团队始终生机勃勃、富有朝气与战斗力,增员是发展的重要法则。

> 红杉故事:红杉的根须扎地不深,但任何地方的红杉长势都很好,不怕风吹雨打,原因在于红杉总是成片成片的生长,彼此的根须紧紧相连,这样既节约了根部的养分,又保证有能量向上生长,所以红杉林总是又直又高,生机盎然。

4. 更好更快地帮助个人实现目标

每个人的能力与精力有限,要持续地达到期望的目标,往往会有力不从心的感觉。而增员可以弥补自身能力的不足,达到自我成长的目的,可以使团队成员取得更大的成就。

> 李嘉诚说他每天有320000个小时在工作,为什么呢?因为每天有40000个职工在世界各地为他工作。每人8小时,每天不就是320000个小时吗?古人云:上君者,用人之智;中君者,用人之能;下君者,用己之力。所以,正确地增员有助你登上事业的顶峰。

二、增员的理由

(一)发展保险事业

保险事业是一种"人力密集型"事业,要使这项事业能长期快速地发展,团队主管必须最大限度地发挥"人"的因素。如同一般公司为使产量持续增加,要不断地增加工人与设备一样,在保险事业的发展过程中,团队主管也要不断地增加人员,补充新鲜血液,为组织带来活力,增加组织的力量,使一双手变成五双手、十双手、百双手……才能迅速提升组织的业绩。增员是保险事业经营最基本的原则之一,合理增员有利于保险事业快速发展。

> 楚汉相争,项羽再强,还是没有打过拥有各种人才的刘邦团队,最后落了个乌江自刎的下场。保险事业也是如此,一个人的能力毕竟有限,只有拥有庞大的组织队伍,保险事业才能稳健发展,才能为更多的人提供风险保障。

(二)提高管理能力

优秀的团队主管与成员增员之后往往会产生这种想法:我一定要比新人懂得多,我的展业与经营技巧一定要比他们好。为此,他们便会下工夫去学习,其领导、训练与激励的潜能就会被进一步开发出来。如果没有增员,他们往往认为自己仍停留在需要别人帮助的阶段,还没资格和能力去协助、辅导他人,这样会导致

自信心的丧失。因此增员有助于发现自己真正的能力,有助于认识到自己在很多方面也是能够帮助他人的。

(三)拓展人际关系

保险是和人打交道的事业。认识的人越多,团队中的准客户就越多,团队成员成功的几率也就越大。而增员可使团队成员结识众多的、不同层面上的人,这可为团队成员扩展人际关系奠定基础。

(四)提高成员士气

由于在保险行销过程中,业务员会遭到太多的拒绝,从而使自信心大受打击。而增员却有可能使其寻找到事业上的伙伴,在其失意时有人给予安慰和鼓励,使其摆脱失败的阴影,振作精神,再次上路,迈向成功的彼岸。同时,团队成员遇到问题时,可以和大家共同讨论,从而增长其知识、能力与技巧,提高成功的胜算。

(五)补充人力损失

由于保险行销充满了艰辛,许多人都望而却步,放弃了对保险事业的追求,这种放弃往往导致组织人员大量流失。因此,为了维持团队组织的发展和保险事业的持续发展,必须通过增员来补充人力资源。

三、增员的含义

可将增员赋予以下的含义。

增员就是增源。组织好比江河,由无数条涓涓细流汇聚万里而成。组织成员为团队带来智慧、氛围、业绩,他们就是江河的许多支流与源泉,为团队组织注入活力。

增员就是增缘。由于在增员的同时可以结交更多的朋友,也可为经营伙伴提供加入保险行业的创业机会,并不断地尽力帮助他们成功,从而结下了"善缘"。

增员就是增元。团队成员汇积的业绩转化为经营团队的管理收入及晋升后的其他收入,也能增加团队成员的个人收入。

增员就是增远。增员创造了晋升和管理能力提升的空间,提升了自我能力,扩展了团队主管和成员的视野,使大家从个人营销进入到一个组织经营的全新舞台,从而在保险事业道路上走得更快、更好、更远。

增员就是增圆。增员带来更高更稳定的业绩和收入、进一步晋升的空间,更高品质的生活、更美满和谐的家庭、更广阔的人际关系、更多的荣誉……最终带来更加圆满的人生。

第二节 保险团队增员原则

从发展的观点看,团队新加盟者的品质,将成为影响团队甚至全公司日后经营绩效的重要因素之一。因此增员不能逢人就增,而要符合一定的原则。

一、增员中的选人原则

第一个原则,要及早使用适当的工具去测试备选对象的合适性,而且越早越好。实践表明,与其运用各种工具去预测新人将来的"成功",不如运用各种更精确的工具去预测增员是否是一项会导致"失败"的决定。目前许多增员者在进行测试备选对象的选择作业时发现,预测选择决定是否会导致"失败"的决定,也都比预估新人将来是否会"成功"来得更为精确。

第二个原则,要运用各种能更节省时间与成本的工具。也就是说,在增员的选人过程中,要善于运用自己的时间。把宝贵的时间投资在选择有潜力的新人上,而不是放在那些将来注定要失败的人身上。

第三个原则,要适当地隐藏自己的选人标准不让备选对象有所知道,使所运用的工具不致破坏了后续步骤的效果。例如,如果增员者事先向备选对象透露,哪些动作或态度是自己比较欣赏的,哪些则不是,这就可能会严重地影响了对备选对象初次选择面谈的效果。换句话说,在选人过程中,不要太早提醒备选对象,哪些是增员者希望在他身上找到的条件。

> 保险公司在增员问题上,常常会产生这种困惑:新增人员明明在知识和技能等方面都很有优势,但在履行实际工作的过程中,却难以达到公司和团队的要求。究其原因,增员时把关标准出现了问题。增员时不能仅仅局限于对备选对象知识和技能等方面的考察,还要对其求职动机、个人品质、价值观、自我认知和角色定位等方面进行综合了解。如果没有好的求职动机、品质、价值观等相关素质的支撑,能力高的员工反而会对公司产生负面影响。

第四个原则,有些步骤要求备选对象提供一些资料来加以配合,如果当时还没有这些资料,那么这个步骤就必须等到资料齐全后才可以正式进行。例如,备选对象背景资料的追踪与审核、身体检查等步骤,通常都会延到选择过程的最后阶段才能进行。

第五个原则,要确定选择的时间段,能够扩充到新人到岗后几个月的工作时间上。一项良好的选择作业系统,应该包括日后对这位新进成员绩效的追踪与考核。所谓绩效指的不只是销售的成果,而应对其进行综合评估,以期缔造更好的销售成绩。在保险营销团队中,一位业务员早期的活动水平,可以作为将来活动成效与展业成功的预测依据。

第六个原则,要建立一份包含每一个选择步骤的追踪检查表,并排定各个步骤的追踪顺序,同时尽可能不做任何更改。有了这份追踪表,并向备选对象展示和说明团队将来会一起关心写在表格中的内容后,就等于无形中在他的心里头,树立了有关他将来创业发展的专业顾问地位。

我们经常把增员叫做生孩子,作为大部分人来讲,我们既是别人的儿女,同时又身为别人的父母。所以我们工作的时候应该具有两颗心:儿女心和父母心。为人父母者,是孩子的启蒙老师,你是子女的楷模,你的一举一动都会影响孩子的思想甚至前途。为人子女者,要知道父母养育我们是多么的辛苦,父母做任何事情都是为了我们更好地成长,一颗感恩的心必不可少。

二、增员时的面谈原则

以下六项原则可提高增员者的面谈质量和效果。

1. 注重聆听(Listening)

(1) 为了全面了解对方,面谈时要注重聆听,大部分时间都应交给备选对象,使其能够真实全面地阐述观点;

(2) 当备选对象出现结巴、停顿等表达不畅的情况时,不要马上插嘴打断,让他顺利把观点表达清楚,这也是尊重对方的体现;

(3) 让备选对象有时间去思考他准备说的话。

2. 获取完整的答复(Accurate & Complete Answers)

(1) 交谈时提问要注意,问题要简单而直接,尽量做到一次只问一个问题;

(2) 让备选对象有时间归纳他所说的话,以便获得尽可能完整的信息;

(3) 如果想获得更多信息,要多用询问语句(如"如何"、"为什么"等)来提问题。

3. 保持中立(Neutral)

(1) 增员者不要采用"引导式"的问语向备选对象暗示其想要的答案;

(2) 当备选对象反应时,尽可能保持不为所动的态度。

4. 控制整个面谈的进行(Control)

(1) 使谈话的内容都保持在增员者想要讨论的话题上,不要让备选对象跑题,甚至反过来被其牵着鼻子走;

(2) 事先设计好面谈进度,对所有问题合理安排和分配时间,不要花太多时间在某一个话题上。

5. 做笔记或录音(Record)

(1) 做好笔记是相当重要的,因为增员者往往没法记住备选对象所说的每一句话;

(2) 面谈时尽可能将任何事都记下来,即使当时认为不重要的事也先记下来再说,事后再进一步整理。

6．完成面谈评估（Assess）

（1）增员者可以在与对方面谈的同时进行初步评估；

（2）面谈结束后如果发现前面的评估不适当时，须马上予以修正，完成准确而完整的面谈评估。

> 曾国藩说：邪正看眼神，聪明看嘴唇，功名看气宇，事业看精神，寿夭看爪，风波看脚跟，若要问条押，尽在言语中。语中：要懂得看人，因为这对我们的事业影响很大，但这需长时间的经验，除了接触面谈外，应用性向测验也足相当可行的，透过数十年的测验累积与判断，往往会看出一个人的属性和内心的一面。

三、增员流程的设计原则

增员流程设计是否科学合理，直接决定增员的面谈效果并影响到日后增员产生的绩效。增员流程的设计中要考虑以下几方面的原则：

- 明确增员对象的轮廓，知道自己要寻找哪一种类型的新人；
- 简化选人的流程，过于复杂的流程有可能使结论产生偏差；
- 流程要能用事实说话，使增员者能根据自己所亲眼见到或收集到的事实来下评判，而不是根据他人所述或自己所想来下结论；
- 只运用有效的选择步骤。所谓有效的选择步骤，就是能确实过滤掉将来加盟团队后创业成功机会极低的应征者；
- 要及早使用成本更低的选择步骤。每个步骤都需要投入时间与金钱，因此选择步骤的成本亦须加以合理控制；
- 流程要有利于增员者从不同的角度去观察备选对象，避免以偏概全；
- 设计流程时要了解劳工雇用的相关法令规定，并保持流程的合法合规性；
- 流程的设计要尽可能吸引到更多的备选对象来面谈，如此更有机会录用到最佳人选。

增员一定要目标清楚，让自己和伙伴都有精准的轨迹可依循。目标要单纯化，数据化，不要迷迷糊糊，随缘而行。德国慕尼黑有座博物馆做了个试验：将一平方公尺的光线集中在一点上，再用精密的测量工具都无法测出这光线到底有多强。这项测验的意义是"只要力量集中，将无限伟大"。增员是因为事业需要，事业是由人们共同组成的，你要有阶段性人员成长的概念。一般而言，新人留存率大概是一半，成功增员一人需通过与三人面谈，一个面谈又要有三个名单。想要成立营业部至要有五十人以上，若想三年达到此标准，我们可以推算出：

成功增员 100 人——300 位面谈者——900 份名单

3年——

一年300名

每月5个名单8位面谈者。

结论：一个月只要和八个人面谈，持之以恒三年即可建立庞大部队，若全体动员，则成果将加倍。

第三节　保险团队增员途径

一、增员的渠道和方式

1. 常规媒体招募

由保险机构在报纸、电视台、电台等媒体上发布招募信息，通常的做法是：

(1) 侧重报纸招募，这样既宣传公司又招募团队成员，具有双重作用；

(2) 在每个分公司选择当地一家主流报纸，每周发布一次招募广告，常年发布，这样有利于新人不断地流入公司。

2. 网站招募

在公司网站、专业招聘网站、营销类网站发布招募信息，通常的做法是：

(1) 在公司外部网站设立营销员招募专区，常年发布招募信息；

(2) 选择几家(通常3~5家即可)主流招聘网站发布招聘信息；

(3) 选择几家主流营销类网站供发布招募信息。

3. 现场招募

在校园、社区、人才交流市场等场所，进行现场招募，通常的做法是：

(1) 在分公司或其他保险机构所在地选择当地较大的或专业的高校、人才市场，进行现场招募和事业报告会宣讲；

(2) 在较大的社区组织进行招募事业演讲、保险知识等方面的宣讲。

4. 电话短信招募

向中介机构、网站、人力、劳动等外部机构购买人员资料，通过公司电话中心或当地机构进行电话、发送短信等方式的招募。

5. 个人推荐招募

由现有团队成员或公司其他员工进行推荐。由于公司内部人员的推荐方式成本低、效果好，因此是重点的方式。

二、增员对象的选择

(一) 增员对象选择的一般条件

不同团队对增员对象的选择条件也有所差异，以下是几个设定条件的参考方向。

1. 性别

女性业务员从事保险业有越来越高的趋势,这种现象与日本、韩国、新加坡、中国台湾地区很接近,属东方社会的特性。

2. 年龄

依各地区不同而有差异,但随着中国高龄化社会即将来临,年龄的条件将来会逐渐提高。

3. 学历

高学历增员对象将是保险业社会地位提高后的增员主要对象。保险营销需要多方面的知识、技巧与创意,学历高的人较易接受训练和接洽各行业准客户群体。

4. 职业

可从目前或以前从事的行业,如销售业务,一般行政管理工作,中小企业负责人、家庭主妇等着手。

5. 婚姻状况

已成家者在以后的人生阶段会产生一定程度的经济需求,且人格特质与社会阅历亦趋于成熟,他们加盟团队后的稳定性较高。

6. 个性

保险业务员是要从事销售工作,职业伦理、勤快、上进心、亲和力、忍耐力、忠诚度、执行力、积极乐观的性格等都是必备条件。

7. 工作经验

从工作经验可了解备选对象过去就业状况成功的形态。

8. 其他

如参加社团、健康状况、社交活动、经济状况、职业操守等。

科特一家世界顶尖企业面试工业间谍的职位。人事部经理与科特进行面谈后,递给科特一个信封,对他说:"请你把这个信封送到第八层的档案室,然后你就可以回去了,一周以后我们会通知你面试结果。"

从人力资源部门出来后,科特转身溜进了卫生间,他环顾四周见没人,便迅速打开了信封,里面的便笺写着:"你被录用了,马上回人事部报到!"

职业敏感度是许多企业招聘人员时要重点考察的一个方面。任何职位都有自己的特点,不同的人对不同的职位敏感度也不同。你的增员对象对公司岗位的敏感度如何?你考察过吗?

(二)根据职业阅历选择增员对象

备选对象曾经从事的职业阅历对其是否适合加盟保险团队有一定的影响,事实证明，保险团队增员有五类较适应行业，这五类行业的人各具优势，可作为增员的优先选择对象，这些行业分别是教师、生意人、服务人员、上班族中不满现状者和一些特殊领域专业人员。相比之下，这几类人加入保险团队具备较大的发展前景。

一是教师。因为教师说话有说服力，有条理，有耐心，容易被客户接受。

二是生意人。其优点是自律性强，能吃苦，心态稳定；有些人有从成功到失败的经历，有重新做大的愿望，即有上进心和事业心；更重要的是他们了解生意人的心理特点，可以"以彼之道，还彼之身"，回头来做私营业主这类市场。

三是服务人员。比如，居委会主任、收费员、住房水电煤气的收费员、银行储蓄代办员、化妆品的推销员等，这类人群接触人多，有机会与各层面的人进行接触。

四是上班族中不满现状者。这类人有一定的素质，对自己有信心，且上进心强。

五是专业人员。如律师、医生、记者、金融业人士。这些人中，律师讲话有条理，善雄辩，容易掌控别人的思维和情绪；医生沉稳，给人信赖感，并具有深厚的医学知识；金融业人士专业知识较强，讲解条款更系统、透彻；记者捕捉对象敏锐、快捷……这类人的共同点是文化水平较高，社会关系较好，有良好而稳固的客户群。以上所述的几种人都是增员对象中的首选。

（三）根据人员类型选择增员对象

1. 淳朴型的人

以刚从学校毕业的大学生为主。他们没有太多社会经验，容易被吸引进团队，但是不好培养，要花许多的时间来辅导，这一类型的人会慢慢地成才。在单位成立的初期，大部分的主管所增员的人以淳朴型为主，因为那段时期营业部经理自身的吸引力只能吸引一些淳朴型的人。

2. 有社会经验的人

这种类型的人，他们所找的不只是一项工作而已，因为他们已经有相当的社会工作经验，他们要找的是一个好的环境，在这个环境里可以发挥他们的才华，创立他们的事业，这类型的人对接下来想要找的工作有一定要求，较难增员进入团队，并需小心培养。

3. 成功典型的人

这种类型的人在社会上已有相当的基础，已显示出其能力，对许多的部经理来讲，较想增员的就是这一类型的人，这种大将型的人包括在其他公司担任过经理、总经理或独立创业做过老板的人。这种类型的人特点是难增员进来，但进来后好培养。

增员像婚姻大事，应以长远之计看待，不应只见眼前，把问题留在往后。

增员有许多技巧与学问,但是不论方法与过程,其中仍需有几分缘分。所谓佛度有缘人,增员亦然。没有缘分的人,不必苦苦强求,徒增彼此的困扰。

三、增员的途径

随着保险业不断发展,增员越来越难是不容辩驳的事实。没有增员,就没有发展;没有有效的增员途径,就无法迅速实现业务规模的扩张。概括地说,保险业主要有以下几种增员途径。

一是人才市场。这是个大得没有边界的市场。如果发现双方有意向,要抓准机会,可以对其直接发出邀请:"我在这里看了一会儿,发现您与一般人气质不一样,您肯定在找工作吧!您想找一个能保证基本生活费的工作还是找一个赚大钱的、有长远发展的行业?"这样,就可以展开话题,但要注意,这种话更适合第一次来人才市场的,而且成功率不太高。

二是缘故市场。如果说人才市场属于陌生市场的话,缘故市场则全部由认识的人组成。人的身份不同,其所处的市场也不同,但相同的一点是,他对相同市场的人比较了解。作为保险团队的一员,可以把增员的重点放在自己认为能力较强的人身上。与对方谈话时,要多问、引导,说到他的心底、痛处,不说无用的,你可以与他谈谈保障、物质、生活开销,等等。如果他有意向,你可以告诉他,录取有名额要求,正好最近要培训,是否可以先尝试着报个名?据了解,缘故市场增员有着较高的成功率。

三是转介绍。转介绍是介于陌生市场和缘故市场中间的市场。对有求职愿望的人来说,不妨直接告诉他,公司在用人方面非常严格,不是所有人都能加盟进来,先面试吧!据了解,转介绍的成功率在60%左右。

> 据调查,平均每个人的社交范围大约有二百五十个人左右。如果每个月你有10位朋友,他们每人给你介绍10个人,那么一个月你就有100位待增员的对象,假设增员的成功率有10%,那么你每月可成功增员10人。

四是让新上岗的员工增员。让新上岗的员工增员,使其了解,先增员可先为自己的日后发展铺路。这时他们多数表现是自己没信心,此时团队主管可以告诉他,团队中不是仅其一人在做,有公司、有培训、有主管帮助,无须太多顾虑。新员工增员成功率在40%以上。

五是夕阳企业。到夕阳企业增员,与企业的领导谈。解决其后顾之忧,让单位协助联络开说明会。这个单位老板最好是保险团队主管或成员的朋友,此途径增员的成功率大概在百分之十左右。

第四节 保险团队增员误区

我国保险业发展至今,增员的理念和方法都在不断地变化着。近年来,保险公司的增员工作存在着一些误区,这不利于保险业长远健康地发展。若想走出增员的误区,步入健康持续增员和之路,就要把增员工作当做一项系统工程来抓,做好人员的甄选、培训、育成、提高留存率,一环紧扣一环,环环相扣。只有这样才能使增员工作进入良性循环,使成本与效益协调统一。

一、保险团队增员误区

(一)盲目增员

为了保证业务持续发展,有些保险公司分支机构在增员方面下硬性指标:每人都有数额不等的增员指标。员工为了完成指标,拼命凑人数。不论来自何种职业,不论有过何种经历,不管愿意不愿意,先凑上人数。这样的被增者少则留两三个月,多则留六七个月,一年后便所剩无几,造成人员的大进大出,流失率居高不下。这种盲目增员,一方面,造成公司人、财、物力的浪费,增加了公司的经营成本;另一方面,形成高素质者不愿进入,羞于进入。在营销队伍整体素质不高的情形下,形成增员工作难上加难的局面。

   长期以来,保险公司主要采用的保险营销员招募模式主要还是依靠队伍,市场"近亲繁殖"。随着"遗传基因"的代代相传,在现存队伍素质普遍较低的情况下,这种带有"血缘"色彩的招募,易使营销队伍发展陷入一种低素质循环,导致队伍整体素质低下。由于增员难度大,保险公司对于营销员的管理往往只侧重于业绩导向,以绩效论英雄,对于营销员的展业行为则疏于管理,进而给营销员招募造成更大困难。可见,保险公司的不规范人员招募和疏于管理也是造成营销队伍现状的原因之一。

(二)"1+1"增员

在保险团队中,不论是新人还是老业务员,都可能被要求去增员。对于新人,刚来公司不久,对公司还没有明确的认识、信心和目标,业务知识、展业技巧、稳定的业绩还无从谈起,如何去说服被增者坚定信心干好这个行当,又有何能力辅导被增者?对于一部分老业务员,本身素质就偏低,有的甚至存在认识方面的误解,对保险的理解还不到位,甚至尚不认同,这样的成员去增员,通常成功率不高,甚至会造成弊大于利的不良局面。

据调查,目前大量保险公司仍处于粗放式管理阶段,导致保险营销员增员的非理性,追求数量,忽视质量,使得营销队伍整体素质不高。而在从业教育培训的内容和方式上,重专业技术的提高、轻从业品质的培养,重产出能力的提升、轻职业道德的塑造,导致整体队伍素质始终得不到有效提升,大量低素质人员的存在使社会高素质人群难以或不愿加入保险营销行业。据中国社会事务调查所(SSIC)在北京地区的一项调查结果显示,因"保险营销员素质差"而导致66%的人不了解保险、19%的人根本就拒绝保险、10%的人对保险营销员干脆采取"关门闭户、置之不理"的态度。

（三）增员节奏过快

走进一些保险机构的职场会发现其经营的主旋律就是：增员、增员、再增员；培训、培训、再培训。这无可厚非,但要把握好增员的节奏,不要把增员抬到过高的度。增员也要一个度,所增人数应与所在团队规模相协调。若不然会出现来得多,走得也多,进入一个怪圈。增员、流失、再增员、再流失……进入一个恶性循环之中,这样既败坏了公司的声誉与形象,又产生了大量的"孤儿保单",使客户产生不安全感;同时形成一种"增亦难送亦难"的现象,"送不走的"将会削弱团队士气,涣散团队信心,阻碍团队健康发展。

（四）道德问题

增员如果没有节制和标准,团队成员的素质和职业道德就难以保证,甚至在业务开展中会产生许多由于道德缺失而带来的问题。例如,有些业务员只重促成签单、漠视业务质量,留下大量隐患；还有些业务员利用公司管理上的漏洞,误导客户、擅自承诺、买单卖单、违规操作、越权代理、挪用保费……业务员本身尚且如此,这样的人在增员中纳入的新人又会是什么样？对于团队主管,为了吸引更多的人来到自己团队,不惜占用自己销售业绩的时间和精力去增员,甚至以牺牲制度作代价,这种追求短期利益、急功近利的行为,只会引起种种负面效应。

有资料表明,由于保险营销员的主要收入来源就是靠卖保单,在当今社会人们的保险意识不强、行业竞争又非常激烈的情况下,越来越多的人违规展业。不少保险营销员展业中靠死缠烂打,软磨硬泡,为追求短期利益,随意夸大投资型保险的回报率,屡屡误导、欺骗消费者,涸泽而渔。这种"游击"状态和增员难使保险营销人员即使对承诺不负责任,也不会受到公司的追究。甚至出现了营销员离开公司后仍然使用公司有关材料非法招揽业务骗取钱财的问题。保费流失、假保单等危害保单持有人利益的违规现象时有发生。这使得不少消费者对保险推销已经异常反感,甚至认为保险就是骗人的,保险就是搞传销。这些问题让年轻的中国保险业正面临巨大的诚信危机,也导致了消费者的信任危机。许多客户对保险本身非常认可,就是无法接受推销保险的方式,这种状态使保险营销员的工作环境日益恶劣,这既不利于业务发展,也不利于良性增员。

二、遵循正确流程,走出增员误区

为了走出增员误区,应严格遵循增员的正确流程,严把增员过程中的每一个细节关。正确的增员流程应该是:招募→甄选→培训→育成→留存。

(一)招募

召开创业说明会和公开招聘是比较好的增员方法。通过社会调查发现:一般前来参加创业说明会的应聘者人数较多,主要分几种类型:一是失业下岗,欲谋求一份工作,这类人占80%;二是刚从院校毕业,急于参加社会实践,这类人占10%;三是已有一份工作,想换一份更理想的工作,这类人占7%;四是欲跳槽者,本身就已为一家保险公司工作,想换另一家公司试一试,这类人占3%。因为应聘对象不同,所持的心态不同,应聘者寻求和关注的问题就不同,或寻求二次就业机会,或寻求高收入,或寻求大发展,因此增员者必须准确地把握住重点,针对不同的对象分门别类,有的放矢地加以宣导,即对人力资源市场进行细化。

(二)甄选

甄选就是要找对人。一要选择具备优秀品格和立志长期从事保险事业的人;二要选择充满激情、自信心强、敢于拼搏而又有韧性的人。因为保险行销事业在开创阶段一般是很艰难的,没有顽强的拼搏精神和坚韧的承受力,往往坚持不下来。团队的业绩取决于人数、人均件数、件均保费等因素,其中人是业绩的首要决定条件。有人才能有业绩,有好人才才能有好业绩,才能提高产能、提升效率,为团队和公司带来效益。

> 19世纪末20世纪初,意大利经济学家巴莱多发现,在任何一种组合中,最重要的只占其中的一小部分,约百分之二十,其余百分之八十尽管是多数,却是次要的,因此称"二八定律"。保险营销队伍的现状正是这样:20%的营销员做成了80%的业务;20%的留存率,80%的脱落率;80%脱落人员遗留下占续期总量20%的"孤儿保单"。甄选时就要找到20%"对的人",进而将20%"对的人"留下来。

(三)培训

保险团队应该建立完善的培训体系。由于加入这个队伍的人员素质参差不齐,人生经历、知识水平、基本素养、家庭背景等情况各不相同,其未来的业绩和发展也各不相同。而保险专业性、知识性比较强,因此培训应该分层次、分阶段进行,并且是个递进的过程。一般可将培训分为四个层次:岗前培训、初中级培训、高级培训、主管培训。岗前培训是上岗前的启蒙教育,目的是认可保险企业文化、认识保险产品及相关保险知识,帮助营销员树立信心尽快适应新岗位。初中级培训则主要是采用实地陪访的形式传授销售技巧,培养正确的工作习惯。高级培训旨在育成业务骨干,加强职业道德教育,加强保险法律法规知识教育,使其熟悉公司业务的实务流程。主管培训,则侧重于传授与人相处及影响他人行为的技巧,发掘其管理才能。

许多保险公司现行的培训体系,虽因公司实力、对营销员教育培训的重视程度、历史沿革不同而有差异,但还存在比较共性的问题:一是保险公司为了开拓市场,抢占客户,大搞人海战术,由于保险营销员的数量增长过快,教育培训衔接不够。保险公司没有建立起针对保险营销员的长期的系统的全面的培训计划,当前的保险营销培训以临时性的短期性的和应急性的培训居多。二是只进行营销话术和展业技巧的培训,而忽视了对营销员的思想道德教育和心理素质的训练。因此,一方面导致很多保险营销员不遵守职业操守,没有职业道德,对客户不讲诚信,对公司也无忠诚可言;另一方面,营销员心理素质差,心理承受能力弱,不能承受工作中的失败和挫折,造成了营销队伍不稳定,流失率高。

(四)育成

人才育成指的是保险公司在对新人进行有计划的、有系统的学习、培训基础上,使新人获取相应的价值观、行动规范意识以及相关知识和技能,以提高其绩效,提升其忠诚度和留存率,并使其成为一名正式的合格团队成员的过程。

(1)加强基础管理,即制度管理与人情管理的有机结合。

(2)要配备优秀的主管。主管综合素质的高低和领导才能的高低,将直接影响新人的育成,影响队伍的整体水平,进而影响营销业务的质量。主管不仅要鼓动、激励、策划、说明教育,而且要发挥协调、分析、应变的作用。

(3)要提高晨会的管理质量。高质量的晨会对团队成员具有较强的吸引力,有利于形成团队良好的氛围和凝聚力。

(4)服务一定要到位。主管要发挥纽带和桥梁的作用,既要有发展的意识,又要有发展的能力。要经常关心、鼓励新人,并对新人进行陪访、辅导,追踪督察,促其转正。

(五)留存

留存是增员的最终目的。增员是否有效主要看持证率、转正率和留存率。持证就是获取保监会颁发的《保险代理从业资格证》;转正意味着其能够完成下达的任务指标。持证是择业的基础,转正是从业的条件,留存是建功立业的根本。增员的实质不在于增了多少,而在于留存多少。

如何提高留存率呢？A保险公司某市城区营销部一名资深主管给出了自己的看法。

1．待遇留人。待遇以业绩提成为主，适当给予底薪。从事营销工作3年以上者每月给予一定的底薪，如36个月以后每月给100～200元底薪；60个月以后每月给300～500元底薪。另外要改革现有的佣金制度，现在的续期佣金基本上4～5年就提完了，应将续期佣金的给付期延长6～8年。

2．感情留人。善待营销员，尊重营销员，营造一个热烈、温暖的大家庭氛围。

3．环境留人。将具备丰富专业知识、熟练业务技能、拥有积极心态和良好工作习惯的优秀营销员转至相应的管理岗位，使"人尽其才，才尽其用"，营造一个积极、宽松的使用人才的环境。使他们感到公司是他们实现人生价值、追求成功的舞台。

总之，增员要坚持宁缺毋滥的原则，杜绝"烂苹果效应"，避免陷入"增亦难送也难"的困境。增员的质量和数量直接影响着团队乃至整个公司的持续经营和长远发展，要坚持"人尽其才，人尽其用"，把增员作为一项系统工程，一环紧扣一环。只有这样，才能使增员工作进入良性循环，也只有这样，使成本与效益协调统一，才能使团队和公司社会效益与经济效益相得益彰。

本章小结

本章主要阐述保险团队增员的基本概念，介绍了团队增员的原则和途径，指出了保险团队主管在增员时存在的一些误区。"增员"一词的概念，实不足以涵盖人力发展的意义与重要性。增员前后选择、增员的训练、教导都决定着增员的成败，这期间的选才、育才、用才、留才，都会发生连锁性的效应与影响。本章内容有助于协助保险团队主管更积极、有效、成功地完成人力发展的目标，以期在未来经营的岁月里，能得心应手，建立可大可久的庞大业务队伍，为保险公司培育英才。

思考练习

1．经营保险（特别是寿险）事业为何要增员？
2．增员对个人、组织有哪些好处？
3．联系实际谈谈理想的增员对象应具有哪些特征？
4．增员的误区有哪些？如何应对？

 案例分析

增 员 对 比

小A与小B由于表现出色,在保险公司同时晋升为业务主任,他们俩都非常高兴,因为从这一天开始,他们成为一名管理者,实现了梦想。这时小A为自己定下更高的目标,持续的发展自己的团队,因为他有了更高的梦想,将来要做一名优秀的营业部经理。小B晋升主任后就满足了,停止了增员,在今后的每个季度中都在维持考核。小A每个月平均增员1人,一年增12人,在他的带领下,优秀筹备主任也在增员。小A团队每个月平均佣金30000元,团队人均FYC2000元。小A第一年直接育成两个组。晋升高级主任,育成组佣金15000元。

管理津贴:$30000 \times 17\% \times 110\% = 5610$(元/月)(假定新员工每月FYC1000元/月,12月留存率50%)

增员利益:$1000 \times 12 \times 6 \times 8\% = 5760$(元/年)

增才奖:$400 \times 6 + 800 \times 6 = 7200$(元/年)

育成利益:$15000 \times 13\% \times 2 = 3900$(元/月)

晋升奖金:$2000 \times 12 \times 2 \times 10\% = 4800$(元/年)

年终奖金:$30000 \times 12 \times 1.2\% \times 160\% = 6912$(元/年)

小A每月的管理收入合计为11566元。

第二年,小A仍沿坚持去做增员和发展,晋升资深主任,每月增1人,直接育成两个组,直辖组月均佣金50000元。

管理津贴:$50000 \times 20\% \times 110\% = 11000$(元/月)

假定新员工每月FYC1000元/月,12月留存率50%

增员利益:$1000 \times 12 \times 6 \times 8\% = 5760$(元/年)

增才奖:$400 \times 6 + 800 \times 6 = 7200$(元/年)

育成利益:$15000 \times 13\% \times 2 = 3900$(元/月)

育成利益(第二年):$15000 \times 8\% \times 2 = 2400$(元/月)

晋升奖金:$2000 \times 12 \times 2 \times 10\% = 4800$(元/年)

年终奖金:$50000 \times 12 \times 1.4\% \times 160\% = 13340$(元/年)

小A每月的管理收入合计为19892元。

小B晋升业务主任后,停止了发展,每个季度在维持考核,团队平均月佣金6000元。管理收入:$6000 \times 6\% = 360$(元/月)。

> 1. 小A和小B处于同样的环境条件,发展结果却是天壤之别,为什么?
> 2. 小A是否有更好的办法进一步提高团队成员留存率?

增员来源的分析:

请各小组的每位成员自己挑选出下列增员来源中的3个来源,并针对自己所挑选出来的来源,利用10分钟的时间,写出2~3个该增员来源的好处及其弊端。然后,再以小组为单位,重新去挑选出2个增员来源,利用10至12分钟的时间,针对你们小组所挑选出来的这2个来源去讨论,并分别写出大家认为该增员来源的各项好处与弊端,见表4-1。另外,每个小组还须推举一位报告人代表该小组报告研讨的结论内容。每组报告的时间为4~5分钟。

表4-1 增员来源分析

	来源	个人认为其具有的好处	小组认为其具有的好处	个人认为其具有的弊端	小组认为其具有的弊端
1	报纸广告				
2	职业介绍所				
3	推荐人				
4	业务员				
5	营业部行政人员				
6	个人的观察				

第五章

保险团队业务管理

▶ 教学目标

通过本章学习，了解保险团队业务管理的基本观点，学习如何实现保险团队的活动量管理、如何开展团队会务管理；了解保险团队的绩效管理，学习保险团队客户服务管理的相关理念。

▶ 教学要求

要求掌握保险团队业务管理的各种基本理念，并能用这些基本理念对保险团队进行活动量管理，开展日常的会务管理，提高保险团队的绩效，增强团队客户服务的能力，并致力于保险团队的长远发展。

▶ 案例导入

加入WTO之后，中国金融业加快开放步伐，积极融入全球市场的角逐之中。面对无边界的金融竞争，中国金融企业如何抵御冲击？中国平安保险（集团）股份有限公司给出了自己的答案，那就是通过不断地创新，为客户提供低成本、高效率的优质服务。

1. 顾客视角创新服务

平安已初步建成由中国平安电话中心、互联网中心、门店服务中心、业务员直销四大体系整合而成的3A服务网络。接着又推出国内寿险业首家全国统一客户服务专线，实施"全年全天候无间断"随身服务。

2. 后援集中作业模式

平安推出全国第一家大型综合性后援管理中心，推行后援集中作业模式，通过业务流程创新，让客户享受到五星级整合服务。这种后援集中作业模式为平安快速响应客户需求、推介不同产品和优质高效服务，提供了极大可能。在该平台下，平安服务的内容多元化，服务的标准具有一致性，服务的流程则是一站式的，

客户可以在一个公司、一个文化、一个品牌和一个系统下,享受到全方位服务。

3. VIP俱乐部优化客户体验

在后援集中作业模式基础上,平安继续将"整合服务"升级,成立平安VIP俱乐部,为高价值客户统一提供尊崇服务,将客户关系整合与服务平台引入新一阶段。通过会员增值服务,让客户真正感受到差异化、高价值的客户体验,建立以客户需求为中心的产品创新、营销服务创新体系,从而提升平安的长期竞争力。

自后援集中作业业务模式在2006年实施两年后,平安总收入分别实现了36.6%和55.4%的加速增长,净利润更是实现了87.6%和140.2%的巨幅提升。

近年来,我国保险业发展迅猛,各保险公司都不断做大做强,但在发展中也存在很多不容忽视的问题,这给保险业的健康、持续发展造成了极大隐患。就保险团队而言,业务的扩张不应该仅仅是数量方面的增长,更应是业务管理质量的提升。多管齐下,才能保证保险公司在激烈的竞争中立于不败之地。

第一节　保险团队活动量管理

一、活动量管理的概念

在保险营销团队中,为了推动以营销为主的各项工作活动的顺利进行,应倡导团队主管的管理和团队成员的自我管理同步进行,共同进行活动量管理。业务员对于一段时间内所从事的营销活动过程,应制定量化目标,并遵循这些目标开展营销活动,并记录实际结果,还可以借以评估自己技能的成熟度。团队主管对于业务员的营销活动计划应做事先的指示,并于一段期间后,检查实际结果与计划的差距,提出改善意见及辅导,使业务员的活动量能不断提高,技能不断提升。所以,活动量管理是团队主管与成员共同遵循的一套管理制度。

在保险团队中,活动量管理是指以销售收入、目标达成为考核依据,以追踪落实活动数量为过程,以辅导提升活动质量为支撑手段的管理过程。活动量管理的目的是销售收入和目标达成;过程是追踪落实活动数量;支撑手段是辅导;且活动管理是一个过程。活动量管理其实就是:以销售收入、目标达成为考核依据,以追踪落实活动数量为过程,以辅导提升活动质量为支撑手段的管理过程。

> 根据LIMRA的统计,业务员业绩低迷的原因主要有:(1)不愿做,这种情况占比15%;(2)不懂得做,这种情况占比25%;(3)做得不够,这种情况占比60%。可以说,业务员低生产性的主要原因在于拜访量不够,即活动量不足。由此可见,活动量管理对于推动公司业务发展具有十分重要的作用。

二、活动量管理的功用

(一) 活动量管理对公司和团队的功用

传统的销售管理以单纯的任务分配和人员激励的方式为主,对于销售过程不能进行有效的控制和引导支持,从公司角度看会造成公司被动承受结果,即时间和资源按销售目标配置后,只有等结果出现,才能进行事后调整,资源和时间浪费很大,不便于对过程进行管理。在销售过程中,大部分业务员由于经验不足,一方面销售行为的盲目性较大,造成很大的人力浪费,另一方面很多有效的商机,因经验和资源支持不够,而白白丢掉。

销售活动量管理是以结果为导向,是能对过程进行有效控制的全新的销售管理方法。实施活动量管理后,可以量化分析各项销售活动与销售业绩之间的关系,找出制约销售人员业绩的关键,指导销售人员修正偏差,达到提升业绩的目的;同时,还能在过程中进行直接的引导、修正,使结果被控制,避免商机的丢失和资源的浪费。

活动量管理不仅可以实现对销售过程的全面管控,实现对销售的精细化管理,更重要的是,活动量管理使销售管理自动化成为了可能。一方面借助IT技术,使活动量管理的深广度进一步延伸,另一方面,基于活动量的销售管理原理又为销售管理自动化奠定了理论基础。将活动量管理应用到销售管理中,能有效地节约成本和提升业绩,还能让销售团队快速成长,具有较大价值。

(二) 活动量管理对主管的功用

(1) 实施管理的方式:管理总要有依据,采取一定方法,解决既定的问题,而活动量的管理恰恰能为主管提供所需的内容;

(2) 提升能力的渠道:能力来自于实践,活动量管理就是一个实践的过程;

(3) 建立魅力的途径:团队成员最直接的愿望是获得高收入,而保险销售的管理,其实就是服务的过程管理,是帮业务伙伴解决问题帮其达成收入愿景从而对其产生魅力的过程;

(4) 达成目标的过程:活动量管理是追踪活动量的过程,其最终的目的还是协助主管达成保险团队的任务目标;

(5) 发展团队的基础:业绩、收入、目标达成这都是团队发展的指标,而活动量管理就是落实并实现这些指标。

(三) 活动量管理对业务伙伴的功用

(1) 规范的行为过程:通过管理让团队成员明确自己的目标,知道应该怎么做;

(2) 有效的活动习惯:天天贯彻活动量管理的行为模式,长久就养成了习惯;

(3) 个人收入的增长:业务伙伴最实际工作成效的就是收入,活动量的管理

就是管理他的活动量,帮他获得收入。

因此可以说,对团队主管来说,活动量管理重点在于目标达成;而对业务伙伴来说,活动量管理重点在于收入增长。

现有营销团队的发展无论是"精兵强将",还是"规模人力",只有一个诉求点——高绩效。"条条大路通罗马"即是此理。"精兵强将"强调的是"高质量"的活动量,而"规模人力"强调的是"高数量"的活动量,其结果都是为了创造"高绩效",因此,营业部的活动管理就显得尤为重要。

三、活动量管理的流程

活动量管理既然是一个过程,追求的是持续的目标达成,它就应该是有机的动态流程。它是不断向前进的,不会止步于中间哪个环节而停滞不前。这个动态流程应包括以下几个方面。

(一)目标设定:是基础,它指明前进的方向

目标设定分为业务伙伴(即团队成员)的目标和团队主管的目标。

业务伙伴:个性化的目标设定有助于科学地建立起生活需求与活动量的关系;

团队主管:根据考核标准及团队的阶段经营目标,适时地指导成员调整目标;此外还要有增员目标。

具体的设置流程依然分为两个方面:

业务伙伴的流程:(1)明确自己的生活需要,(2)将维持生活所需的FYC换算为直观的活动量,(3)填写每月的目标计划表。

团队主管的流程:(1)明确任务(业绩、增员)指标,(2)依据上级下达指标与团队成员上报指标进行合理调整,(3)填写每月目标计划表。

班·费德雯29岁那年,进入纽约人寿保险公司。第一年结束,费德雯共成交了168张保单,但是大多数的保单都是一些不足500元的小保单,总额加起来只有25.2125万美元。费德雯形容当时自己的做法是因为自己眼光短浅,当然做的业务尽是小业务。

1944年中,费德雯向前迈进一大步,在过去的两个月里,他的收入超过50万美元,但是费德雯仍不满意。虽然平均保单从以前的1300美元提到近2000美元,但这离费德雯的自我要求远远不够。费德雯请教当时他的经理安卓先生:"安卓先生,我遇到了麻烦,想听一下你的宝贵意见。"在仔细听完费德雯所有的麻烦之后,安卓对费德雯说:"班,你想不想做一些事,那是我们公司在俄亥俄州从来没有人做过的事——12个月内成为百万圆桌的会员。"费德雯听完后,感觉到不可思议:"12个月要达到百万圆桌的资格?"自己的准

客户都快用完了,而且还不晓得下一张保单从哪儿来。但费德雯心想,反正又没什么损失,于是说:"要怎么做呢?""成为计划销售专家,打入小型企业保险领域。小型企业有无穷的潜力,但是你得先做好研究。你要追求更好、更大的业务。记住,用玩具气枪杀不死大象"。

安卓先生讲完后,费德雯思考了一下,他明白自己哪儿出了差错:因为以前自己眼光一直不够远大,也没有一个远大的目标。这就是先前困扰费德雯的难题。这次,他有了目标后,他以旺盛的精力和体力,全力朝目标迈进。他的保单增加了3倍,并且在1945年6月成交了224件保单,保额达110万美元,首次达到百万圆桌会员的资格。

(二) 过程记录:是内容,无记录则不知问题出在何处

目标设定以后,就要做好每日的活动以及活动内容的记录。过程记录依然分为业务伙伴的和团队主管的。

业务伙伴使用的记录工具是《业务员工作日志》,它要求:记录工具的设计基于简易但有效的销售循环分解。具体的记录内容包括:(1) 准客户开拓,(2) 面谈,(3) 方案设计,(4) 方案说明,(5) 促成,(6) 售后服务。其实和专业化销售流程一样,因为,业务伙伴的基本工作就是每天拜访大量的客户。

主管使用的记录工具是《主管工作日志》,它要求:记录工具的设计基于简易但有效的管理活动。具体的记录内容包括:(1) 准客户开拓和差勤管理;(2) 访量落实、业绩登录和问题汇总;(3) 沟通辅导、陪同拜访;(4) 总结与计划。因为主管在自身业务活动之外,更多的是团队管理职责。而主管的流程也是对应着专业化销售流程的管理流程。

(三) 问题分析:是方法,便于发现个体活动中的症结点

活动量管理流程中的第三环节是:问题分析。具体方式就是通过每天批阅活动日志,以发现活动中是否存在或出现了问题?是什么样的问题?这个环节依然分为业务伙伴的问题分析和主管的问题分析两个方面。

业务伙伴的问题分析是:发现自己在销售过程中的问题;

主管的问题分析是:辅导并帮助业务伙伴发现及解决其在销售过程中出现的问题。

问题的分析是阶段的分析,诸如:可以召开周经营分析会,也可以召开月经营分析会,以多种形式进行分析。

问题分析的具体内容是:(1) 在客户筛选方面,客户数量是否累计不足?客户资料是否全面?客户筛选方法是否不得要领?(2) 在活动量方面,是否按照专业化流程操作?是否是销售技巧不足?是否对产品了解不足?心态发生了什么变化?

(四) 结果反馈:是辅导,帮助他知其然,还要知其所以然

流程的第四环节是:结果反馈。即由问题分析找出活动量中的问题后通过相

关渠道,回馈给分析对象。依角色的职责不同,此环节依然分为业务伙伴和主管的结果回馈两个方面。

业务伙伴的结果反馈其目的是:提供自我提升的具体方向和方法;

主管的结果回馈其目的是:提供、辅导并解决业务伙伴的销售问题。

反馈结果的内容包括:(1)改善的依据,(2)确定改善的方向和成效,(3)改善的建议。如果有效利用反馈结果,最终得到的成果是:提高销售效率,达成目标,最终提升收入。

但是这样一个流程要运转流畅,必须有必要的支撑条件,这就是:感性激励、氛围营造、监督辅导和培训系统,否则,流动中的管理作用就会弱化,起不到应有的效应。

四、活动量管理的执行

活动量管理执行的基本原理是:将各种业务按某种有效的流程进行规范,并形成各种对结果有效的活动,从而引导作业人员的行为;并对作业过程中的行为信息记录和形成统计反馈,以观察活动被执行的情况,及达成结果的有效性,从而能修正活动设计或促进活动执行,并能直接对执行者的行为进行修正。

知道了活动量管理的功能,明确了管理的流程,在活动量管理的过程中,最重要的还是执行,否则个人收入和团队目标永远只是愿景而已。不论是各级主管还是业务伙伴,其执行的重点应侧重于:(1)会报管理中的执行,(2)表报管理中的执行,(3)日常工作中的执行。

根据一些成熟的保险团队的经验来看,活动量管理的执行内容和操作流程列表阐述如下,对于其中会报管理的部分,下一节还要进行详述。

(一)各级主管的执行

1. 会报、表报管理中的执行

具体执行内容、工具使用及操作流程见表 5-1。

表 5-1　会报、表报管理中的执行

执行载体	执行内容	工具使用	操作流程
主管早会	1. 主管的出勤; 2. 主管活动量管理技能的辅导	主管工作日志	主管早会的敬业时间,运用《主管工作日志》的《考勤一览表》记录所辖主管的考勤
早会	1. 主管活动量的填写(目标设定、过程记录) 2. 业务伙伴的出勤、活动量的填写(目标设定过程记录)	1. 主管工作日志 2. 业务员活动日志 3. 客户资料管理本	1. 早会开始后前10分钟主管和业务伙伴分别填写各自日志的《每日活动记录表》,先补填昨日拜访情况(包括活动内容、问题摘要、销售业绩记录、下次拜访转晋),然后在《交流园地》记录拜访中的问题,接着借助《客户资料本》预填今日拜访客户姓名 2. 早会敬业时间主管运用《考勤一览表》记录直辖组属员的考勤

(续表)

执行载体	执行内容	工具使用	操作流程
二次早会	业务伙伴访量的追踪（过程记录、问题分析和结果反馈）	主管工作日志及业务员活动日志	1. 主管利用《问题解答与对策》环节进行活动量问题分析，并将结果反馈给属员，帮助属员解决展业中的问题 2. 主管利用《活动量管理时间》环节，运用《周业务统计表》记录属员的拜访数量、新增客户数量和业绩
	日志批阅	主管工作日志及业务员活动日志	1. 二次早会后营业部经理对所属团队主管《主管工作日志》中的《每日活动记录表》进行批阅 2. 二次早会后主管对属员《业务员工作日志》中的《每日活动记录表》进行批阅
夕会	业务伙伴访量的追踪（过程记录、问题分析和结果反馈）	主管工作日志及业务员活动日志	主管利用《主管工作日志》中问题的记录辅导属员，解决属员展业活动中的问题
周月经营分析会	1. 结果反馈 2. 问题分析 3. 目标设定	主管工作日志	主管利用日志中的《周工作计划记录表》或《月工作计划记录表》汇报小组和个人绩效指标，对问题进行分析并提出改善意见，然后设定下一周或下一月的目标

2. 日常工作中的执行

具体执行内容、工具使用及操作流程见表5-2。

表5-2 日常工作中的执行

执行载体	执行内容	工具使用	操作流程
一对一沟通	1. 直辖属员活动意愿的辅导 2. 所辖主管活动量管理技能的辅导	主管工作日志	主管二次早会后，根据日志批阅及早会观察的结果，发现问题，及时与问题属员、问题主管沟通，找出问题根源，进行心理疗伤
一对一训练	1. 直辖属员活动技巧、产品知识、专业知识的辅导 2. 所辖主管活动量管理技能、活动技巧、产品知识的辅导	主管工作日志	主管二次早会后，根据日志批阅的结果，发现问题，及时对属员、主管进行专项训练，解决活动量管理技巧、活动技巧、产品知识、专业知识的问题
陪访	陪同直辖属员、所辖主管拜访客户	客户资料管理本	主管二次早会后，解决完团队问题以及个性问题后，根据日志批阅的结果，发现的问题，安排对直辖属员、所辖主管拜访过程的陪访，通过观察发现问题，及时解决
电话追踪	1. 直辖属员当天拜访活动的掌控 2. 所辖主管当天活动量管理的掌控	主管工作日志	每天下午固定时间给直辖属员、所辖主管打电话，及时了解他们当天的活动情况

（二）业务伙伴的执行

1. 会报、表报管理中的执行

具体执行内容、工具使用及操作流程见表5-3。

表5-3 会报、表报管理中的执行

执行载体	执行内容	工具使用	操作流程
大早会	出勤、活动量的填写（目标设定过程记录）	1.业务员工作日志 2.客户资料管理本	早会开始后前10分钟填写《业务员工作日志》的《每日活动记录表》，先补填昨日拜访情况，然后在《交流园地》记录拜访中的问题，接着借助《客户资料本》预填今日拜访客户姓名
二次早会	访量的汇报（过程记录、问题和结果反馈）	业务员活动日志	1.利用《问题解答与对策》学习活动技巧、专业知识等 2.利用《活动量管理时间》环节，运用《每日活动记录表》汇报自己的拜访数量、新增客户数量和业绩
夕会	1.访量的汇报（过程记录、问题和结果反馈） 2.接受活动技巧、专业知识等方面的辅导	业务员活动日志	1.运用《每日活动记录表》汇报自己的拜访数量、新增客户数量和业绩 2.利用学习时间学习活动技巧、专业知识等

2. 日常工作中的执行

具体执行内容、工具使用及操作流程见表5-4。

表5-4 日常工作中的执行

执行载体	执行内容	工具使用	操作流程
客户拜访	拜访活动量	客户资料管理本	二次早会后处理完所有应在公司处理的问题后，携带《客户资料管理本》去拜访客户
资料整理	客户资料管理	客户资料管理本	全天拜访完客户后，在职场或回到家里，根据今天的拜访情况建立或完善客户档案
学习	接受活动技巧、专业知识等方面的辅导	业务员活动日志	利用学习时间学习活动技巧、专业知识等

不论是对于业务主管还是业务伙伴而言，最为重要的是活动量管理需要长期地坚持。

第二节 保险团队会务管理

会议经营是保险营销团队管理中最基础的工作之一。在一个基层的营业区，会议经营的水平直接决定着这个营业区的整体经理管理水平。透过会议，可以提升队伍的出勤率、业务人员的技能和营业区的业务平台。

一、早会

（一）早会的意义与目的

管理学上有一个著名的"非苗即草"原则，该原则可以简单表述为：除去杂草的最好办法是种上庄稼以取代之。

类比该原则,如果将营销员头脑中与保险公司文化和正确的展业理念相抵触的思想看做是"杂草",那么最好的办法是用正确的思想取代这些"杂草"。

召开早会的意义在于:在营销团队中树立正气和正确的思想导向,对外勤人员进行教育引导,使之坚定信心,在思想上与公司保持一致,从而在行动上履行公司的要求。

通过召开早会,要达到两个主要目的:

(1) 在营销团队中营造简单、和谐、感恩、晋升、执行的氛围,形成具有强大生命力的营销团队文化;

(2) 对营销员进行产品和展业技能的辅导训练,提高其专业水平。

成功的早会就既像家庭一样充满爱心和温情,又像军队一样组织有序,纪律严明;既像聚会一样充满活泼欢乐。又像学校一样使每个人受到教育并成长。

早会是我们的阵地!早会阵地必须死死盯住!我们不能放弃早会经营!营销是靠早会吸引人的!早会一旦放弃,队伍就掌控不住了!

(二) 早会的前期准备

1. 成立早会功能小组

早会功能小组成员可以由督导专员、新人专员、部经理、主任、绩优人员等组成。早会功能小组的成员必须经过严格的面试,让每一位早会功能小组成员感觉到主持早会是一种荣誉,来之不易,要倍感珍惜。此外,对早会功能小组成员的主持进行评选,每周评出最优秀的早会主持人,在早会上集中进行表彰,可以是精神的表彰,也可以是精神加物质的表彰,视营业区的实际情况而定。

2. 提前做好早会行事历安排

每周五前必须将下周一周的早会行事历安排完成,每天的早会内容也必须提前一天完成,在头一天的早会上告知业务人员第二天的早会内容,让业务人员对第二天的早会内容有所了解,早会的内容一定要结合队伍,让队伍学有所用,只有业务人员在早会上有所收获,才能促进他不断来参加早会,提高出勤率。一个好的早会能有效地促进出勤。早会内容必须由区经理亲自审核把关。区经理不一定是早会的导演和主持人,但一定是早会的制片人。早会之前的准备工作一定要做到"精心设计、细致准备"。

3. 提前做好分享人员的沟通

分享人员一定要提前做好沟通,确定分享主题与分享内容,让分享人按照组织者想要的方向和目的发展,达到预期的效果。

经营好早会是组训的最重要、最基本的职责,是组训的最有实力的资本!

早会是真正能锻炼人的地方,早会这个舞台很大,你的宣导能力、启动能力、企划能力、表达能力都是在这个舞台上慢慢成熟起来的!

(三)早会操作流程

1. 流程

这里以集中大早会为例进行流程阐述。营业区的集中大早会一般在早上9:00开始,早会主持人在8:50开始播放暖场音乐,8:55提示进入职场的业务人员落座,8:58提示将手机打至振动或静音,9:00会议正式开始。具体流程包括:

- 敬业时间:考勤点名与士气展示
- 热身操:可选择一些活泼性强的晨操
- 司歌司训
- 新闻播报
- 喜讯传递

建议此五项内容用投影片进行宣导。

- 典范分享
- 小活动
- 专题训练
- 政令宣导

2. 内容要求

考勤点名——以部为单位进行考勤点名,公布当日出勤情况。建议营业区建立严格的考勤管理办法,对每天坚持出勤的人员实施正激励,对早会迟到人员实施处罚措施,处罚的金额不一定大,10元、20元即可,处罚不是目的,关键在于营造一种出勤氛围,提高团队的出勤人力才是最终目的。

新闻播报——以近期社会新闻热点为切入点,结合本职场实际情况对新闻内涵进行分析和挖掘,"新闻也是生产力",要让新闻在展业和团队文化建设中发挥作用,才是"新闻播报"版块的价值。

喜讯传递——喜讯传递可以是昨日业绩明星、增员明星,也可以是新晋升的客户经理、主任、部经理、转正人员等,让这些明星和晋升人员有一种荣誉感。

典范分享——可以提前把分享人的照片、分享的主题放入早会投影片中。

活动形式——在集中早会中,可以加入一些活跃气氛的小游戏或小活动。小游戏参与的人数不宜太多,3~5人即可,体现团队协作。小活动可以是优秀文章的朗读、专题演讲、有奖问答、产品的演讲比赛等,形式与内容可以多样化。

专题训练——专题的内容紧扣当月营销工作主题以及企业文化建设展开,主要有产品和组织发展方面。

政令宣导——政令宣导的内容要表述准确。

整个早会要充分调动每个人的参与性,让所有的人都成为演员参与其中,而不是划分壁垒分明的演员和观众。在早会中主持人应当像一名导演,既要自己表演,又要调动大家参与的积极性,做到"人人当演员"。

3. 早会的时间

通常中心机构本部和城市营业区要求每天召开,乡镇营业区每周至少召开2次以上。集中早会的时间不宜太长,控制在40分钟至1个小时即可。

> 晨会故事——"寻找宝藏的非洲农场主"。从前,非洲有个农场主,一心想发财致富。一天傍晚,一位珠宝商前来借宿,农场主对珠宝商提出了一个藏在他心里几十年的问题:"世界上什么东西最值钱?"珠宝商说:"钻石最值钱!"农场主又问:"那什么地方能够找到钻石呢?"珠宝商说:"这就难说了。有可能在很远的地方,也有可能在你的身边。我听说在非洲你们这一带的丛林里蕴藏着钻石矿。"农场主不相信。第二天,珠宝商离开了农场,四处去收购他的珠宝去了。农场主以低廉的价格将自己的农场卖给了一位年轻的农民,匆匆上路去寻找远方的宝藏。几年过去了,苍老了许多却两手空空的农场主回来了,经过了他原来的农场,见盖起了许多厂房,他诧异地问:"这里的人在干什么?"那些素不相识的孩子们告诉他:"他们开出了大金矿。"农场主哑口无言。
>
> 启示:农场主守着身边的财富却浑然不知,视而不见,去远方寻找心目中的"财富",结果"财富"没找到,连自己原有的财富也丢掉了,其实,财富就在身边,无须远寻。经营保险也是一样,身边就有无限的财富,千万不能视而不见,熟视无睹。

二、干部早会

(一)干部早会的意义

营业区干部早会的意义在于传达政令、统一思想、理清思路。另外,干部早会还有一个目的,就是体现部经理、主管与一般业务人员的不同。开会比一般员工早来半小时,事事为人先,体现他们的率先垂范和与众不同。

(二)召开时间

对于每天都召开大早会的营业区,可以选择在早会前半个小时进行干部早会;对于每周集中两、三次召开集中早会的乡镇营业区来说,可以选择在集中早会前半小时进行。会议时间在二十分钟左右。

(三)会议内容

对于大营业区来说,可以看做是营业部经理的碰头会;对于规模较小的营业区来说,可以看做是主任的碰头会。会议的内容可为:各部、各组的业绩通报、出勤通报、增员通报以及相关的情况摸底等。

(四)会议流程

1. 考勤点名

对未到或迟到的主管采取一定的处罚措施,建议对干部早会考勤实行负激励。

2. 昨日业绩、增员和出勤通报

区经理对前一天部、组的业绩、开单人力、实效人力、绩优人力、增员和出勤情况进行通报,对做得好的部、组进行表扬,同时,做一个简短的分享;对做的较差的部、组查找问题所在,并提出改进办法。

3. 当日业绩和出勤情况摸底

各部、组对当天的出勤情况、增员、开单和业绩等情况进行汇报。

4. 区经理做当天的工作布置

特别是针对业绩和新增人力进行期许,让每个部经理、主任了解当天的目标,并朝着这个目标去努力,使他们真正成为这个集体的"主人翁"。

5. 宣导、分享

对新晋升的主管或部经理,一定要在干部早会上进行宣导,并由新晋升人员进行分享,营造一种晋升、感恩的文化氛围。

干部早会流程示例

敬业时间:

(签到:准备一本签到簿,所有来参加干部早会的主管要进行签到动作。)

各位主管大家早上好!现在干部早会正式开始,今天我们各位主管到的非常整齐,给自己一个热烈的掌声!

工作汇报:

下面有请各位主管汇报昨天的工作情况,以及存在的问题,解决方法和建议:首先有请×××主管汇报,掌声有请……

×××主管:昨天我在开二次早会时,×××伙伴提出在使用问卷时不会分析客户需求,早会后单独辅导,直至其会用。关于问卷使用,伙伴有很多疑问,建议项目组老师能否讲一下有关如何使用问卷的专题。昨天利用问卷拜访了3访,陪访1访。

×××主管:昨天带伙伴到人才交流市场去增员,有三人同意来参加创业说明会。下午拜访2访,成交1单3460元。

×××主管:昨天我们小组早会缺勤比较多,进行了家访,今天全部来参加早会,晚上拜访一访,收续收3份。

绩效分析(或专题):

刚才各位主管汇报了昨天的工作情况,非常不错,我建议给自己一个热烈的掌声!下面有请×××组训分析昨天业绩情况以及增员情况,掌声有请!

×××组训:各位主管大家好!昨天业绩与增员非常棒!××团队2人开单4560元,3件;×××团队1人开单,增员2人;×××团队4人开单……希望各团队继续努力争取月底完成自己团队的目标。

业务联系：

下面用热烈的掌声有请×××经理传达公司重要事项以及今天的工作安排。

×××经理：各位主管大家早上好！还有10天本季度就结束了，第一：要做好预警制度。第二：追踪自己团队的月目标和季度目标。第三：要尽全力把项目组老师所复制的技能掌握。

欢呼结束：

今天的干部早会就到此结束，(执行是金，一言九鼎)谢谢大家的配合。

三、营业区办公例会

营业区要建立营业区的班子队伍，营业区的办公例会可以看做是营业区的班子例会。参会人员主要为：区经理、副区经理、督导专员、新人专员、部经理、大主任等。

(一)召开时间

营业区办公例会可以一周召开一次，最好是每周一或周二的下午召开。

(二)会前准备

1. 营业区经营分析报告

营业区组训须提前将本营业区各部、组的经营分析报告准备好，分析报告的内容包括：本区、本区所辖部、组的业绩、增员、出勤情况、开单人力、实效人力、绩优人力、万元人力、部经理、主管实效情况、人均标保、人均产能、件均标保、人均有效件数、新人指标、老人指标以及标准部组等绩优工程达成情况、准主任、千里马等指标进行分析，同时，对与上周确定的以上各项指标的差距进行分析，哪些指标上升了，哪些指标下降了等。

2. 部、组工作总结与工作计划

各部、组对上周工作总结，分析亮点与不足，对下周的工作计划，包含业绩及增员的总结与计划目标，部经理和主任都需要提前做好相关准备工作。

3. 营业区下周工作计划

营业区经理须提前准备下周工作计划的安排，可以是预案，提交办公例会研讨。

4. 典范分享沟通

对上周表现突出的部、组、个人要在会上进行分享的人员进行事前的沟通。

(三)会议流程

1. 考勤点名

对于营业区办公例会，一定要进行考勤点名，让每一位参加此会议的人员感

觉到会议的不同,因为营业区的办公例会是营业区的班子例会,让参会人员都把自己当做营业区的主人,凡参会迟到者,要么实行相关处罚,要么不再参与此会议。

2. 营业区经营分析报告

组训代表营业区对营业区的各项指标达成情况进行详细的分析。看看哪些指标表现不错,哪些指标达成不理想。

3. 经验分享

表现突出的部、组、个人和一些好的做法、经验进行分享,对业绩、增员等不同方面分别选择不同人员进行分享,树立自己团队的典范,让典范来自团队,并影响团队。

4. 部周总结与周工作计划

此部分由各部经理进行汇报,可以进行到组。重点内容为上周业绩、增员、出勤、拜访情况及相关指标达成情况,工作中存在的亮点与不足。将一些好的做法在会议上进行推广,同时,通过部经理的汇报促进总结与分析,查找绩效目标达成不理想的问题所在,找出其根源和解决办法。根据目前所出现的问题,有计划、有步骤地进行下周计划的安排,下周重点抓什么,如何抓以及可以达到一个什么的效果和目标,部经理都必须做到心中有数。

5. 区经理点评

区经理对本区的部、组进行点评,对表现突出的部、组、个人提出表扬。区经理需要注意的是,不要因为团队的规模小就马虎对待,这是一个业务推动的好机会。让每一位参加此会议的人员都产生下一次也要获得表扬的念头。把核心骨干的周经营分析看着是营业区的班子例会,在表扬的同时,也要看到不足与问题,对表现欠佳的部组也要提出批评,提出整改意见。

6. 营业区下周工作计划安排

由区经理亲自安排,此环节可以让部经理和大主任等相关人员参与研讨,共同商讨提升营业区各项业务指标达成具体的方法与措施等。在研讨时,可以将参会人员分成几个小组,每个小组研讨一个主题,每个小组设立一个小组长,由小组长组织本组人员进行研讨,并代表小组成员进行研讨成果的发表,其他小组对发表成果进行点评。此环节可以设置发表对抗赛,形成一种竞争意识,让每个人都有一种紧迫感。切忌没有主题、散漫。通过这种研讨形式,让每一位参会人员参与其中,真正体现营业区民主集中制。同时,通过他们自身研讨的方案和措施,在执行上更具说服力,更易推广,目标也更容易达成。

7. 训练与通关

针对下周工作计划,有针对性地进行相关技能培训,如产品再学习、增员选择以及相关话术的演练及通关等。

(四)会后管理及追踪

营业区的办公例会,即营业区的班子例会一定要形成会议纪要,并整理成册,让每位参与该会议的人员人手一份。该会议是否达到预定的目标和预想的效果,所做出的部署安排是否得到落实、执行,都需要进行评估。营业区的督导专员和新人专员可以根据会议纪要,进行相关指标的追踪。同时,在下次办公例会时,对相关指标的达成情况进行总结、分析。

四、主管周例会

对于规模较大的营业区,建议主管周例会由部经理组织召开,营业区经理列席;对于规模比较小的营业区,营业区区经理要亲自抓主管周例会。

(一)会前准备

对于由部经理组织的主管周例会,部经理的前期准备一定要充分,营业区可以安排组训协助部经理组织召开此会议,并制作组周经营分析报告。对于专题训练内容,一定要事前准备充分,包括讲师的邀约与训练内容的确定。

(二)召开时间

主管周例会的时间一般为半天,最好选择周五下午进行。

(三)主管周例会的流程及主要内容

1. 考勤点名

主管周例会对主管的到会情况要进行严格管理,建议对主管的出勤情况进行负激励。主管周例会是每一位主管必须参加的会议,不能无故不参会。

2. 组周经营分析报告

将各小组的重点指标达成情况进行分析。重点指标包括小组出勤、业绩、增员、开单人力、绩优人力、人均产能、件均、人均件数等。通过指标的详细分析,让每一位主管清楚自己团队与其他团队的差距。

3. 各小组汇报

小组汇报的内容可包括:小组上周工作的总结,重点内容为业绩、人力、出勤情况,工作中好的做法与不足:哪些工作的开展收到了不错的效果,哪些工作需要进一步改进。同时,在汇报中,还需要明确下周业绩、人力和出勤的目标及工作的详细计划安排,如何实现这一目标的具体措施及方法。

4. 经验介绍

部经理可以根据各小组的汇报,对一些好的做法和经验进行复制、推广和传播。对上周表现突出的小组及个人进行表扬,树立团队的典范。

5. 下周工作安排

区经理或部经理对下周工作进行安排。此环节可以由主任参与,部经理和主任共同研讨下周工作安排,找出突破口和新的增长点,发挥集体的力量,为同一个

目标共同努力。

6. 专题训练

重点在于提升主管的经营与管理能力,根据营销节奏有针对性地进行。内容为:产品训练、相关话术通关、管理技能提升,等等。

第三节　保险团队绩效管理

一、绩效的含义

1. 所谓绩效,就是指员工在工作过程中所表现出来的与组织目标相关的并且能够被评价的工作业绩、工作能力和工作态度,其中工作业绩就是指工作的结果,工作能力和工作态度则是指工作的行为。

2. 理解这个含义,应当把握以下几点:

(1) 绩效是基于工作而产生的,与员工的工作过程直接联系在一起;

(2) 绩效要与组织的目标相关,对组织的目标应当有直接的影响作用;

(3) 绩效应当是能够被评价的工作行为和工作结果,那些不能被评价的行为和结果也不属于绩效;

(4) 绩效还应当是表现出来的工作行为和工作结果,没有表现出来的就不是绩效。

团队绩效指由团队成员共同努力取得的业绩贡献。其衡量指标主要有:团队目标的达成率、时效性、质量、难易程度和对组织的影响程度。通常,将团队的目标分解成若干任务,根据任务的关键性,赋予相应的权重,然后按以上五个指标进行考核,评估团队绩效。

> 你可以买到一个人的时间,你可以雇一个人到固定的工作岗位,你可以买到按时或按日计算的技术操作,但你买不到热情,你买不到创造性,你买不到全身心的投入,你不得不设法争取这些。
>
> ——弗朗西斯(C. Francis)

二、绩效管理的含义

绩效管理就是指制定员工的绩效目标并收集与绩效有关的信息,定期对员工的绩效目标完成情况做出评价和反馈,以确保员工的工作活动和工作产出与组织保持一致,进而保证组织目标完成的管理手段与过程。

完整准确地理解绩效管理的含义,需要注意以下几个问题。

1. 绩效管理的内容

(1) 计划绩效

计划绩效是指在绩效周期开始时,由上级和员工一起就员工在绩效考核期内的绩效目标、绩效过程和手段等进行讨论并达成一致。

(2) 监控绩效

监控绩效是指在整个绩效期间内,通过上级和员工之间持续的沟通来预防或解决员工实现绩效时可能发生的各种问题的过程。

(3) 考核绩效

考核绩效是指确定考核主体后,借助一定的考核方法对员工的工作绩效做出评价。

(4) 反馈绩效

反馈绩效是指绩效周期结束时,在上级和员工之间进行绩效考核面谈,由上级将考核结果告诉员工,指出员工在工作中存在的不足,并和员工一起制订绩效改进的计划。

2. 绩效管理的目的

绩效管的目的可分为战略目的、管理目的和开发目的三个方面。绩效管理能够有效地推动组织战略目标的实现,绩效管理的过程同时也是对组织及其成员进行管理的过程,绩效管理有利于进一步开发组织成员和组织整体的工作潜能。

3. 绩效管理的作用

绩效管理是整个人力资源管理系统的核心,绩效考核的结果可以在人力资源管理的其他各项职能中得到运用。绩效管理是企业管理的一个重要工具。

4. 绩效管理的责任

绩效管理是企业所有管理者的责任。

5. 绩效管理的实施

绩效管理的实施应当贯穿管理者的整个管理过程,体现在管理者的日常工作中,成为一种经常性工作。

查理·斯瓦伯担任卡耐基钢铁公司第一任总裁时,发现自己管辖下的一家钢铁厂的产量很落后,便问厂长原因。厂长回答:"我好话丑话都说尽了,甚至拿免职来恐吓他们,可他们软硬不吃,总是懒懒散散的。"那时正是日班工人即将下班、夜班工人就要接班的时候。斯瓦伯向厂长要了一支粉笔,问日班的领班:"今天炼了几吨钢?"领班回答:"6吨。"斯瓦伯用粉笔在地上写了一个很大的"6"字后,默不作声地离开了。夜班工人接班时,看到地上的"6"字,好奇地问是什么意思。日班工人说:"总裁今天过来了,问我们炼了几吨钢,领班告诉他6吨,他就在地上写了一个'6'字。"次日早上,日班工人前来上班,发现地上的"6"已被夜班工人改写为"7";知道输给了夜班工人,日班工

人内心很不是滋味,他们决心给夜班工人一点颜色看看。那一天,大伙加倍努力,结果他们炼出了10吨钢。于是,地上的"7"顺理成章地变成了"10"。在日、夜班工人你追我赶的竞争之下,工厂的情况很快得到改善。不久,该厂产量竟然跃居公司所有钢铁厂之首。只用一支粉笔,斯瓦伯便扭转了乾坤。

三、提高团队绩效的策略

团队使命、成员选择、职责分工、过程管理、人际关系、成员技能和团队激励是影响团队绩效的关键因素。

(一) 明确团队使命,制定清晰目标

组建团队之前,必须明确"团队为什么存在?",描述团队使命,以清晰阐述团队存在的意义。通常情况下,团队使命来源于组织的要求,因此可以通过理顺组织对新建团队的要求或明晰上级领导对新建团队的要求,来确定团队使命。根据团队使命,制定团队目标。通常团队的目标必须服从组织的整体目标,是组织目标中一个特殊项的细化,而且目标的设定必须遵循"SMART"原则。

(1) 明确性(Specific):用具体的语言清楚地说明要达成的行为目标。如"增强客户满意度"是非常不明确的描述,而"将客户满意度由目前的80%提高到90%"则是明确性的表达。

(2) 衡量性(Measurable):目标必须有标准可以测量。如"将客户忠诚度由目前的80%提高到90%"则是很难衡量的,忠诚度不像满意度易于判断。

(3) 可接受性(Acceptable):赋予团队或成员的目标必须是与团队或成员充分沟通的结果。

(4) 可实现性(Realistic):目标必须是在现有资源条件下可行的。过于乐观的目标,往往会给团队的信心带来打击。

(5) 时限性(Timed):时间要求必须非常明确,时间的遵循必须是严格的,而且应设置阶段性时间要求,以一个个小的关键点的跨越,不断提高团队士气。

(二) 选择合适成员,实现技能互补

目标是通过人员具体实现的,所以人员的选择是团队中非常重要的一个部分。联想柳传志提出"搭班子、定战略、带队伍"的战略,搭班子处于首位,由此说明团队成员选择的重要性。团队成员的选择一般应遵循如下原则:

(1) 要选最适合的人,而不是选学历最高或工作经历最丰富的人;
(2) 要选有团队精神的人,而不是选喜欢单打独斗的明星;
(3) 要选诚信务实的人,而不是选夸夸其谈的人;
(4) 尽可能选择价值观趋同、性格和能力互补的成员。

(三) 界定成员职责,实行主副分工

目标与策略明确后,细分每项职责,分别确定一名主要负责人,全权负责相应

工作的计划与组织实施,对团队集体负责。同时团队中应确定一名"代理人",当主要负责人因故暂不能履行职责时,由代理人履行。这一策略应遵循如下两个原则:

(1) 成员需要并且必须了解他们真正的工作职责;

(2) 帮助每一位成员明确界定他们在实现目标过程中的增值角色。这里应关注两个关键词——灵活、界定。灵活,是因为随着环境的变化,每一个成员的职责也必须相应调整以适应变化的需要;界定,是因为每一个人都必须清楚地知道自己的职责、目标和工作权限。

(四) 重视过程沟通,强调阶段管理

建立定期和不定期的团队沟通机制。团队中的每一位成员不仅有责任将自己的工作进展随时反馈给团队其他成员,还有义务尽可能地去了解其他成员的工作进展。过程沟通既是实施阶段管理的重要手段,同时也为绩效考核提供重要信息。

> 任何管理系统,如考核系统、培训系统、员工关系管理系统等,只要是同人有关的系统,当谈及对谁的好处最大时,你要想尽办法把它说成对员工的好处最大。为什么呢?
>
> 你要永远记住,你面对的员工都是成年人。成年人有自己的特点,就是看到这件事情对自身有好处,他才认同,这就是成年人的特点。对我没好处的事情,你说得天花乱坠我根本不听,那是你的事儿跟我没关系。
>
> 我们想办法把考核的好处,说成对个人的利益最大化,是以你为本的,是帮助你进步的。只有这样,员工就会非常认可这种考核的概念,在学术上,叫它"攻心术"。

(五) 注重成员激励,科学实施奖惩

激励是提高团队绩效的重要途径。什么样的奖励是科学合理的?管理学家米切尔·拉伯夫经过多年的研究,发现一些管理者常常在奖励不合理的工作行为。他根据这些常犯的错误,归结出应奖励和避免奖励的十个方面的工作行为:

- 奖励彻底解决问题,而不是只图眼前利益的行动;
- 奖励承担风险而不是回避风险的行为;
- 奖励善用创造力而不是愚蠢的盲从行为;
- 奖励果断的行动而不是光说不练的行为;
- 奖励多动脑筋而不是奖励一味苦干的行为;
- 奖励使事情简化而不是使事情不必要地复杂化的行为;
- 奖励沉默而有效率的人,而不是喋喋不休者;
- 奖励有质量的工作,而不是匆忙草率的工作;

- 奖励忠诚者而不是跳槽者；
- 奖励团结合作而不是互相对抗的行为。

（六）注重细节培养，提升成员技能

"细节决定成败"。细节对于团队成败的影响也是同样重要，要让团队成员的价值观趋同是很难的事，但是让团队成员注重相应的细节相对容易些，通过细节培养，让成员间形成一种团队习惯。一位哲人说过：行为决定习惯，习惯决定性格，性格决定命运。好的团队习惯的培养将决定团队的命运。细节培养是随时随地的，应使团队成员都养成随时与人分享知识和经验的习惯。一次谈话交流、一次会议沟通都是培养和提升成员技能的大好时机。

（七）团队绩效考核的注意事项

（1）赏罚制度必须事前约定，奖惩标准必须前后一致；

（2）绩效标准必须得到80%及以上的成员认同；

（3）不要相信绝对标准，任何考核结果都是相对的，关键是让成员感觉到公平、公正、公开；

（4）对团队和成员的考核结果必须直接或间接地反馈到每个成员，让大家明白做什么能获得奖励，做什么会受到处罚，以明确团队的价值导向，同时制订持续改善的计划。

四、保险团队绩效管理的内容

保险团队与一般团队相比，既有共性也有个性化的特点，因此，上述提高团队绩效的策略同样适用于保险团队。实践中，保险团队绩效管理通常包含以下几方面的内容，见表5-5。

（一）绩效计划

（1）职场每月定期召开职场月经营总结会及月度工作辅导，对职场经营目标进行分解，制定下阶段目标；

（2）职场主管参会出勤率必须达到90%以上；

（3）将月度计划进行存档。

（二）绩效追踪

（1）明确追踪内容：公司"基本法"中规定的奖励项目、晋升、维持和降级考核；不同经营时期重点关注的绩效指标；公司、区部、职场制定的各项业务推动，计划中需达成的相关目标。

（2）通过主管会议与主管达成追踪内容与追踪方法的共识。

（3）通过启动会、早会、电话追踪等形式不定期向业务人员宣导追踪的内容。

（4）追踪的方法：根据不同的追踪内容确定不同的追踪对象，针对不同的追踪对象可结合不同的追踪方式，例如电话追踪、会议追踪（主要面向主管）、活动工具追踪、战报追踪、短信追踪等。

(5) 实施追踪：一是公司"基本法"考核内容的预警追踪，主要追踪内容为季度维持考核、晋升、奖励差距等。要提前进行分析与对比并制订相应的改善措施和追踪辅导计划，进行个人辅导。二是月度各项KPI（关键绩效指标）的差距追踪，重点关注并追踪不同团队重点需要改善的绩效指标；三是开展业务竞赛活动的追踪。

（三）评估与反馈

(1) 确定评估标准：主要包括经营指标和基本法的最低考核标准；绩效计划本身也是绩效评估的标准。

(2) 分析问题、评估差距：对职场经营指标进行诊断描述和评估分析；协助主管开展业务人员的绩效表现的面谈及分析评估，改善各层级业务人员的绩效。

(3) 反馈评估结果：根据经营现状对目标和计划进行阶段性调整，对达成目标的业务人员进行奖励兑现和表彰，对未达成目标的进行沟通面谈，协助找出原因及改善方法。

（四）绩效改进

(1) 召开月度、周经营总结会，结合阶段目标达成情况，组织主管研讨经营过程中出现的问题，提出解决办法及改进措施并提交区部经理审核；

(2) 开展职场低绩效人员辅导培训；

(3) 加强新人的辅导培训，提高新人展业技能，提升展业技巧。

表5-5 保险团队绩效管理

工作职责	主要工作内容
绩效计划	月目标分解、制订工作计划
绩效追踪	明确追踪内容、方法；实施追踪
评估与反馈	确定评估标准；分析问题、评估差距；反馈评估结果
绩效改进	召开周经营总结会、月经营总结会、月度主管收入辅导会

保险营销，一个营销团队能否不断发展壮大、稳健经营，关键是看这个团队有几支业绩优秀的营销支部来支撑，这就是我们所说的"绩优团队"。一个团队业绩的高低、组织的成败，就是依靠"绩优团队"来支撑。所以，我们常把"绩优团队"比喻为保险营销不可缺少的"擎天柱"。

第四节 保险团队客户服务管理

当前，在保险市场上，产品差异性愈来愈小，竞争对手愈来愈多，而客户的要求也愈来愈高。那么,保险公司如何应对激烈的市场竞争?如何培育公司的核心竞争力?方法只有一个:以市场为导向,以客户为中心;细分客户、细分服务,做好客户服务管理。

一、尽快建立并完善客户关系管理系统

(一)客户关系管理系统简介

客户关系管理系统(Customer Relationship Management,简称CRM)是现代经营管理科学与先进信息技术结合的产物,是企业树立以客户为中心的发展战略,并在此基础上开展的包括判断、选择、争取、发展和保持客户所实施的全部商业过程;是企业以客户关系为重点,通过再造企业组织体系和优化业务流程,展开系统的客户研究,提高客户满意度和忠诚度,提高运营效率和利润收益的工作实践;也是企业最终实现电子化管理的解决方案。

自1997年开始,全球的CRM市场一直处于爆炸性的快速增长之中。保险公司通过CRM对现有的客户进行分析,准确地知道客户的基本情况、家庭组成、经营情况、投保和赔付历史以及稳定程度等信息,清晰地了解每位客户的需求,更好地了解客户并为之服务。

(二)当前保险业客户关系管理系统简介

客户关系管理系统分录入、维护系统和使用、管理系统两部分。

录入、维护系统设有建档人、系统管理员、操作员、收集人等岗位。客户经理是客户关系管理系统的建档人,其职责是录入和维护客户基本信息和附加信息,向县(区)支公司的操作员(业务内勤)提供客户基本信息的变更情况。系统管理员是客户服务中心的经理和操作员。操作员的职责是比对、审核、补录、更新维护客户基本信息和客户附加信息;将处理后的客户信息及时上报公司领导和上一级机构的客户服务中心。保险服务电话专线人员是客户信息的重要收集人,应按照有关规定,及时、准确地将客户信息提供给本级机构客户服务中心的操作员。

使用、管理系统是严格按照客户信息保密规定进行分级别使用权限管理的系统。每个级别的人员只能查询和使用与权限相适应的客户信息。CRM系统的建立,将从根本上解决现在客户信息掌握控制在业务员或营销员个人脑袋里,人员流失,客户信息也随之流失的不正常现象和不规范管理问题,使客户信息成为公司宝贵的共享资源。因此,建立客户关系管理系统是建立客户服务管理体系不可缺少的基础性工作。

(三)保险业客户关系管理系统的建设方向

面对保险业务多方面的需要,CRM建设必须从多层次着手。

(1)要以集成客户信息为突破点,自动甄别和生成优质客户和劣质客户名单,从而细分客户、细分服务,实现经营和服务的差异化。

(2)全面建立"黑名单"制度,杜绝"黑名单"客户在系统内游动。建立"多次索赔客户"和"高赔付率客户"预警系统。

(3)要能够集成数据,适时分析业务发展情况,及时调整营销策略。

(4)要通过分析数据、指标和数学模型来加强风险控制。

(5)要借助CRM系统,分析客户需求以开发新产品,提高保险公司的决策支持和商业智能水平。

(6)在CRM系统支持下,建立起科学的风险管理和防灾服务体系,把防灾服务作为稳定客户、吸引客户的重要措施。

狠抓客户服务工作是贯彻落实科学发展观的重要实践,提供优质服务是保险服务提供商的基本责任,同时是提高公司核心竞争力的根本举措,提供优质服务是打造国际顶级金融保险集团、共享客户资源、提升客户价值的重要途径。

——摘自中国人寿前董事长杨超讲话

二、实行客户经理制

客户经理制是保险公司为适应业务发展与竞争需要而建立的一项新型保险经营管理制度。其内涵是在保险业务经营过程中,将对客户的多头服务变为对客户的"一揽子"服务,减少对客户的服务环节,由专门的人员独立负责向客户提供综合性、全方位、连续性的保险服务,最大限度地满足客户的正当需求。同时也通过CRM系统的登记和管理,杜绝和避免公司系统内部的不规范业务竞争行为,减少系统内耗,降低经营成本。

客户经理由一线展业人员担任。依据工作能力、专业工作经验、工作业绩、所负责客户的类别,客户经理划分为五级:高级客户经理、资深客户经理、普通客户经理、初级客户经理和见习客户经理。客户经理的资格实行分层次审批。高级客户经理和资深客户经理由省级分公司审批,其他级别客户经理由地市级分公司审批。客户经理的资格认证工作每年进行一次。根据上年度的考核结果,对客户经理的等级进行重新确认或调整。

客户经理的基本职能包括客户关系管理、市场营销和内部协调三个方面。主要是代表公司与客户建立和发展业务关系,了解和拉动客户需求,推销公司各种产品,并在业务拓展中调动公司内部资源,高效地为客户提供"一揽子"服务。一个客户原则上只能有一名客户经理为主负责办理其要求投保的各类保险业务,并为其提供咨询、承保、防灾防损、协助理赔等方面的连续配套服务。客户经理要按月撰写客户走访分析报告,及时报告客户的重大事件,并提出对策建议;提供业务部门或公司各级机构要求的客户信息;及时搜集、整理和反馈客户的经营管理信息和同业竞争信息;建立和维护客户档案。

客户经理岗只设在基层业务单位,岗位职数根据业务实际需要确定,客户经理由其所在科室或分支机构的经理室管理。

有一个关于戴尔的故事。2005年5月,一位戴尔客户经理根据客服中心的资料,来到戴尔以前的一个企业客户处拜访。这位客户在2003年购买了戴尔的工作站,后来因为产品发生了故障,他拨打戴尔的800服务热线寻求帮助。当时,戴尔的800热线无法远程解决产品故障,因此客户要求派现场维修人员,但由于现场维修人员姗姗来迟并最终没有排除故障,这位客户一怒之下退了货。从此,他再也没有和这家国际知名的IT厂商打过交道。

这个故事告诉我们一个道理,要做好客户服务需要公司各环节的配合,在服务过程中形成一个完好的闭环,并且要始终如一,这样才能留住客户,提高客户满意度。对我们而言,我们的最终客户是公司的外部客户,因此从服务结构上看,公司对于客户的服务主要有两个层次,即间接为客户提供服务和直接为客户提供服务。

三、整合、提升、扩大现有客户服务中心职能

据了解,目前一些大的保险公司都成立了客户服务部门,但在实际运作过程中,主要就是完成两项任务:一是服务专线电话受理报案、咨询、投诉并通知、调度查勘人员。二是查勘人员现场查勘、定损,完成查勘报告。客户服务中心其他多方面、多层次、细分客户、细分险种的专业性客户服务功能基本没有发挥作用。服务专线也没有成为一个多功能的信息搜集、处理平台,许多极有价值的信息资源没有被充分利用,如:没有专门机构对客户投诉进行系统的、分门别类的收集、分析,从中发现问题,堵塞漏洞,提高管理水平和服务质量。没有专门机构对一个时期客户群体比较集中的咨询事项进行专业化的分析,从中发现市场热点,挖掘潜在客户和业务新增长点等;而这些客户信息和社会反馈对一个公众企业来说是极有价值的宝贵资源。

整合、提升、扩大现有客户服务中心职能必须从以下几个方面入手。

第一,客户服务中心必须增设专职客户服务部门和岗位,专门从事客户信息搜集、录入、分析和管理工作,每月提交客户服务信息分析报告。同时,指导、管理所属客户经理工作;负责所属各单位制定和执行优质客户与大客户服务细则、"黑名单"制度、内部竞争管理办法等制度的落实以及管理客户投诉管理系统的执行。

第二,对服务专线全面实行数字化管理,使其与客户管理系统(CRM)相衔接。各种有价值信息的统计、分析资料必须经过专职客服部门汇总、处理,然后送达各级经营决策层、管理层和客户经理手上。

第三,细分客户,创新服务内容。如对机动车险的优质客户提供快速现场查勘服务、故障车辆紧急救援服务、承保关怀续保提醒服务、免费提供洗车服务、伤人事故担保卡服务、简易小额赔款快速处理服务、绿色通道服务、车友俱乐部会员便捷查勘服务等;对优质企财险、货运险客户提供气象信息服务、防灾防损服务等。

第四,主动征求客户对业务流程各环节的意见,收集社会各界的反馈。

第五,增加对员工进行客户服务意识的培训职能。培训内容包括:客户服务的概念、客户服务对于企业的意义、客户服务人员的素质要求、客户服务技巧、正确处理客户投诉的原则以及方法和步骤、客户服务管理的监督与完善、客户服务团队建设等。

四、制定并实施优质客户及大客户服务细则

首先,要明确界定优质客户及大客户的概念。通常情况下,不同保险公司的优质客户及大客户的界定是不同的,受到各自公司经营成本、不同险种、不同时期的平均赔付水平以及经营指导思想等因素的影响。一般说,优质客户是指连续三年以上未发生赔案或赔付率极低、商业信用良好的客户(在具体实践中,主要指优质的个体客户)。大客户是指所交保费在保险公司的保费总收入中占有显著位置,品牌知名度高、社会形象良好或在本行业中地位显著,并为承保企业经济效益的提高做出较大贡献的客户(在具体实践中,主要指大型工商企业、系统客户、大项目客户)。

其次,要建立优质客户及大客户服务标准的指导原则,确定服务的标准项目、延伸领域、执行步骤以及机构和人员。

再次,要明确优质客户及大客户服务的细化内容。包括:承保服务、理赔服务、防灾防损服务、技术服务、知识服务、顾问服务等以及一些个性化的延伸服务和增值服务。

最后,要明确优质客户及大客户服务的有关管理制度。包括:对大客户的定期回访制度;大客户分级联系、分级管理制度;优质个体客户定期电话回访制度;优质客户、大客户投诉管理制度等。

> Jay Curry是国际著名客户营销战略专家,他的客户金字塔的十大经验理论耐人回味:(1)公司收入的80%来自顶端的20%的客户;(2)顶端20%的客户其利润率超过100%;(3)公司90%以上的收入来自现有客户;(4)大部分的营销预算经常被用在非现有客户上;(5)5%至30%的客户在客户金字塔中具有升级潜力;(6)客户满意度是客户升级的根本所在;(7)勉强满意的客户经常会转向您的竞争对手;(8)营销和服务的目的是影响客户行为;(9)公司其他部门和人员也会影响客户行为;(10)客户金字塔中客户升级

2%意味着销售收入增加10%,利润增加50%。Jay Curry的客户金字塔理论深刻地阐述了优质客户及大客户服务的重要性。

五、建立严格、规范、高效的客户投诉管理系统

客户服务是一项复杂的系统工程,客户投诉事件的处理是客户服务重要的一环,体现着保险公司的服务理念和服务质量。积极、谨慎、客观、公正、全面、及时地处理客户投诉是现代保险企业应遵循的基本经营原则之一。

要建立一套严格、规范、高效的客户投诉管理系统,必须做到以下几点。

第一,明晰客户投诉的主管部门及其职责、权限。目前,有些保险公司虽然设有客户服务中心,也有客户投诉管理制度,但严格、规范、高效的客户投诉管理系统并没有建立起来。大量对服务态度和业务问题的投诉,在服务专线或基层公司就自我消化、自行处理了,并没有规范的管理渠道,导致投诉处理质量不高、信息流失严重以及管理漏洞不能及时发现等问题。为了提高客户服务水平,真正建立现代企业管理制度,应该建立一套贯穿总公司、省分公司、市分公司三级公司,由客户服务管理部门统一管理,协调有关部门共同处理的责、权、利明确的客户投诉管理制度。

第二,规范投诉渠道。所有营业单位都必须在营业场所醒目的位置公告投诉电话,告知客户投诉渠道和投诉方式,为客户投诉提供方便快捷的服务指导与投诉通道。投诉渠道越规范,客户投诉越便捷,为投诉后的客户提供的补救服务越到位,客户对公司的服务印象就会越好,这往往能在无形之中将投诉客户转变成为忠诚客户。

第三,严格投诉的接受、核实、登记、转交、协调、处理、反馈等受理程序及有关规定,严格《客户投诉登记表》、《客户投诉情况核实表》、《客户投诉转接表》、《客户投诉处理表》的操作规范和时限要求。

第四,健全投诉档案管理和分析工作。投诉事件处理完毕后,需要将投诉事件处理的全部资料及时进行整理和归档,包括表格、记录等。同时要将客户投诉事件的相关资料录入到客户关系管理系统(CRM)中,以便每月填写《客户投诉分析表》,对客户投诉进行研究、分析,并将《客户投诉分析表》和分析报告呈报公司经营决策层和有关部门。客户服务中心要针对客户的投诉,与有关部门和所属分支公司共同研究制定纠改措施,确保纠改措施有效地执行,以利于客户服务工作的改进和服务质量持续地提高。

尽快建立和完善客户服务管理系统是保险公司在市场竞争中一定要做的一项基础性工作,其作用直接地体现在公司核心竞争力的建设上。但是,还必须清醒地看到,客户服务管理系统的建立是一个复杂的系统工程,必须投入大量的人力、物力、财力,面临着许多现实的困难和阻力,必须经过一个艰苦的、长期性的努力才能实现。因此,只有早下决心,尽快启动客户服务管理系统的建设工程,才能为今后更好地赢得胜利奠定坚实的基础。

本章小结

本章主要阐述保险团队业务管理的基本理念,介绍了保险团队进行活动量管理的作用与管理流程,如何进行会务管理,早会、干部早会、营业区办公例会和主管周例会等公司各种会议的基本流程。保险团队管理的根本目的在于提高团队绩效,所以要掌握提高团队绩效的策略以及保险公司团队绩效管理的基本内容。保险公司的核心竞争力的一个重要体现在于以市场为导向、以客户为中心的客户服务方面,所以要做好客户服务管理,细分客户、细分服务,建立完善的客户服务管理体系,实施品牌制胜战略。

思考练习

1. 联系实际谈谈你对保险团队业务管理的认识。
2. 活动量管理的功能是什么?
3. 保险团队会务管理包括哪些部分?
4. 保险团队绩效管理的工作职责和主要工作内容是什么?
5. 某保险公司业务员小 A 的周活动表如表 5-6 所示,作为主管的你从表中得到哪些信息?应该如何指导小 A?

表 5-6　小 A 周活动表

时间	新增准客户	其中转介绍	约访	面谈	签单	售后服务	合计	保费
星期一	1	1	4	2		2	10	
星期二	4		3			1	8	
星期三	2	1	2	3		1	9	
星期四	1			1		4	6	
星期五			2	4			6	
星期六			4	1	1		6	2450
星期日						2	2	
周合计	8	2	15	11	1	10		2450

案例分析

A 公司的团队管理之策

A 保险公司发展若干年,最大的问题就是团队老化、萎缩,无法实现团队的重新崛起。在长治市,A公司与同业公司竞争激烈。2010年3月份,该地区的B公司,C公司,D公司已经进入市场四年之久,D公司进入该地区的第一件事是在用人方面大肆挖A公司的墙脚,那段时间A公司城区的团队已经乱了军心,很多业务员想到D公司去。同业公司和A公司最大的区别在于基本法(基本法是保险公司对营销人员在业绩、收入、晋升等方面的管理办法和规定的统称,详细解释见第六章第三节"'基本法'激励"部分)的不同,现在老经理们都在发愁,一报团队就被基本法给套上了。A公司的基本法已经老化,内容空洞,而同业公司的基本法能够随着市场变化而不断完善,因此他们的基本法特别吸引人,给A公司造成了极大的威胁。于是A公司在该地的分公司开始考虑组建一个新的团队,隶属城区直属三部。基本做法是:第一,新增主管,后增组员。针锋相对,也挖同业公司的人。告诉他们A公司的基本法其实还是有其吸引人地方,要把握一个机会叫先入为主。因为同业公司也有很多小主管,没有把握好在原公司发展的机会,想要发展强大也是不容易的。A公司跟他们讲:你到A公司来,你在同业公司没得到的,在A公司肯定能得到。D公司招聘底薪500元,A公司针锋相对,底薪500元起,大专学历700元,本科800元。第二,增员以高学历年轻化为主,同时在组建团队时注重文化的建设。团队对内要有凝聚力,对外要有吸引力。团队主管定了团队的文化理念,队名叫龙行天下,口号是:团队威名行天下,巨龙腾飞震长治。文化将团队三年的发展目标融合起来,寿险就应该用文化来吸引人才。团队到2010年年底从零壮大到一百七十多人。第三、运用了多媒体教学,最早将Internet接入职场。把培训开发课与潜能训练结合起来。通过精致的早会,让早会成为新人成长的舞台。所有的伙伴上台都必须作PPT。第四,因材施教,尊重伙伴的个性,包容成长。用人所长,告诉新人直属三部就是未来的黄埔军校。后来验证了这句话,三部合并后分为东南西北中五个区,五个区的主要骨干都是来自于直属三部。

问题

1. 请评价该公司在团队出现危机时采取了哪些措施?这些措施起到了什么样的作用?

2. 如果让你来管理这个团队,请问还有没有更好的解决方案?

实训项目

上课前提醒每人准备一张白纸和一支笔。

第一步:请所有人在纸上分别划上"—""丨""—""丨",然后让大家看一下其他人画的。

问题1：看到了什么？

一般结果："—｜—｜"、"井"型、"口"型等，结果千差万别。

讨论1：为什么会有这样的结果？

第二步：告诉所有人我们这次要画一个正方形，然后再让大家看一下其他人画的。

问题2：看到了什么？

一般结果：虽然都是正方形，但是大小千差万别。

讨论2：为什么会有这样的结果？

第三步：告诉所有人我们这次要画一个边长2 cm的正方形，继续让大家看一下其他人画的。

问题3：看到了什么？

讨论3：这次为什么会有这样的结果？

第四步：进一步讨论：假设某人的工作就是画"边长2 cm的正方形"，绩效管理怎么做？

第六章 保险团队激励

▶ **教学目标**

通过本章学习,理解激励的含义与作用,了解激励的有关理论。学习如何将激励理论与保险团队实践相结合,把握保险团队激励的原则、方法与激励点,掌握如何对保险团队成员进行正确的激励。

▶ **教学要求**

要求掌握激励的基本理念与各种激励理论,并能用这些理论知识对保险团队实践活动进行激励,识别保险团队激励现实中有哪些激励误区,能将本章知识用于保险团队激励机制创新之中。

▶ **案例导入**

"总经理接待日"是平安保险深圳分公司的一项制度化管理,总经理室四位成员每人轮一周,用一下午的时间直接面对一线员工和客户,听他们反映问题。根据谈话记录,建立反馈追踪表,该落实的落实,该调查的调查并反馈结果。借助这个平台,许多员工提出了品牌维护的观点,建议规范公司整体行为,在树立公司形象、宣传公司产品等方面做工作。一位员工说:"公司是大家的公司,公司的荣辱就是我们全体员工的荣辱,用类似这样的方式经常与员工沟通和交流,就是很好的形式。希望以后还能多些形式与主题,让大家参与公司的建设。"

企业要生存和发展,必须集全体员工的整体力量,管理者必须善于调动广大员工的工作积极性和主动性。目前保险业竞争日趋激烈,从业人员面临着极大的压力,保险团队的主管必须学会如何对团队成员进行科学有效的激励,才能在激烈的竞争环境中求得生存和发展。实践表明,在保险团队中激励机制运用得当可以极大提高团队成员的工作积极性,从而改善团队绩效。

第一节 激励理论概述

激励在心理学上是指激发人的动机的心理过程,将这一概念用在保险团队管理中,旨在希望团队主管人员运用各种管理手段,刺激团队成员的需要,激发其动机,使其朝所期望的团队目标前进。

一、激励的概念

所谓激励,就是组织为有效地实现组织目标及其成员个人目标通过设计适当的外部奖酬形式和工作环境,并辅以正确的内部刺激,以一定的行为规范和惩罚性措施,借助信息沟通,来激发、引导、保持和归化组织成员的行为的系统活动。

这一定义包含以下几方面的内容。

一是激励的出发点是满足组织成员的各种需要,即通过系统的设计适当的外部奖励形式和工作环境,来满足企业员工的外在性需要和内在性需要。

二是科学的激励工作需要奖励和惩罚并举,既要对员工表现出来的符合企业期望的行为进行奖励,又要对员工不符合企业期望的行为进行惩罚。

三是激励贯穿于企业员工工作的全过程,包括对员工个人需要的了解、个性的把握、行为过程的控制和行为结果的评价等。因此,激励工作需要耐心。

四是信息沟通贯穿于激励工作的始末,从对激励制度的宣传、企业员工个人的了解,到对员工行为过程的控制和对员工行为结果的评价等,都依赖于一定的信息沟通。企业组织中信息沟通是否通畅,是否及时、准确、全面,直接影响着激励制度的运用效果和激励工作的成本。

五是激励的最终目的是在实现组织预期目标的同时,也能让组织成员实现其个人目标,即达到组织目标和员工个人目标在客观上的统一。

美国著名的学者斯蒂芬·P.罗宾斯提出,激励就是解决个体在实现目标过程中努力的强度、方向与持续期的过程。强度是指人们努力的程度,但高水平的努力不一定能带来高的工作绩效,除非努力指向有利于组织的方向,即努力程度只有与组织方向一致才具有实际意义,才有利于提高组织绩效,因此,方向反映了努力的质量。持续期指的是积极性能够持续多久。所以,激励水平是要不要为此目标去努力(行为方向选择)、应为此目标花费多大努力(努力的程度)以及此努力应维持多久(行为的持续期)这三项决策的函数。

二、激励的作用

正确的激励手段和良好的激励机制会内在地作用于组织系统本身,使组织及

其各要素机能处于一定的状态,并进一步影响着组织的生存和发展。激励的作用主要体现在以下几个方面。

(一)吸引优秀的人才到企业来

例如,许多竞争力强、实力雄厚的企业,通过各种优惠政策、丰厚的福利待遇、快捷的晋升途径等激励手段来吸引企业需要的人才,这方面的作用是显而易见的。

(二)开发员工的潜在能力,促进在职员工充分的发挥其才能和智慧

管理学家的研究表明,员工的工作绩效是员工能力和受激励程度的函数,如果把激励制度对员工创造性、革新精神和主动提高自身素质的意愿的影响考虑进去的话,激励对工作绩效的影响就更大了。

(三)留住优秀人才

管理大师德鲁克认为,每一个组织都需要三个方面的绩效:直接的成果、价值的实现和未来的人力发展。缺少任何一方面的绩效,组织注定非垮不可。因此,每一位管理者都必须在这三个方面均有贡献。在三方面的贡献中,对"未来的人力发展"的贡献就是来自激励工作。

(四)造就良性的竞争环境

科学的激励制度包含有一种竞争精神,它的运行能够创造出一种良性的竞争环境,进而形成良性的竞争机制。在具有竞争性的环境中,组织成员就会收到环境的压力,这种压力将转变为员工努力工作的动力。正如麦格雷戈所说"个人与个人之间的竞争,才是激励的主要来源之一"。在这里,员工工作的动力和积极性成了激励工作的间接结果。

> 美国哈佛大学的威廉·詹姆斯教授在对员工激励的研究中发现,如果没有激励,按时计酬的分配制度仅能让员工发挥20%~30%的能力,如果受到充分有效激励的话,员工的能力可以发挥出80%~90%,两种情况之间60%的差距就是有效激励的结果。由此可见激励对于人力资源开发的极端重要性,激励已日益成为企业中人力资源管理必不可少的重要手段。

三、常用的激励理论

(一)需要层次理论

1943年,美国心理学家马斯洛通过对人类需要的深入调查,首次提出了需要层次理论。他把人类纷繁复杂的需要分割为五种基本需要,并从低到高依次排成五个层次,即生理需要、安全需要、社交需要、尊重需要和自我实现的需要。需要层次理论认为,人的这些需要互相联系并按照重要性和先后次序排列成一个需要层次,当较低层次的需要被满足后,其激发动机的作用随之减弱或消失,而更高级

的需要就成为新的激励因素。

马斯洛的需要层次理论对管理界的激励思想产生了重大的影响。

（1）既然人是同时具有多种需要的，激励就不能仅从生理需要出发，只靠金钱和物质刺激，而应以多种需要为依据来激发人的积极性。

（2）既然人的多种需要中存在主导需要，就应该把满足不同情况下人的主导需要作为激励的切入点，这样才能对人产生更大的驱动力。

（3）既然高级需要对人来说比低级需要难以实现，甚至很难满足，就应该在激励手段设置中考虑满足人的高级需要，这样的激励才能创造出更加稳定和持久的工作积极性。

需要层次理论可很好地运用到保险营销员队伍激励中。保险营销人员的收入是根据其取得的业务业绩拿取一定比例的佣金，保险公司对营销人员的收入采取上不封顶、下不保底的提成制。这样使一些业绩差的保险营销员和新进入保险公司还不适应保险营销工作的人员非常容易产生保险营销这一行业连生理需要和安全需要都难以满足的错误心态和消极的情绪。同时，由于保险营销员业务拓展中每日都有可能随时被顾客拒绝，并且在业务拓展过程中常常会受到冷落，甚至白眼和无礼行为，一些保险营销员非常容易会产生自轻自贱、灰心丧气的自卑心态，产生保险营销工作连社会需要、自尊需要、自我实现需要都难以满足的情绪和心态。

针对这些情况，作为一名保险营销团队的管理者来说应当点燃保险营销员心里希望的火花，让保险营销员了解通过他们坚持不懈地努力，马斯洛所讲述的这些需要都是能够得到很好的满足。让他们知道从事保险营销工作不仅仅只是有荆棘、坎坷、风险和失败，只要全心全意的辛勤耕耘这一行一样会取得硕果累累的收获，一样会有诱人的前景，一样会有鲜花与掌声，一样会实现自己的人生价值，过上美满、富足、成功的幸福生活。

（二）双因素理论

20世纪50年代末，美国心理学家赫兹伯格提出"双因素"理论。他认为，容易使人不满意的因素大多是环境、条件等外部因素，包括公司政策与行政管理、监督、工作条件、薪金、安全性、人际关系等，这类因素如果处理不好，组织员工得不到满足，就会很不满意。但如果处理得当，也仅能消除员工的不满情绪，并不能使人很满意，所以也没有多大的激励效果，这类因素称为"保健因素"。与此相反，容易给人带来满意感的因素基本上都是工作本身的因素，包括工作上的成就感、工作成绩的认可、工作具有挑战性、从事有发展前途的工作、担负一定的责任、得到提升等。这类因素如果不理想，员工未必很不满意，但这类因素若能得到改善，员工则会很满意，从而提高工作积极性，因此这类因素称为"激励因素"。

双因素理论把影响人的因素分为保健因素和激励因素,实质上说明:并不是满足人的一切需要都能调动积极性,只有满足工作范围内的需要才能真正起到激励作用。这就使得对激励条件的认识进入了明晰化阶段:管理者首先应该注意满足组织成员的"保健因素",防止组织成员消极怠工,使其不致产生不满情绪,在此基础上还要注意改善"激励因素",尽量使组织成员得到满足的机会。

(三)公平理论

1963年,亚当·斯密提出的公平理论认为:员工不仅会把自己所做的努力与所得到的报酬进行比较,而且还会把自己和其他人进行比较,并且增减自己对付出的努力或投入的代价来取得他们所认为的公平与平衡。两种比较的结果相等时就公平,此时结果具有激励作用,当回报大于付出,或自己所得大于他人所得,则激励作用较强;反之则会使人感到不公平,从而产生紧张、不安和不满情绪,影响工作积极性的发挥。

根据公平理论,从工作中得到的结果包括薪金、领导赏识、晋升、人际社会关系的变化以及在心理上的报酬,得到这些报酬所付出的代价是对工作的各种投入,如贡献自己的时间、努力、知识等。公平是一种主观心理感受,所以在管理工作中要加强对组织成员的思想教育,使组织成员树立与组织价值观相吻合的正确的公平观,防止在工作评定中贬低别人、抬高自己、拨弄是非、左右舆论、制造矛盾等不良倾向。

(四)人本管理理论

人本管理是以人为中心的管理,其中涉及情感管理、民主管理、自主管理、人才管理和文化管理等。作为20世纪80年代风靡世界的管理理论,其核心是尊重人,锻炼人,发展人,激发人的热情。人本管理的着眼点在于满足人的合理需求,从而进一步推动人的积极性,即激励员工。21世纪的今天,人成为企业组织的关键因素,强调以人为本的管理风格和管理模式,适当有效地进行人本激励能鼓励员工高效工作,提高企业效率,更快更好地实现企业目标。

第二节 保险团队激励原则

一、目标激励原则

在激励机制中,设置目标是一个关键环节,目标设置必须同时体现组织目标和员工需要的要求。目标激励原则要求保险团队主管为成员制定的目标必须是有效的,在营销团队中,应该根据营销员的目标市场销售潜力(以市场调研为基础),结合上年度的情况,适度调整销售目标,这个目标必须是营销员经过努力之后才可实现的。目标不能太高,以免让人望而生畏,放弃努力;也不能太低,否则会滋生懒惰情绪,造成人力资源的浪费。

以利益为核心的激励机制无疑能很好地激励营销战线的成员,但这还不够。根据营销人员工作地域分散、单兵作战机会多的特点,团队主管应适当激发营销员内心隐蔽的权欲,根据有效目标的需要和个人的能力状况,给予适当授权,并保持充分信任,使其在一定程度上个性与潜能都得到充分释放。同时要注意引导和规范,以促使其创造性地工作。需要注意的是当公司遭遇重大变化,如市场突变、原来的条件恶化或遭遇不可抗拒力时(如2008年的金融危机),应适时、适当修正目标,否则也会失去目标激励的意义。

世界著名激励大师卡耐基曾对世界上一百个不同种族、年龄与性别的人进行过一次关于人生目标的调查。他发现只有3%的人能够有明确的目标,并知道怎样把目标落实,而另外的97%的人,要么根本没有目标,要么目标不明确,要么不知道怎样去实现目标。10年之后他对上述对象再一次进行调查,结果令他吃惊,调查样本总量中这些没有目标或目标不明确,或不知道怎样去实现目标的人,在生活、工作、个人成就上都没有太大的起色,还是那么普通与平庸,而原来与众不同的3%,却在各自的领域里都取得了相当的成功,他们10年前提出的目标,都在不同程度上得以实现,并正有按原定的人生目标走下去。

二、按需激励原则

激励的起点是满足保险团队中全体成员的需要,由于不同成员的需要是不同的,相同的激励措施起到的激励效果也不尽相同。例如年轻的成员比较重视拥有自主权和创新的工作环境,中年的成员比较重视工作与私生活的平衡及事业发展的机会,年长的成员则比较重视工作的稳定性及分享公司的利润。即便是同一位员工,在不同的时间或环境下,也会有不同的需求。并且只有满足最迫切需要(即主导需求)的措施,其效价才高,其激励强度才大。所以,激励要因人而异、因时而异。

在制定和实施激励措施时,团队主管必须深入地进行调查研究,了解每个成员真正的、具有个性化的需求是什么,弄清楚员工需求层次和需求结构的变化趋势,有针对性地采取激励措施,才能收到激励实效,提高保险团队的整体绩效。

目前,有些保险公司在激励机制的设计中,为了便于管理,往往采用同一层级员工人人一致的物质激励,认为这样体现了公平。如有些保险公司的管理人员与普通员工之间在工资、薪资等货币性物质激励方面存在一刀切的事实,这实际上是收入分配上大锅饭的存在;有些保险公司以灰色收入方式增加了员工收入,如发放购物、提供各种各样的补助津贴、报销相关个人费用

等。事实上,灰色收入的存在,不但影响了收入分配的透明度,给监督带来了难题,且在一定程度上助长了贪污受贿的腐败之风。这些做法都是难以满足员工个性化需求的。

三、物质激励和精神激励相结合原则

当前,各保险公司之间人员流动相当频繁,他们流动的主要标准就是各公司的薪酬的高低,这种现象与保险公司在激励机制方面缺乏有效的长期的激励机制是有直接联系的。激励机制的设计应该注重物质激励与精神激励相结合。

在物质激励方面,公司应提倡"多劳多得、少劳少得、不劳不得"、"效率优先、兼顾公平"的原则,根据个人工作的质与量来确定其报酬的多少,让他们看到个人的收入与自己的贡献是正相关的,使他们明白个人的收入与企业的经济效益是紧密联系的。实行物质激励时,一定要做到公平、公开、公正。

在精神激励方面,可考虑通过以下三方面来实现:一是民主参与激励,让员工参与管理,尤其是参与影响他们自身利益的决策,通常会提高他们工作的积极性,增强他们的主人翁意识,使他们对公司和团队更忠诚,对工作更满意,从而提高工作效率。二是职业生涯激励,公司和团队要在充分了解员工的个人需求和职业发展意愿的前提下,重视员工职业生涯设计,为其提供适合其要求的发展道路,使员工的个人发展与公司的可持续发展得到最佳的结合。三是企业文化激励。企业文化作为公司形象和理念的平台,往往在激励人才成长等方面产生着巨大的作用。公司应该充分尊重员工的人格尊严,树立以人为本和人高于一切的价值观,营造宽松、民主的管理氛围。

激励不是单方面的,必须双管齐下:物质激励是基础,精神激励是根本。团队主管可在两者结合的基础上,逐步过渡到以精神激励为主。

四、及时激励原则

激励必须讲究时效性,"雪中送炭"和"雨后送伞"的效果是不一样的。激励越及时,越有利于将员工的激情推向高潮,使其积极性得以维持,并连续有效地发挥其创造力。不及时的激励有时比没有激励具有更大的负面影响。

实践中,有些保险公司的管理者对营销员的薪酬兑现不及时,习惯往后延一个季度、半年或一年,甚至还有到次年三月才兑现上年薪酬的。根据心理学的调查结果,对于员工一次激励的有效期限一般为30天。一线营销员长期在市场上作战,有时受客观环境的影响,其业绩可能不理想,此时绩效考核绝对不能唯保费论英雄,而应给予营销员基本的生活费,保证其基本生存需要,实行"底薪保生活,高薪靠贡献"的薪酬指导思想。

激励的合理性包括两层含义：其一，激励的措施要适度，即要根据所实现目标本身的价值大小确定适当的激励量。奖励过重会使员工产生骄傲和满足的情绪，失去进一步提高自己的欲望；奖励过轻会起不到激励效果，或让员工产生不被重视的感觉。惩罚过重会让员工感到不公平，或者失去对组织的认同，惩罚过轻会让员工轻视错误的严重性，从而可能还会犯同样的错误。其二，奖惩要公平。任何不公平的待遇都会影响员工的工作效率和工作情绪，影响激励效果。所以，保险团队在制定薪酬目标时，要让营销员的薪酬高于公司内技术含量低的岗位员工薪酬，吸引更多的优秀人才加入营销队伍，也能对现有营销员起到鞭策作用。同时，团队主管和上级决策部门要经常调查周边保险机构营销员的薪酬水平，有针对性地调整自己的薪酬政策，增强其对一线营销人员的吸引力，留住优秀人才。

五、明确性和引导性原则

激励的明确性原则包括三层含义。其一，明确激励的目的，让团队成员清楚需要做什么和必须怎么做；其二，公开有关的制度和措施，特别是对于分配奖金等大量成员关心的问题；其三，表达直观，在实施物质奖励和精神奖励时都需要直观地表达它们的指标，不要让人产生模棱两可的感觉。

引导性原则是激励过程的内在要求。外在激励措施只有转化为被激励者的自觉意愿，才能取得激励效果。因此，管理者必须引导员工的认识并提高员工的觉悟，使员工能充分理解公司和团队目标与其自身目标之间的一致性。

第三节 保险团队激励方式

要提高保险团队激励的有效性，必须采取适当的激励方式，形成有效的激励机制。任何激励的方式与手段，都是以形成一定量的诱因来对人的行为产生影响的。保险团队中常用的激励方式主要有以下几种。

一、"基本法"激励

（一）"基本法"激励简介

"基本法"作为保险公司对营销员的管理规定，各家公司尽管名称上有所差异，但是内容大致相同，由于它包括了委托报酬的给付规定，如考核、晋升制度，保险保障，还包括出勤、培训、行为管理等品质方面的管理规定，涉及代理人的薪酬等基本利益，因此是保险公司和保险营销员之间合作的基础，是代理合同的核心部分，也是保险营销代理制度的精髓。于是，业内人士将这一规定喻为"基本法"，以彰显其重要性。应该说保险行业的"基本法"广泛涵盖了激励理论要素，是目前各行业中较为完善的激励制度。

"基本法"作为保险公司核心的、长效的激励制度,在保险公司的各项费用支出中占有较大比重,对营销员团队的稳定和发展具有重要的、长期的、积极的意义。作为一项制度,具有阶段性的特点,因此保险公司一方面在制定"基本法"时应深入解构"基本法"中的激励要素及其理论基础,深度挖掘"基本法"的应用价值;另一方面,在执行层面,要善于将"基本法"中的激励要素变为可执行的、易操作的激励点,并在日常工作中持续、有效地进行应用,严格执行与落实,对应用中的问题及时总结、修正与反馈,保持"基本法"与市场竞争的紧密结合、与时俱进,充分发挥其对保险营销员的激励作用。

(二)"基本法"激励的优点

当前各家保险公司特别是寿险公司,主要通过本公司的"基本法"对保险营销员进行管理和激励,"基本法"可以看做是营销员生存的基准,作为行业特色的作品,在营销员管理和激励方面起到了积极的作用。

首先,保险行业的"基本法"重要的激励作用在于它的公开、公平、公正;薪酬支付、考核晋升等均对全体营销员均公开。公平的竞争使保险营销员感受到成功的自豪(正激励),也感受到失败的无情(负激励)。在薪酬支付方面承认高绩效人员的价值。高职级人员在获得高收入回报的同时,也找到了对自我价值的尊重。

其次,完善的考核体系是"基本法"所体现的营销代理制"高效率"运营模式的精要所在。营销员达到相应的考核标准可以晋升到对应的职级,这正是强化理论中正强化的具体应用。相反,如营销员未能达到一定的考核标准则要降低职级,这也体现了负强化的激励作用。根据海德的归因论,一项工作成败归因于努力程度、能力大小、任务难度、运气和机会。任务难度等属于相对稳定的外因,如果制定的指标过高,将会降低营销员的成功期望,可能导致其失去信心,相反指标值也不能太低,如果能轻易完成任务,可能使组织成员自以为是。因此保险公司一方面应采取各种激励方式巩固和加强不具有稳定性的努力程度这一外因,同时尽量消除营销员自认为自我能力不足的内因。在"基本法"考核上一般会设置基本维持要求、职级维持要求、晋升要求等不同的考核指标,不同职级人员的考核要求也不同,考核指标设置上维持层次保证多数人能够完成,晋升层次又对部分更高职级人员具有挑战性。

最后,"基本法"涵盖了报酬支付、福利保障、各职级间管理关系等保健因素,并以制度的手段加以固定,保证营销员在获得这些保健因素的确定性。同时,也通过职涯规划(职级设置)、晋升、奖励等手段,为营销员提供一些富有挑战性的激励因素,满足其成就感。

(三)"基本法"激励的不足

"基本法"激励方式也有其局限性。一方面,由于"基本法"是保险公司在营销队伍建设中核心竞争力的集中体现,其设计的内在逻辑性较为严密,一般只有总部的设计者才能完全清晰的把握其理论依据和设计原理。而在各家保险公司的基层公司,特别是在各保险营销团队,在日常应用中多停留在表层的宜导与使用,仅将其作为一种管理制度使用,没有深入挖掘其内在的理论根源,使"基本法"的激励作用大打折扣。另一方面,由于"基本法"本身的构成基础是各家保险公司的招募关系和提佣模式,依靠"血缘"、"亲缘"、"地缘"等关系("基本法"关系)构建营销团队,这就决定了其在激励作用方面的先天不足。

首先,作为职涯规划的营销员职级总会有个限度,在流程再造后扁平化的组织结构中,职级有所削减,已经不能提供足够的职位晋升机会去满足组织成员的"尊重感"需要。各家公司或设置得过低,当营销员已达成最高职级后失去目标,从而失去工作和发展动力;或设置过高,营销员经过多年努力仍无法达到,或至少在现状下无法达成而丧失继续坚持下去的信心。

其次,"血缘"等关系构建的营销团队经过一段时间沉淀下一些既定受益者,在不努力工作的情况下也会获得一定的报酬,这既与保险公司目标相悖,也对其他组织成员产生公平性等方面的心理影响。因此,"基本法"激励不应构成保险营销员激励的全部,"基本法"激励之外还存在着激励发挥作用的空间。

许多保险公司根据"基本法"来确定保险营销人员的薪酬收入。以"基本法"为基础,保险公司营销人员薪酬获取方式有以下三种。

一是薪金制。其优点是对营销人员而言有安全感和归属感,有助于保持其对公司的忠诚,但其缺点是缺乏激励性,按赫兹伯格的双因素理论,薪金属于保健性因素,如果缺乏则会导致组织成员的极大不满,但拥有时却不一定有激励作用,同时这也属于强化理论中的衰减因素。

二是佣金制。目前各大保险公司支付给营销员的报酬主要是按所收保费提成。其优点是能促使营销员发挥出最大努力程度,对业务拓展具有较好方面的刺激作用。但纯粹的佣金制度缺点相当明显,一方面,由于组织成员收入和开支全靠所收保费提成,促使许多营销员为了拉到保单不惜采取欺骗、误导等方式去推销保险,损害了广大消费者利益和保险公司的形象;另一方面保险营销员本应是保险公司风险控制的重要一关,但为了完成指标可能给保险公司拉来一些高风险的保单,最终损害公司利益,易产生道德风险。

三是复合制。即将薪金制和佣金制结合起来,应当说这一制度优点较明显,但关键是两者如何合理对接:如果底薪过高将导致保险公司入不敷出;如果完全无底薪,甚至像展业成本等均由营销员自己垫付,势必导致一系列不利于消费者和公司的行为。根据马斯洛的需要理论,在基本的生理需要和安全需要都严重缺乏的情况下,自我实现需要和归属需要都难以实行。所以在此种薪酬获取方式中应注意确定前述的无责任底薪既确保保险营销员最基本的必要支出,又不过分增加保险公司的成本支出。

二、社会心理激励

社会心理激励是指保险团队的管理者根据下属复杂的心理需求,以心理需求的满足为诱因,利用社会心理学、行为科学等方面的方法来刺激与满足心理需求以达到激励目的的方式。在保险团队中,"基本法"所涵盖的目标激励、职业生涯发展激励等也是社会心理激励的体现。除此之外,社会心理激励的方式还包括以下四点。

(一) 领导行为激励

保险团队主管可以通过自己的模范行为来调动下属的积极性。领导者的模范和带头作用,是一种无声的命令,对下属的行为有很大的激励作用。领导者优良的思想作风能感染下属、教育下属。领导者搞不正之风会使下属不信服、挫伤下属的积极性。领导者廉洁奉公,身先士卒,一言一行做下属的表率,关心群众,团结同事,做下属的知心朋友,就能激励下属克服困难,完成组织和团队目标。

(二) 培训激励

在保险公司,培训教育手段是激励员工的一种重要方式。要充分发挥培训教育的激励作用应注意三点:一是培训要讲实效性。培训内容必须与保险公司发展中面临的问题和发展战略直接相关;衡量培训工作的标尺应当是是否完全以市场为导向和制约,是否适应市场需求变化和增强公司竞争力;培训工作必须与公司目标、团队发展目标和受训人员的工作需要相结合。二是培训内容与方式要因人而异。对自我激励、自我控制和自身承受挫折能力强的团队成员,应重视保险营销技能广度和深度的不断强化,以民主参与式和领导培训式为主,在互动交流中学习,注重在实战中总结;对自主意识差的人员,要在保险基础知识系统学习和考核制度的监督落实基础之上,重视保险知识一方面或某几方面强化的学习和训练,在"传、帮、带"等多种方式下训练和提升控制冲动能力、承受挫折能力,增强自我激励的能力,以指导关心式培训与领导方式为主。三是管理层必须重视并亲自参与培训。管理层应当深入基层,经过充分的调查研究,在与业务人员和各级培训人员广泛讨论与交流的基础上形成切实可行的培训方案与计划;管理层制定培训人员培训工作考核和监督制度,保证培训工作质量。

(三) 榜样激励

榜样的力量是无穷的,具有生动性和鲜明性,说服力强,容易引起团队成员感情上的共鸣。有了榜样,使人学有方向,赶有目标。它的号召力大,是一种重要的激励方式。在保险团队中开展榜样激励,应注意榜样必须来自基层团队,有广泛的群众基础;榜样的事迹要真实,能经得起检查和时间的考验。

(四) 竞赛激励

竞赛激励,即利用人们争强好胜、不甘落后的心理,来激励人们的行为。这是人们有追求自我实现需要所决定的。在团队中,领导者应结合组织的目标及任务,开展各种形式的竞赛,形成竞争的组织氛围,激发组织成员的热情、兴趣,将组织成员的积极性和行为最大限度引导到实现组织目标轨道上来。要有效实现竞赛激励作为领导者必须要设置恰当的能激发人们奋发向上的目标,形成公平的竞争环境,公正评价竞赛结果并根据结果结果给予恰当的奖励。

许多保险公司除在日常工作中应用"基本法"中的各项项目进行激励外,在特定时期还会根据当期公司发展的需要出台各类的企划方案,以达到一方面满足公司阶段性发展的需要,另一方面对保险营销员激励的目的。但这类激励也存在以下问题:第一,这类激励通常集中在物质激励上。部分保险公司为了达成公司目标,在现实情况下暂无力解决保险营销员与公司目标不一致的问题,只好频繁使用此类激励,导致激励的边际效用递减,成本支出大,重复投入多等问题。第二,长期过度的物质激励导向,会导致保险营销员团队协作意识、社会责任意识弱化,忽略其从事保险营销工作本身的职业意义。精神领域的目标缺失,会导致营销员消极对待工作,在受到挫折时易轻易放弃,甚至是出现道德风险。有些绩优业务员会在物质利益达到一定水平后看不到方向,情绪低落,丧失从业信心。

三、工作过程激励

每个人都有对自己工作与事业的追求,这种追求成为人们行为的最大激励。保险团队中要倡导人本管理,需要主管更多地尊重、关心、信任、激励自己的员工,并把这种以人为本的理念引入到团队的工作过程中来。因此领导者要善于调整和调动各种工作因素,千方百计使团队成员满意于自己的工作,"以事业留人",以实现最有效的激励。工作激励可主要通过以下五种途径来实现。

(一)工作的适应性

一是根据每个组织成员的专长与个性,将其安排到最能发挥其优势的岗位上,提高成员的工作兴趣与工作满意度;二是一项需要集体完成的团队工作,领导者应把具有不同专长或特质、不同性格或素质的成员合理组织起来,形成一个有战斗力和凝聚力的团队,为完成团队工作打下组织基础。

美国柯达公司在生产照相感光材料时,遇到了一个难题,由于需要工人在没有光线的暗室里工作,他们不得不在培训熟练工人方面花费巨大的时间和人力成本。

后来公司发现,盲人可以在暗室里自由地活动,对他们进行简单地培训后,他们可以自如地适应暗室的工作,而且工作质量也提高了很多。于是柯达公司便招聘大量的盲人从事感光材料的制作。这种举措既降低了公司的投入,还因为为盲人提供工作机会而提升了公司的美誉度。

（二）工作的意义与挑战性

组织成员如何看待自己所从事的工作，直接关系到对工作的兴趣与热情，进而决定其工作的积极性。人们愿意从事重要的工作，并愿意接受挑战性的工作，因为工作富有挑战性能使其更快地成长与发展，这反映了人们追求实现自我价值，渴望获得别人尊重的需要。因此，领导者激励组织成员的重要手段就是向他们宣传工作的重要性和挑战性，使成员充分重视和热爱本职工作。

（三）工作的完整性

人们愿意在工作中承担完整的工作。从一项工作的开始到结束，都是由自己参与完成的，工作的成果就是自己努力与贡献的结晶，从而可以获得一种强烈的成就感。领导者应根据工作的性质和需要以及人员情况，尽可能将工作划分成较为完整的单元派给组织成员。使每个组织成员都能承担一份较为完整的工作，为他们创造获得完整工作成果的条件与机会。

（四）工作的扩大化与丰富化

工作扩大化是指从横向扩大工作范围，即在一些重复性劳动中（如营销员展业），为了减少员工单调、乏味地工作而扩大某些工作内容。每个人同时承担几项工作，以增加他们对工作的兴趣。这种工作扩大化，不仅能明显提高员工的兴趣，而且赋予员工更多的责任，鼓励其自我发挥、自我控制，有利于调动员工的积极性和创造性。工作丰富化是指纵向扩大工作范围，让员工的工作内容适当地向纵深发展，不仅参加一般工作流程，而且参加一部分管理工作与决策工作，通过工作本身增加其责任感和成就感，从而得到更多的鼓励。工作扩大化与丰富化可通过小组管理、参与管理来实现。

（五）工作自主性

人们出于尊重和自我实现的需求心理，期望独立自主地完成工作，排斥外来干预，不愿意在别人的指使下或强制下被迫工作。这就要求领导者能满足下属的这种需求心理，通过管理规章制度的健全、组织结构的合理设置、合理授权与分权、目标管理等措施与手段，使下属能独立自主地开展工作。

　　　　A公司保险团队成员除了享受基本法规定的权利与福利等激励手段外，公司还会经常举行各种形式的营销激励活动：第一，每年年末，A公司都要遴选一定数量的杰出保险营销员（一般为全省系统保费收入的前3名，每年名额不等），参加由总公司举办的营销峰会，并接受高层表彰；第二，根据保险监督管理部门的号召，A公司不定期评选表彰一批表现突出的诚信展业营销员，并授予荣誉称号（2010年A公司系统共有13名营销员获得"保险之星"等相关荣誉称号）；第三，A公司会在一个年度内不定期举办一些业务竞赛活动，营销员在一个竞赛期内，如表现突出，将获得公司免费提供的旅游等福利（视竞赛规模与时期不同，包括省内旅游、省外旅游和境外旅游等）；第四，为了激励营销员尽量多做业务,扩大保费规模,A公司在实施正常的薪酬激励之外,经常还会根据营销员的业务量奖励少量的家用电器、商场购物卡、话费充值卡等物品。

当前,各家保险公司为提升保险营销员销售业绩,在不断研究技术层面问题的同时,也在尝试各种激励形式:比如节日经营、改善福利待遇、亲情化管理、家访、新人财务支持、团康活动等。但由于各家公司的管理基础、管理人员素质、营销队伍构成不同,选择和应用时机不同,政策和市场背景不同,地域和经济发展水平不同等各种复杂的原因,激励的效果也大相径庭。

第四节 保险团队激励机制的构建

在保险团队中,光凭领导者个人主观意识对成员进行激励是不够的,团队主管不能想激励的时候就激励,不想激励的时候就不激励。团队和企业整体都应该具有科学完善的激励机制,激励才能发挥应有的作用。

一、保险团队中存在的对激励机制的错位认识

当前,我国保险企业虽然越来越重视管理激励,而且许多企业还进行了激励机制改革的尝试,也取得了一定成效,但在对激励机制的认识上还存在着一些误区。

(一)激励错位

有些保险公司的管理者简单地认为激励就是奖励。因此在设计激励机制时往往只片面考虑正面的奖励措施而轻视或不考虑约束和惩罚措施。有些公司和团队虽然也制定了一些约束和惩罚措施,但碍于各种原因,没有坚决地执行而流于形式,结果难以达到预期目的。

从字面上看,激励有激发、鼓励、诱导、驱使的意思,而在管理理论与实践中,不能将激励简单地当成奖励。仅仅将激励狭义地从字面理论理解为正面鼓励,只强调利益引导的一个方面,是不准确的。从完整意义上说,激励应包括激发和约束两方面含义。奖励和惩罚是两种最基本的激励措施,是对立统一的。保险公司的奖励措施可能会引发员工的各种行为方式,但其中的部分行为不一定是公司所希望的,因此,必须辅以约束措施和惩罚措施,将员工行为引导到特定的方向上来。对希望出现的行为,公司用奖励进行强化,对不希望出现的行为,则要利用限制和处罚措施进行约束。

同样的管理者也不能够一味对员工只注重约束和惩罚等负面激励而忽视了肯定、赞扬、奖励等正面激励。

有个调侃式短信这样评价"老板"和"经理"："老板就是老是板着脸的人，经理就是经常不讲理的人。"实际上上司的这种做法从长远来看是不可取的。上司要善于运用表扬和批评，把表扬和批评变成一种激励"工具"，监督和促进下属的发展，同时关注对下属的正负两方面激励，这样才对下属的发展有百利而无一害。

（二）钱本错位

从马斯洛需要层次理论可以看出，随着经济的发展，人民生活水平的提高，物质上的追求已经远远不能满足人的高级需要。作为具有现代企业特征的保险公司，其管理的核心就是通过管理人、调动人的积极性来实现各项具体任务目标。要达到企业目标，必须建立健全各种管理制度，而管理制度是否健全则又依赖于制度的建立和推行——是否认清"人"，是否能"激励人"。目前保险业竞争日益激烈，各保险公司为了适应强手如林的竞争对手，必须牢牢树立以人为本的理念。从某种意义上说，保险公司之间管理的差距实质上是在管理用人艺术方面的差距。所以，公司和团队管理者必须走出"以钱为本"的激励误区。要坚持"以人为本"，使员工在工作中保持激情，最大限度地调动员工的积极性和创造性。这是保险公司发展的源泉。

> 空姐和普通的酒店服务员，两者所提供的服务质量有着很大差异。空姐笑容甜美，对待客户亲切、热情、礼貌、大方、耐心、体贴，她们提供的服务让人有如沐春风的感觉；而普通的酒店服务员则难以达到这样的水平，她们的服务只能用合格来形容，远远没有达到用心的程度。为什么呢？因为她们工作的激情不一样。由于空姐与普通酒店服务员目前受社会尊重程度等因素的不同，导致两者对工作的激情相差甚远。空姐以工作为荣，从心底里热爱自己的工作，工作时充满了激情；而普通酒店服务员却很少真正认同自己的工作，她们仅仅把自己定位为服务员，甚至认为自己是迫于生计不得已从事这份工作，在内心排斥工作，就更谈不上具备工作激情了。

（三）激励雷同

有些保险公司和团队在实施激励措施时，并没有对员工的需求进行认真分析，而是简单采取"一刀切"的方式对所有人采用同样的激励手段，结果适得其反，达不到激励的目的。在管理中如何才能使激励变得有效呢？激励首先应以对人的认识为基础。一般来说，凡是能让人工作或调动人工作积极性的因素都可称为激励因素，在公司团队中，通过对不同类型成员进行分析，可找到他们各自不同的激励因素，从而有针对性地进行激励。

保险公司的员工都可分为一般员工、特殊人才及高级管理人员，公司对于不同类型员工的激励做法应有所不同。对于一般员工，公司会按其工作量完成情况给予薪酬，而对于特殊人才和高管人员，除了提供工资外，还有许多福利待遇以及培训机会等。因为简单劳动创造的价值比较低，人才市场供给充足，因而对其采用物质激励是适用的经济的。相反，特殊人才和高管人员来自于内在精神方面对成就的需要更多些，而且他们是公司价值的重要创造者，公司希望将其留住。因此，公司除尽量提供优厚的物质待遇外，还应注重精神激励和工作激励，如晋升、授予重要工作、创造宽松工作环境、提供有挑战性的工作等来满足这些人的需要。

某公司由于业绩不菲，年终老总给每位员工多加了1000元奖金。而大多数员工拿到这笔钱之后却认为这是公司应该发的福利，本来就该属于大家的；优秀员工则认为大家都同等得到奖励突出不了他们的贡献，辛辛苦苦劳动挽回的结果是大家都一样，不能体现"多劳多得，少劳少得"，从而丧失了工作积极性，效率反而下降了。

二、保险团队激励机制构建的要求

（一）客观全面地了解员工需求

总体来说，现阶段我国多数保险公司员工的经济需求主要体现在两个方面：一方面为工资性收入，包括月（年）薪、奖金、股息加红利及其他如各种补贴等；另一方面为各种福利保障，主要是住房、养老和医疗。两者虽然同属员工的经济需求，但是当企业的投入一定时，两者之间便存在着此消彼长的关系。因此，正确地认识和处理好两者之间的关系，是运用好激励机制的一个重要问题。另一个重要问题就是员工的个人发展需求。一名保险公司员工，之所以投入到竞争如此激烈的竞争和充满发展空间的领域，其满足自我发展的愿望是非常强烈的。这种个人发展的需求表现在许多方面，如个人业绩的突破、不同层次的继续教育和培训所获得的业务技能、职务晋升、各种荣誉、对公司贡献度的肯定，等等。对保险公司员工尤其是对大批的年轻员工来说，要求有发展的机会和空间有时可能比经济需求还要强烈，他们渴望接受公司提供的更高层次的继续教育和培训，以不断增长自己的知识和技能，渴望自己的工作业绩能够得到更大范围的认可，渴望职务的晋升以便能够在更高的层次、更广阔的领域内施展自己的才华，这些都是可供激励的因素。

某科研单位对全体员工简单地"一视同仁"，对科研人员和工人采用同样的激励方法：奖金加表扬。科研人员得不到实质性的尊重和地位，积极性受到严重打击。有一位热心钻研的科研人员，经过两年的辛勤劳动，取得一个科研成果，受到了领导的表扬和物质奖励，但是对与该项成果的市场推广，领

导并不放在心上,这位科研人员不久就离开了该单位,因为他需要的不只是奖金和表扬,而是事业的成就感。

(二)以保健因素为基础并同时提供激励因素

赫兹伯格的双因素理论认为,一个单位的政策、工作条件、人际关系、职业安定等因素是保健因素,这一因素处理得不好会引发员工对工作的不满,处理得好则可以预防和消除这种不满,但它不具有激励作用;成就、赏识、认同、艰苦而富有挑战的工作、工作中的成长、责任感等因素是激励因素,这类因素处理得好,会使员工产生满足感,具有极大的激励作用。这一理论比较适合于受到过一定教育的公司员工,这正适合于保险行业从业人员。因此,保险公司管理者应当一方面注意提供保健因素,防止不满情绪的产生。主要内容有:制定公平的政策,不能因人设"制",切忌某一制度的制定就是限制某一些人,或是将一些人排除在某项利益之外;改善和提供良好的工作条件,尽可能地配置有利于工作的现代化设备;解除员工后顾之忧,建立合理的医疗、养老制度和福利保障制度。另一方面,要创造激励因素。保险公司管理者应及时表现出对员工的赏识,安排一些有难度的工作,加大某一岗位的责任,或让某一名员工负担起检查或监督的责任,允许员工参与一些问题的决策,也具有很好的激励作用。

> 某公司喜欢大销售旺季开展销售竞赛,对在销售竞赛中获奖的销售人员给予销售精英称号,并发放奖品。有一位老业务员由于能力强,销售经验丰富,每次销售竞赛都能获奖。但到这两年,该业务员一听竞赛发奖就逃之夭夭,问其原因,则告知:同样的奖状已经有五六张了,同样的奖品——磁化杯也已经有五六个了,全家人手一个还用不完。可想而知,这样的激励措施怎么能起到应有的作用呢?

(三)建立科学规范的管理制度使激励发挥作用

保险公司的激励机制并非是孤立存在的,它必须与公司各项管理制度一起作用才能发挥功能。从实践的角度来说,科学、规范、公正的管理制度和政策是影响和塑造员工行为的重要因素。这一方面是因为制度化的管理体系(特别是晋升制度、绩效管理制度、薪酬制度等)有利于摒弃管理过程中的个人主观偏见,确保管理过程以及结果的公平性,从而满足员工对于公平性的追求;另一方面是因为相对稳定的、导向明确的、系统科学的管理制度能够保证员工在公司中形成准确的预期,从而有利于员工形成稳定的和一致性的行为,提高员工士气。所以,对于我国众多保险公司而言,如何根据目标管理的思想和绩效管理实践的最新发展,结合本公司的实际,建立起全面的与激励机制相配套的管理制度体系是当务之急。

(四)激励的基础是科学规范的价值评价和公平合理的价值分配

要使激励机制充分发挥作用,保险公司还应建立一个科学规范的价值评价体系,使每位员工的投入和贡献都能够得到客观公平的评价。公司的价值评价体系转化为具体可操作的管理工具就是公司的人事考核制度。当前许多保险公司的人事考核制度往往还不够科学、公正和公正,为解决这一问题,提出以下措施。

一是通过工作分析为每位员工建立起具体的、可操作的考核标准。以绩效评价为目的的工作分析不仅是对工作的描述,更为重要的是对战略的分解和传递。通过对战略的分解和传递来实现员工的工作标准与组织的整体目标保持一致,并实现员工的个人业绩标准的可量化和可操作性。

二是要求公司与员工进行积极的双向沟通。公司要建立起管理人员与下属之间相互信任的心理契约,让每一位员工都知道上司会对其工作绩效做出客观公正的评价,消除员工对于考核的心理障碍。

公司还应建立一个公平合理的价值分配体系,使之与价值评价体系有机对接,让员工的高绩效得到合理的组织回报。首先,确保良好的工作绩效应该与个人的认可与赞扬、良好的绩效评价结果、薪金增加及其他积极的结果相联系;其次,确保良好的工作绩效尽可能少地同消极结果相联系;最后,确保不好的工作绩效将更多地与消极或否定的产出相联系。为了提高价值分配的公平性和激励性,使公司的激励机制尽可能地发挥作用,应当建立公平的分配机制。

> 研究表明,一套好的激励机制应当与企业的一系列相关体制相配合,才能发挥作用。其中,评估体系是激励的基础,有了准确的评估才能有针对地进行激励,才能更有效,在激励的过程中,一定要注意公平性原则,让每个员工都感到自己受到了公平对待,才能发挥出整体的作用。同时必须反对平均主义,否则会产生负面效应。大多数企业对激励的对象都集中在经营者身上,而忽视了对一般员工的激励。一个组织内部的效率取决于全体工作者的努力水平。只有使员工感到是在为自己工作,多劳动就能获得比别人多的报酬,那样才能提高员工的工作效率和积极性。

三、构建保险团队激励机制的方向

（一）激励机制要满足不同员工的差异化和个性化需求

保险团队激励机制的构建,首先应能满足团队中不同成员的差异化和个性化需求。根据前面所述,当前我国多数保险公司的员工需求主要体现在经济需求和个人发展需求两个方面。立足于保险团队员工需求,构建激励机制应当包含以下激励措施:第一,建立提高工资性收入与增强福利保障相结合的激励机制。根据对员工经济需求的分析可以看到,就我国保险公司员工而言,其经济需求并非单纯地表现为工资性收入,由良好的公司保障形成的依赖和期望心理所产生的激励作用并不亚于工资性收入所产生的激励作用。这种情况下,作为我国保险公司,

在力所能及地适当提高员工工资性收入、探索高管层年薪制的同时,应下大力气做好员工的各项保障工作。第二,建立公司与员工个人发展相结合的理想激励机制。我国以公有经济为主体的经济制度、传统文化所形成的集体主义精神以及实现公司的长远发展,都需要把员工的个人发展同公司的发展紧密结合在一起。

要满足员工的差异化和个性化需求必须具有充分了解员工需求的渠道。首先,可以通过问卷调查等方式把握员工的总体需求情况,使激励机制能有针对性地照顾到绝大多数员工的需求;其次,可通过调查、访谈等方式促使保险公司各级管理者与员工进行积极有效的沟通,建立员工的个人需求档案,并随着公司的发展进行更新,作为差别化奖励的客观依据;最后,可建立有效的自下而上的多渠道沟通与反馈机制,如意见箱、员工满意度调查等,以此来了解员工的心理状态,并对员工需求做出及时修正。

某公司将不同档次的旅游作为销售人员的激励措施。领导把旅游分开档次:业绩达到300万以上者参加"东南亚一周游",业绩在100万至300万者参加港澳游,业绩在50万至100万者参加北京游。措施一出台,大家都高高兴兴准备去旅游。业务员小王满脸地不高兴,因为他的业绩为299万,就差1万进入第一梯队了。他找到老总要求参加东南亚一周游,结果被老总的"按政策办"堵在墙外。小王由此工作热情降低,抱怨增多,致使后来业绩滑坡。

第二年公司换老总,新老总上台后修改了原来的激励措施:如果业务员完成业绩299万或略低于300万,也可以参加"东南亚一周游",但需拿出一定的差额来补足。另外达到奖励级别后每增加10万业绩奖励1000元,其他依此类推,这才有效地解决了销售人员对原激励措施的不满。

(二)激励机制要满足员工不同职业阶段的不同需求

满足员工的需求是最简单也是最有效的激励方式,但要满足员工的需求并非易事。人的需求不是一成不变的,作为保险团队的管理者,不仅要把握团队成员的静态需求,还必须持续掌握成员变动的需求,才能达到持久有效的激励效果。员工的需求是复杂和多样的,不仅不同的员工有不同需求,即使是同一名员工,在其不同的人生阶段和职业阶段也会有不同的需求,激励机制的构建,应能满足员工不同职业阶段的不同需求。因此,团队主管在激励管理中,不要以相同的激励方式去激励所有员工,在拟订激励计划、构建激励机制之前应先花时间了解员工在不同人生阶段和不同职业阶段的不同需求。了解了员工的这些需求,就为制定有效的激励政策提供了基础。

员工的需求是多方面的,但员工在不同时期、不同的现实情况下,其各种需求的强度有所不同。其中,员工最强烈的需求对其动机和行为起着主导作用。只有当需求具有特定的目标时才能转化为动机。需求产生动机，动机刺激行为，因此如果想调动员工行动的积极性，就要找准员工在不同阶段对其行为起主导作用的需求，结合团队的目标制定相应的激励对策，激发员工强烈的工作动机，使员工积极主动地投入到工作中去，力求通过行动达成目标从而获得需求的满足，这样的激励机制才是有效的。

很多公司的激励机制在某些激励措施方面都是多年不变的，员工在不断成长过程中所受到的奖励年年雷同，结果难以有效调动员工的工作积极性。小张从进入开始就一直是团队的销售冠军，他的职位也由初级经理一直上升到资深经理。三年来，由于销售业绩突出，小张每年受到公司一万元的销售冠军奖励，他的生活水平也逐年上升。到第四年，当他再次夺魁后看到公司给他的奖励又是一万元时，沮丧之下跳槽了。因此这样的奖励对此时的他来说实在难以心动，无法激发工作热情。

（三）不同组织结构下的团队应有不同的激励机制

就本质而言，组织结构反映的是组织成员之间的分工协作关系。有效的组织结构应能合理地把组织成员组织起来，即把一个个组织成员为组织贡献的力量有效地形成组织的全力，让他们有可能为实现组织目标而协同努力。

当前我国保险行业正处于快速发展时期，各保险公司的组织结构也在随着公司发展的需要而不断更新改变。随着公司组织结构形式的演变，公司的激励机制也应经历一个相应的调整变化的过程。在公司中，不同人员对于公司的作用和贡献是不同的，不同激励方式所起的激励效果也不尽相同；不同的组织结构中，员工起到的作用不同，相同的员工在不同工作岗位发挥的作用亦不相同，因此对于不同人员的激励方式，需要多样化。公司应根据自己的组织结构对员工进行合理化的资源配置，使处在不同组织结构中的员工在各自岗位上发挥其最大的工作潜能，并与其他员工互相协调，构建最优秀团队。因此，公司要根据组织结构特点来设计不同的激励机制，以引导员工的需求与组织需求达成一致。目前，根据不同的组织结构来设计激励机制已经形成一种广泛的共识。同样，公司的组织结构也是根据公司的管理机制、企业文化等其他因素而完善起来的，这也需要公司管理者根据这些因素的变化来设计不同的员工激励机制。

（四）激励机制要动态发展不断完善

科学的激励机制不是一成不变的，它必须随着诸多因素动态地发展、不断完善。对于保险公司来说，各种动态的因素中对激励机制影响最大的应当是企业环境和企业文化。因此，保险公司的激励机制应与公司环境与企业文化相适应。

公司的经营环境是在不断变化的，公司及其周围的环境（包括内部环境与外部环境）构成了一个系统，当系统中的任一要素发展变化时，都会对其他的要素产

生或大或小的影响。公司中的每一位员工都有个人目标,而组织本身也有它的发展目标,只有目标一致的情况下,团队的合作和士气才能达到最佳状态。当公司的经营环境发展改变的时候,员工的需求及目标也会发生相应的改变,这会对公司目标产生影响,公司应当及时注意到这些方面的问题,根据环境的变化来调整激励机制,有效地运用这些激励机制使员工的需求与组织需求达到一致,使公司与员工实现双赢。

  白酒行业中的 A 公司是一家老牌公司,公司的激励政策是花"巨资"请"专家"制定的,曾在 A 公司的成长期起到十分重要的作用,于是 A 公司将其保留下来。近两年来,由于白酒市场竞争激烈,终端费用越来越高,而 A 公司仍保留其原高责任、高回报的激励政策,造成销售人员压力过大,收入逐年降低,激励失去了效力,整个销售队伍怨声载道,无心"作战"。市场发生了变化,对销售人员的激励就应随之变化,否则对销售工作有百害而无一利。

公司的企业文化也是在随着公司的进步而不断发展的,动态的企业文化对激励机制也会产生影响。企业文化的内涵在不断地扩大,当新的文化内涵重新定义后,要根据新的文化内涵对企业的激励机制进行相应调整,这样才能确保公司的人力资源政策、系统、关键指标等能有效地支持和强化新的企业核心价值观和公司原则,即新的企业文化。公司在消化、吸收、融合新的精华过程中,对员工激励政策也应做出相应调整,这样还可以反过来促进新的文化的形成。新的企业文化产生之后,公司的激励机制也随之发生改变,由于激励机制对公司员工的行为具有引导性,从而使员工的工作行为也发生相应改变,使公司团队仍然处于高效率运行的状态之下。

本章小结

本章主要阐述激励的基本理论、保险团队激励的原则和激励方法。激励是组织通过设计适当的外部奖酬形式和工作环境,并辅以正确的内部刺激,以一定的行为规范和惩罚性措施,借助信息沟通,来激发、引导、保持和归化组织成员的行为,以有效地实现组织目标及其成员个人目标的系统活动。常用的激励理论包括需要层次理论、双因素理论、公平理论和人本管理理论。保险公司激励原则包括目标激励原则、按需激励原则、物质激励与精神激励相结合原则、及时合理原则、明确性和指导性原则。保险公司中常用的激励方式有"基本法"激励、社会心理激励和工作过程激励等,实践中各种激励方式应结合起来共同发挥激励作用。在保证激励持续地起作用,应在公司中构建起科学有效的激励机制。激励机制的构建应该避开激励误区,以员工需求为基础,考虑员工的差异化和个性化需求,并随着诸多因素的改变而动态发展。

1. 联系实际谈谈保险团队中的激励有何作用。
2. 保险公司的"基本法"激励有何优缺点?应如何改进?
3. 保险团队主管应如何激励团队成员更好地开展工作?
4. 联系实际谈谈保险团队应如何构建科学有效的激励机制。

RS 保险公司的激励方式

RS 保险公司对于保险营销员的激励方式主要有以下四种:一是给付佣金。佣金是保险营销员取得劳动报酬的最主要方式,也是保险公司激励营销员的最主要手段。只要营销员能够销售出保险产品,保险公司就根据约定给予营销员一定比例的佣金。佣金只跟保费收入有关系,具有"多劳多得"的典型特征,这种开放式的激励办法是促使营销员尽量多做保费的最根本动力。二是职位晋升。对人的激励分不同的方式与层次,佣金作为物质激励满足的是营销员的生存需要,而职务晋升则是激励营销员发展需求的有效手段,通过提升营销员的职务,能加大其津贴、补贴等非佣金收入的数额。三是技能培训。保险公司核心竞争力的形成和提高都集中反映在人员的素质上,而人员素质的提升离不开教育培训的支撑。保险公司通过加强培训,可以有效提升营销员的销售技能,提高销售本领,一方面可以让营销员强化个人素质,获得职业上的进步,另一方面,通过培训,也能够带动公司业务的发展。四是增员奖励。保险公司,尤其是寿险公司的营销,增加营销员队伍数量是一个非常重要的方面,也是能迅速"见效"的最直接方式。保险公司对于营销员增员方面,也给予了相对优厚的回报,这也成为营销员激发工作热情,宣传行业正面形象的重要渠道。

问题

1. 请找出 RS 保险公司激励方式的理论依据。
2. RS 保险公司的激励方式是否全面?还可以尝试哪些更有效的激励方式?

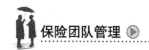
实训项目

某保险公司营销员职务晋升途径为：营销员→分部经理→部门经理→高级部门经理。

营销员任职满2年以上，且达到下列条件，可提任为分部经理：第一，连续2年内个人累计首年佣金列所在营销小组第一位，且不低于40000元；第二，连续2年内累计增员达到10人以上，且年均脱落率不高于70%；第三，有相应营销分部经理职位空缺。

营销分部经理任职满3年以上，且达到下列条件，可提任部门经理：第一，连续3年内个人累计首年佣金列分部经理第一位，且不低于80000元；第二，连续3年内累计增员达到20人以上，且年均脱落率不高于65%；第三，有相应营销部门经理职位空缺。

由于高级部门经理所处地位较高，且管理的团队数量较大（一般可达上百人至数百人），因此公司对于高级部门经理的管理一般纳入正式内勤进行管理（备注：部分部门经理也纳入正式员工管理，但相对较少），其职务升降一方面考虑到保费收入、客户续保比率、团队增员数量及脱落率等具体指标，另一方面也跟公司高层存在密切联系，除了在部门经理当中提拔以外，也有从公司其他部门转任、交流的情况。

实训要求：请你对该公司营销员职务晋升途径进行评价，若有必要，请作改进。

第七章

保险团队沟通与冲突处理

> **教学目标**

通过学习本章,掌握团队特别是保险团队沟通的概念与步骤,了解团队沟通的障碍,学会与保险团队中不同层次和不同职级的人员沟通,懂得如何提升沟通效果,并掌握处理团队冲突的基本原理和方法。

> **教学要求**

要求掌握保险团队沟通的有关原理,能够与保险团队中各层次人员进行良好沟通,能清楚认知自己在沟通实践中的薄弱之处,并能用冲突处理的有关理论处理实践问题。

> **案例导入**

有一家公司生产的产品要全部装在锦盒中出售,这家公司在开会的时候,总经理主持会议,下面高级主管和各部门进行沟通,其中销售部门发牢骚,认为锦盒框的制作存在很多问题,对整个公司产品的形象造成了不良影响。这时,定做盒框的部门和镏金的部门就表示出了不满:"有什么问题你为什么不私底下说,怎么能在总经理面前说我们的工作失误呢?而且还将所有责任都推到我们身上。"这两个部门就想办法据理力争,大家互不相让,沟通升级成了争吵,导致了部门之间的冲突……

成功团队的产出不但包括高绩效目标,而且还有团队成员的满意度。团队工作实际上代表了一套价值观:不断帮助每个成员持续改进绩效、成员相互依赖地工作并能联合为绩效目标负责、团队的有效性取决于成员如何一道工作,团队成员具有与别人一道工作的归属感。沟通贯穿保险团队建设的全过程。组建保险团队时必须挑选成员,然后整合多样性理念、管理冲突,达成目标的一致以及员工的互相认同,最终形成保险团队特有的一套价值观,这些无一不需要进行沟通和冲突的管理。

第一节 团队沟通概述

当今企业的生存与发展更需要团队协作精神和有效的沟通。美国著名未来学家约翰·赖斯比特说:"未来竞争将是管理的竞争,竞争的焦点在于每个社会组织内部成员之间及其与外部组织的有效管理沟通之上。"这表明有效的沟通管理已被视为企业持续发展、变革和再生的关键因素之一。

一、沟通与团队沟通

沟通(communication)的本质是一种信息的交流。无论是何种形式的信息交流,都服从信息传播的一般规律,沟通最基本的要素是:信息发出者、信息、讯道、信息接受者。信息发出者是信息沟通的主体,是有目的的信息传播者,信息发出者通过编码传递信息。信息是沟通的内容,表达沟通主体的观念、需要、意愿、消息等。讯道,即信息传递的路途,信息必须载于通道才能存在,声、光、电、动物、人、报纸、书籍、电影、电视等信息传递的媒介。信息接受者接到信息后,经译码才能达到目的。所谓译码是依据过去的经验对信息的解释。

在管理的全过程中,沟通是不可或缺的,计划、组织、决策、领导、监督、协调等管理职能,都必须以有效的沟通作为前提。团队沟通是随着团队这一组织结构的诞生而应运而生。从19世纪50年代开始,许多管理学者就开始研究团队沟通。对团队的研究最早可追溯到威廉·大内。在《Z理论》一书中,作者对"日本式"团队运作模式做了大量研究,并提出许多精辟的观点。大内强调了团队精神对于日本企业成功的贡献,尤其是人际沟通技能。其后,阿尔钦和德姆塞茨提出了团队生产理论。他们认为现代化的生产是各种生产要素投入的合作,任何成员的行为都将影响组织整体的生产效率,团队成员间有效的沟通对于提高企业的生产效率尤为重要,有助于防止团队成员消极怠工、缺勤和离职行为的产生。

信息时代,组织方式和组织活动不断改变,团队工作方式被越来越多的组织所接受,各类组织活动将更多地依赖说服教育,而非强制命令。团队沟通基于团队成员之间共享信息、交流情感、协调行动、解决问题,有助于提升团队绩效、实现组织目标。

二、团队有效沟通的障碍

从目前看,团队管理过程中人与人之间的沟通,无论是管理者与成员之间的有效沟通,还是成员相互之间的有效沟通,都存在着许多障碍,这其中有着多方面的原因。

(一)认知障碍

人的认知因素直接影响沟通的效果。在沟通过程中,需要对信息进行"译码"。这时发送者对于接收者或"听众"敏感性,对沟通效果有显著影响。人们的背景、经历、价值取向等也会影响对于信息的解读。

首先,语言的表达和理解的障碍。语言是人们交流思想最重要的工具。但语言不是思想,而是表达思想的符号系统。人的语言修养不同,同一思想有的人能表达清楚,有的人则表达不清楚。如果一个领导者不能清楚地传达上级决策的内容和要求,下属听了以后模糊不清,自然会影响沟通效率。另一方面,听众不能正确地理解上级的意图和精神,也会造成沟通上的障碍。误解和曲解上级领导者的意图常是造成这种沟通障碍的原因。误解可能是信息发出者表达不清,也可能是信息接受者听错了、理解错了。曲解可能是随着时间的流逝,记忆模糊不清了,或者有意无意地断章取义,使原来的意义变形。

其次,人们的判断和思维能力对于沟通信息的编码与解码具有很大的影响,由于同样词语对于不同人员可能具有不同的"语义",因而对"同样的语言"容易给予不同的信息加工或在编码与解码之间不兼容,从而造成沟通偏差。

再次,知识经验水平的限制。当发送者与接受者在知识经验水平上相距太大时,有些在发送者看来很简单的内容,接受者却由于知识经验、水平太低而理解不了。因为双方没有"共同的经验区",接受者不能理解发送者的信息含义,所以无法沟通信息。此外,各人的参照框架会有较大的差异,处于第一线的员工、主管等具有不同于中高层经理的参照框架,因而产生内隐性的沟通歪曲和偏差。

最后,知觉的选择性障碍。人们在沟通中倾向于表现出某种"选择性倾听",以至于阻碍新的似乎有所冲突性的信息加工,并且在上行沟通中起到"过滤"的作用,例如,下属对上级保留不利信息。各级员工不同的选择性注意和知觉水平会在很大程度上制约沟通者对于信息的选择、筛选、搜寻、加工和反馈,也会由于经验不同,对于相同沟通信息作出不同的解释。过滤是组织沟通中常见的由于传递不良、信息弱化等带来的问题。知觉的选择性既受客观因素的影响,也受主观因素的影响。客观因素是组成信息的各部分的强度不同,对受讯人的价值大小不同,使有些部分比较容易引人注意,为人们所接受,另外部分则为人们所摒弃。主观因素是个性特征、兴趣、需要、动机、态度、价值观及个人的身份意识等,它们使人们在不知不觉、有意无意之中产生知觉的选择性。

(二)偏见障碍

在任何沟通情景中,人们的兴趣、喜好、价值观取向会对信息的价值判断产生影响,在这个过程中有可能产生一定偏见,这一倾向主要受各人经历和信息评价

的影响。一个小孩子第一次吃橙子,不料他吃到的是一个又酸又涩的橙子,从此他就觉得橙子不好吃,任凭别人告诉他橙子有多么的香甜,他就是不肯再吃橙子了,这就是偏见。一个人对某种观念、事物、个人、团体、组织等有成见,同样会形成沟通障碍。对人的偏见通常被称为刻板印象,即指根据一个人属于哪一类社会团体或阶层,然后根据这一团体或阶层的人的典型行为(思维)方式来判断这个人的行为或思想。

在团队管理中,偏见(刻板效应)经常发生在上下级之间,例如:下属对于来自经理的信息会受到他们对经理的评价,特别是他们与经理的相处经历的影响,从而产生一定的偏见。下属往往会觉得领导不通情达理,只注重成绩,不为职工着想。而上级则往往觉得职工只顾个人利益,不与组织同心同德,只讲报酬不讲工作。显然用这种刻板的态度、观念进行沟通,双方是很难达成一致的。

(三)层级障碍

阻碍团队成员间信息和情感沟通的因素很多,但最主要的还是组织成员间因地位不同而造成的心理隔阂,这种情况被管理学者称之为"位差效应"。管理实践证明,位差效应所造成的不利是显而易见的。

由于组织中管理层级设置的现实存在,客观上存在着地位和职位的高低分别,由此形成了思考问题的角度和利益的差别,二者的观点也就可能由此造成一些差异。组织成员在接受管理者从上向下传递的信息时不仅会考虑其表面的含义,而且会基于管理者的喜好而考虑其内含的深层含义,要使组织成员完全摆脱管理者喜好和个性而中立地思考问题,在现实条件下是很难做到的。由此有可能使组织成员避重就轻,忽视问题的真正所在。

上级为了维护自己的尊严,只愿意与同级和上级领导来往,这样,领导的信息来源就局限于很狭隘的范围内,得不到丰富和充实。行政下级一般也没有主动向上级汇报情况的意愿,而满足于自己的日常本职工作,以免带来不必要的是非纠纷,造成层级障碍。

(四)渠道障碍

沟通的方式有很多种,应视具体情况和实际需要来加以选择。但是许多单位和部门习惯于一种方式——开会。这一方面堵塞了一些本来可以更有效率的沟通渠道,另一方面又使得一些地方的会议过多,究其原因,一是从思想认识上,人们把召开会议次数的多少、时间的长短及规模的大小看成工作是否认真、贯彻上级精神是否得力的一个重要标准。二是由于组织机构的重盛,使得会出多门,重复传达。三是由于官僚主义的工作作风,不但一切靠开会,而且在会上互相扯皮、推诿,对问题议而不决,常使得一些会议越开越长、越开越大。

实际上,组织中沟通渠道除了开会,还存在着多种方式。例如比较重要的沟通最好采用比较正式、清晰、准确的书面文件进行沟通,这样信息就不会在沟通过程中由于其他的原因而流失或歪曲。另外沟通渠道的选择上不能存在相互冲突。表情愤怒地传达一件大家都觉得不关紧要的事情,就可能会使大家觉得迷惑。再次,沟通中必须考虑双方的等级和职业特点。由于双方的地位和部门以及背景的不同,可能会存在某些职业性的"行话"和专业性术语而构成沟通中的障碍。

三、团队沟通障碍的克服

(一)针对无意识认知偏差的对策

管理研究发现,成功的销售人员都有一个特点,即能够按照顾客所习惯的交流方式选择不同的沟通策略。团队管理也一样,要想沟通有效,首先,必须了解对方的信息接收方式,对症下药选择合适的交流手段,才能使要交流的意图得到比较完整、准确的接受和理解。其次,团队要有不断学习的精神,使自己领导、工作的组织成为学习型组织。最后,还要树立强烈的信息意识、沟通意识。只有做好沟通协调、信息传递工作,才能使团队成员的思想、情感得到交流,对团队目标理解得更准确、深刻,从而产生内聚力,共同完成团队管理的任务。

(二)解决偏见障碍的方法

解决偏见的方法就是找出它存在的理由。如果了解了偏见发生的原因,就很容易说服对方。就上下级的偏见而言,可以根据马斯洛的需要层次理论来找出它存在的原因。马斯洛认为,人类有五种基本的需求即生理需求、安全需求、社会需求、尊重需求和自我实现需求,依次由较低层次到较高层次。它是一个按层次组织起来的系统,只有低级需求基本满足后才会出现高一级的需求。

在一个组织里,低层人员的需求相对低下,主要是生理和安全的需求,也就是关心自身的福利、收入以及工作环境的稳定等与生活息息相关的事情;而作为领导、上级的人员,其需求就比较高,主要是归属、尊重和自我实现的需求,即员工是否尊重管理者,自己的决策是否得到认同,是否能够实现组织宏伟的目标,最终是否能最大限度地体现自我价值。显然领导和下属的需求层次不同,因此,他们考虑事情所站的角度自然也不一致。如果双方都以自己的思维方式去理解对方的话,要形成一致的沟通是很难的。

(三)避免"位差效应"的措施

首先,管理者在沟通和交流过程中,应尽最大努力获取第一手材料,少用或不用经过各职位层次传递过来的信息。日本管理学家在实践中证实:信息每经过一个层次,其失真率约为百分之十至百分之十五;上级向他的直接下属所传递的信息平均只有百分之二十至百分之二十五被正确理解,而下属向他们的直接上级所反映的信息被正确理解的则不超过百分之十。

其次,作为较高层次的管理者,应努力坚持走群众路线,注意实际和调查研究,既主张和允许下属报喜,更提倡和鼓励下属报忧;加强自己民主意识的修炼,平易近人、不耻下问,适时地表露一下自己的弱点,不仅不会有失体面,反而会拉近和下属的心理距离。作为下属,则更应该实事求是,不辞辛苦,为上级提供真实有效的信息。

Motorola公司于1992年在天津经济开发区破土兴建它的第一家寻呼机、电池、基站等5个生产厂,成为公司在其本土之外最大的生产基地,投资额比原来最初的投资增加了9倍,工人数从不到100人增加到了8000多人。年产值达28亿美元,这是一个在华投资成功的企业。

在Motorola公司,每一个Motorola的高级管理层都被要求与普通操作工形成介乎于同志和兄妹之间的关系——在人格上千方百计地保持平等。"对人保持不变的尊重"是公司的个性。最能表现Motorola"对人保持不变尊重"的个性的是它的"Open Door"。公司所有管理者办公室的门都是绝对敞开的,任何职工在任何时候都可以直接推门进来,与任何级别的上司平等交流。每个季度第一个月的1日至21日中层干部都要同自己的手下和自己的主管进行一次关于职业发展的对话,回答"你在过去三个月里受到尊重了吗"之类的6个问题。这种对话是一对一和随时随地的。这种领导与员工之间平等的直接沟通方式极大地提高了公司沟通的有效性。

(四)克服沟通渠道障碍的措施

积极疏通和拓宽沟通渠道,避免沟通渠道单一,是克服团队沟通中出现沟通渠道障碍的主要措施之一。

改变单纯依赖开会的形式提供反馈信息的状况,要有效运用非正式沟通的形式。非正式沟通在促进领导与下属思想交流、感情沟通、增进团结等方面具有独特的作用。领导者与下属做面对面的交流,掌握的信息会更加真实可靠。选择正确的沟通媒介是克服团队沟通中出现沟通渠道障碍的另一有效措施。

根据信息的特点,分别选择与之相适应的网络、口头、书面和非语言的沟通媒介形式,使其达到最佳的沟通效果。

Motorola的管理者们为每一个下层的被管理者们预备出了11条关于"Open Door"式表达意见和发泄抑怨的途径,这相当于开辟了多条信息沟通的渠道:

I Recommend(我建议):书面形式提出对公司各方面的意见和建议"全面参与公司管理"。

Speak out(畅所欲言):这是一种保密的双向沟通渠道,如果员工要对真实的问题进行评论或投诉,应诉人必须在3天之内对隐去姓名的投诉信给予答复,整理完毕后由第三者按投诉人要求的方式反馈给本人,全过程必须在9天内完成。

G M Dialogue(总经理座谈会)：每周四召开的座谈会,大部分问题可以当场答复,7日内对有关问题的处理结果予以反馈。

Newspaper and Magazines(报纸与杂志)：Motorola给自己内部报纸起的名字叫《大家庭》,内部有线电视台叫《大家庭》电视台。

DBS(每日简报)：方便快捷地了解公司和部门的重要事件和通知。

Town hall Meeting(员工大会)：由经理直接传达公司的重要信息,有问必答。

Education Day(教育日)：每年重温公司文化、历史、理念和有关规定。

Notice Board(墙报)：利用增报可以简单便捷地进行沟通。

Hot Line(热线电话)：当你遇到任何问题时都可以向这个电话反映,昼夜均有人值守。

ESC(职工委员会)：职工委员会是员工与管理层直接沟通的另一个桥梁,委员会主席由员工关系部经理兼任。

589 Mail Box(589信箱)：当员工的意见尝试以上渠道后仍无法得到充分、及时和公正解决时,可以直接写信给天津市589信箱,此信箱钥匙由中国区人力资源总经理掌握。

四、团队沟通的步骤

沟通的步骤,就是沟通过程中每一步的任务和应该注意的问题,要达到有效地沟通,必须消除沟通的障碍,协调好沟通的步骤,才能取得好的沟通效果。

(一)事前准备

发送信息的时候要准备好发送的方法、发送的内容和发送地点。在工作中,为了提高沟通的效率,要事前准备这样一些内容：设定沟通的目标,制订沟通的具体计划,预测可能会遇到的异议和争执,对情况进行SWOT分析,明确双方的优劣势。

(二)确认需求

确认需求有三个步骤：第一步是提问；第二步是积极聆听,要设身处地的听,用心和脑去听,为的是理解对方的意思；第三步是及时确认,如果没有听清楚、没有理解对方的话,要及时提出,一定要完全理解对方所要表达的意思,做到有效沟通。

沟通中,提问和聆听是常用的沟通技巧。在沟通过程中,首先要确认对方的需求是什么。如果不明白这一点就无法最终达成一个共同的协议。要了解别人的需求、了解别人的目标,就必须通过提问来达到。沟通过程中有三种行为：说、听、问。提问是非常重要的一种沟通行为,因为提问有助于了解更多更准确的信息,所以提问在沟通中会常用到。在开始的时候提问,在结束的时候也会提问：你

还有什么不明白的地方？同时提问还有助于控制沟通的方向、控制谈话的方向。

（三）阐述观点

阐述观点就是把自己的观点更好地表达给对方，对方是否能够明白和接受是非常重要的。

（四）处理异议

在沟通中，有可能会遇到对方的异议，如对方不同意自己的观点。在工作中想说服别人是非常难，同样自己被别人说服也是非常困难。因为成年人不容易被别人说服，只有可能被自己说服。在沟通中一旦遇到异议，就容易产生沟通的破裂。

当在沟通中遇到异议时，可以采用的一种类似于借力打力的方法，叫做"柔道法"。即不是强行说服对方，而是用对方的观点来说服对方。在沟通中遇到异议之后，首先了解对方的某些观点，然后当对方说出了一个对自己有利的观点的时候，再用这个观点去说服对方。即在沟通中遇到了异议要用"柔道法"让对方自己来说服自己。

处理异议时，态度要表现出具有"同理心"。解决人际关系问题中最具威力的三个字是"我理解"。在沟通过程中，塑造一个让对方可以畅所欲言、表达意见的环境，展现支持、理解、肯定的态度，尊重对方的情绪及意见，使其觉得交谈是件轻松愉快、获益良多的事。

（五）达成协议

沟通的结果就是最后达成了一个协议。务必要注意：是否完成了沟通，取决于最后是否达成了协议。

（六）共同实施

在达成协议之后，要共同实施。达成协议是沟通的结果之一。但是在工作中，任何沟通的结果意味着一项工作的开始，要共同按照协议去实施，如果双方达成了协议，可是没有按照协议去实施，那么对方会觉得你不守信用，就是失去了对你的信任。所以一定要注意，信任是沟通的基础，如果失去了对方的信任，那么下一次沟通就变得非常困难。一个职业人士在沟通的过程中，对所有达成的协议一定要努力按照协议去实施。

第二节　保险团队沟通技巧

一、与上司沟通的技巧

在保险团队中，下属如何有效与上级沟通，进而有效影响上级、有效"管理"上级？以下几个方面应加以注意：

(一) 向上司请示汇报的程序

1. 仔细聆听上司的命令

在保险团队中,一项工作在确定了大致的方向和目标之后,上司通常会指定专人来负责该项工作。如果上司明确指示你去完成某项工作,那你一定要用最简洁有效的方式明白上司的意图和工作的重点。此时你不妨利用传统的 5 "W" 2 "H" 的方法来快速纪录工作要点,即弄清楚该命令的时间(When)、地点(Where)、执行者(Who)、为了什么目的(Why)、需要做什么工作(What)、怎么样去做(How)、需要多少工作量(How many)。在上司下达完命令之后,立即将自己的记录进行整理,再次简明扼要地向上司复述一遍,看是否还有遗漏或者自己没有领会清楚的地方,并请上司加以确认。

如果上司要求你完成一项关于 ABC 公司的团体保险计划,你应该根据自己的记录向上司复述并获取上司的确认。你可以说:"总经理,我对这项工作的认识是这样的,为了增强我们公司在团体寿险市场的竞争力(Why),您希望我们团险部门(Who)不遗余力(How)于本周五之前(When)在 ABC 公司总部(Where)和他们签订关于员工福利保险的合同(What),请您确认一下是否还有遗漏。"如果上司对你关于目标的理解点头认可了,那么你们可以进入下一个环节。

2. 与上司探讨目标的可行性

上司在下达了命令之后,往往会关注下属对该问题的解决方案,他希望下属能够对该问题有一个大致的思路,以便在宏观上把握工作的进展。所以,作为下属,在接受命令之后,应该积极开动脑筋,对即将负责的工作有一个初步的认识,告诉上司自己的初步解决方案,尤其是对于可能在工作中出现的困难要有充分的认识,对于在自己能力范围之外的困难,应提请上司协调别的部门加以解决。比如上例中关于争取 ABC 公司的员工福利保险合同这个目标,下属应该快速的反映行动的步骤和其中的困难。

小张是 A 食品公司新上任的北区经理,小张在 FMCG(快速消费品)行业摸爬滚打有五六年的历史,也算得上是"江湖高人",可接管的区域情况却十分复杂,经销客户不配合,团队军心早已涣散,小张竭尽全力推行"新政"稍有起色,但分管营销总监耐不住了嫌其仍是雷声大雨点小,双方也因此在沟通上产生了不小的冲突与误会,小张因此陷入深深苦恼。

3. 拟订详细的工作计划

在明确工作目标并和上司就该工作的可行性进行讨论之后,下属应该尽快拟订一份工作计划,再次交与上司审批。在该工作计划中,下属应该详细阐述自己的行动方案与步骤,尤其是对工作时间进度要给出明确的时间表,以便于上司进行监控。因为在保险团队中,善于安排工作时间是团队管理和员工自我管理的一项常规工作。

4. 在工作进行之中随时向上司汇报

当自己已经按照计划开展工作的时候,就应该留意工作的进度是否和计划书一致,无论是提前还是延迟了工期,都应该及时向上司汇报,让上司知道自己现在在干什么,取得了什么成效,并及时听取上司的意见和建议。

5. 在工作完成后及时总结汇报

经过自己和团队成员的共同努力,团队终于完成了一项工作(例如上例中,获得了ABC公司的团险保单),当大家都在兴高采烈地欢庆成功之时,团队主管仍不应该有松懈的理由,应该及时将此次工作进行总结汇报,总结成功的经验和其中的不足之处,以便于在下一次的工作中改进提高。同时不要忘记在总结报告中提及上司的正确指导和下属的辛勤工作。至此,一项工作的请示与汇报才算基本结束。

(二)与各种性格的上司打交道技巧

保险公司的领导者在性格方面几乎是五花八门的,由于个人的素质和经历不同,不同的上司就会有不同的上司风格。仔细揣摩每一位上司的不同性格,在与他们交往的过程中运用不同的沟通技巧区别对待,会获得更好的沟通效果。

1. 控制型的上司特征和与其沟通技巧

控制型的上司的性格特征主要表现在以下几个方面:强硬的态度;充满竞争心态;要求下属立即服从;实际,果决,旨在求胜;对琐事不感兴趣。对这类人而言,与他们相处,重在简明扼要,干脆利索,不拖泥带水,不拐弯抹角。面对这一类人时,无关紧要的话少说,直截了当,开门见山地谈即可。

此外,他们很重视自己的权威性,不喜欢下属违抗自己的命令。所以应该更加尊重他们的权威,认真对待他们的命令,在称赞他们时,也应该称赞他们的成就,而不是他们的个性或人品。

2. 互动型的上司特征和与其沟通技巧

互动型的上司性格特征主要表现在:善于交际,喜欢与他人互动交流;喜欢享受他人对他们的赞美;凡事喜欢参与。

面对这一类型上司,切记要公开赞美,而且赞美的话语一定要出自真心诚意,言之有物,否则虚情假意的赞美会被他们认为是阿谀奉承,从而影响他们对你个人能力的整体看法。

要亲近这一类人,应该和蔼友善,也不要忘记留意自己的肢体语言,因为他们对一举一动都会十分敏感。另外,他们还喜欢与下属当面沟通,喜欢下属能与自己开诚布公地谈问题,即使有对他的意见,也希望能够摆在桌面上交谈,而厌恶在私下里发泄不满情绪的下属。

3. 实事求是型的上司和与其沟通技巧

实事求是型的上司的性格特征主要表现在:讲究逻辑而不喜欢感情用事;为人处世自有一套标准;喜欢弄清楚事情的来龙去脉;理性思考而缺乏想象力;是方法论的最佳实践者。

与这一类上司沟通时,可以省掉话家常的时间,直接谈他们感兴趣而且实质性的东西。他们同样喜欢直截了当的方式,对他们提出的问题也最好直接作答。同时,在进行工作汇报时,多就一些关键性的细节加以说明。

(三)说服上司的技巧

对于上司的指示,要认真执行。那么,怎样说服上司,让上司理解自己的主张、同意自己的看法呢?请看以下要点。

1. 选择恰当的提议时机

刚上班时,上司会因事情多而繁忙,到快下班时,上司又会疲倦心烦,显然,这都不是提议的好时机。总之,记住一点,当上司心情不太好时,无论多么好的建议,都难以细心静听。

那么,什么时候会比较好呢?通常推荐在上午十点左右,此时上司可能刚刚处理完清晨的业务,有一种如释重负的感觉,同时正在进行当日的工作安排,此时下属以委婉方式提出自己的意见,会比较容易引起上司的思考和重视。还有一个较好的时间段是在午休结束后的半个小时里,此时上司经过短暂的休息,可能会有更好的体力和精力,比较容易听取别人的建议。总之,要选择上司时间充分、心情舒畅的时候提出改进方案。

2. 资讯及数据都极具说服力

对改进工作的建议,如果只凭嘴讲,是没有太大说服力的。但如果事先收集整理好有关数据和资料,做成书面材料,借助视觉力量,就会加强说服力。

3. 设想上司质疑,事先准备答案

上司对于下属的方案提出疑问,如果下属事先毫无准备,吞吞吐吐,前言不搭后语,自相矛盾,当然不能说服上司。因此,下属应事先设想上司会提什么问题,自己该如何回答。

4. 说话简明扼要,重点突出

在与上司交谈时,一定要简单明了。对于上司最关心的问题要重点突出、言简意赅。如对于设立新厂的方案,上司最关心的还是投资的回收问题。他希望了解投资的数额,投资回收期,项目的盈利点,盈利的持续性等等问题。因此下属在说服上司时,就要重点突出,简明扼要地回答上司最关心的问题,而不要东拉西扯,分散上司的注意力。

5. 面带微笑，充满自信

在与人交谈的时候，一个人的口头语言和肢体语言所传达的信息各占50%。一个人若是对自己的计划和建议充满信心，那么他无论面对的是谁，都会表情自然；反之，如果他对自己的提议缺乏必要的信心，也会在言谈举止上有所流露。一旦上司察觉到了下属的不自信，想再说服上司就很困难了。

试想一下，如果你的下属表情紧张、局促不安地对你说："经理，我们对这个项目有信心。"你会不会相信他？

你肯定会说，我从他的肢体语言上读到了"不自信"这三个字，不太敢相信他的建议是可信任的。同样道理，在你面对自己的上司时，要学会用你自信的微笑去感染上司、征服上司。

6. 尊敬上司，勿伤上司自尊

最后要注意一点，上司毕竟是上司，因此，无论下属的可行性分析和项目计划有多么完美无缺，也不能强迫上司接受。毕竟，上司统管全局，他需要考虑和协调的事情下属并不完全明白，所以应该在阐述完自己的意见之后礼貌的告辞，给上司一段思考和决策的时间。即使上司不愿采纳自己的意见，下属也应该感谢上司倾听自己的意见和建议，同时让上司感觉到自己工作的积极性和主动性即可。

小杨刚刚加入公司，进入到公司刚刚组建的战略规划部，他的临时上级是由公司技术研发部的王经理兼任的，王经理主要负责公司研发工作，并没有特别强的管理理念，但是小杨认为越是这样就越有自己发挥能力的空间，因此在到公司的第五天小杨拿着自己的建议书走向了王经理的办公室。

"王经理，我到公司已经快一星期了，有些想法想和您谈谈，您有时间吗？"

"来来来，小杨，早就应该和你谈谈了，最近一直扎在实验室里就把这件事忘了。"

"王经理，我来公司已经快一个星期了，据我目前对公司的了解，我认为公司主要的问题在于职责界定不清；雇员的自主权力太小致使员工觉得公司对他们缺乏信任；……"小杨按照自己事先所列的提纲开始逐条向王经理叙述。

王经理微微皱了一下眉头说："你说的这些问题确实存在，但是公司在赢利就说明，我们公司目前实行的体制有它的合理性。"没等小杨说话，王经理接着问道，"那你有具体方案吗？"

"目前还没有，这些还只是我的一点想法，希望得到您的支持，再向下进展。"

"那你先回去做方案，把你的材料放这儿，我先看看。"说完，王经理的注意力又回到了研究报告上。

小杨此时真切地感受到了不被认可的失落,他似乎已经预测到了自己第一次提建议的结局。果然,小杨的建议书石沉大海。小杨陷入了困惑之中,他不知道自己是应该继续和上级沟通还是干脆放弃这份工作,另找一个发展空间。

二、与下属沟通的技巧

作为一名保险团队主管,除了要为团队的经营策略、业务数量、客户关系等问题殚精竭虑,还需要关注的就是怎样处理好与所属团队成员的关系。

能否建立一个关系融洽、积极进取的团队,很大程度上取决于主管是否善于与属员进行沟通,是否善于运用沟通技巧。

(一)下达命令的技巧

命令是主管对下属特定行动的要求或禁止。命令的目的是要让下属按照主管的意图完成特定的行为或工作;它也是一种沟通,只是命令带有组织阶层上的职权关系;它隐含着强制性,容易让下属有产生压抑的感觉。若保险团队主管经常使用直接命令的方式要求员工,也许团队看起来很有效率,但是工作质量一定无法提升。因为直接命令剥夺了下属自我支配的原则,压抑了下属的创造性思考和积极负责的心理,同时也让下属失去了参与决策的机会。

命令虽然有缺点,但要确保下属能朝团队确定的方向与计划执行,命令是绝对必要的,那么要如何使用主管的命令权呢?

1. 正确传达命令意图

保险公司的领导者和团队主管下达命令时,要正确地传达命令,不要经常变更命令;不要下一些自己都不知道原由的命令;不要下一些过于抽象的命令,让属下成员无法掌握命令的目标;不要为了证明自己的权威而下命令。事实上,在有些基层保险公司,经常能看到一些朝令夕改的现象发生。

2. 使下属积极接受命令

如何能提升下属积极接受命令的意愿呢?可用提升下属意愿的沟通方式替代大部分的命令。对"命令"的含义应该打破固有的窠臼,不要陷于"命令→服从"的固有认知。

命令本质上应该是主管让下属正确了解他的意图,并让下属容易接受并愿意执行。下属惧于主管的职权,必须要执行,但有意愿下的执行及没意愿下的执行,其执行的结果会产生很大的差异。有意愿的下属,会尽全力把命令的工作做好;没意愿的下属,心里只想能应付过去就好。

主管下达命令的沟通技巧包括以下几点。

(1)态度和善,用词礼貌。就像在前面谈到的问题一样,作为一名保险团队主管,在与下属沟通的时候可能会忘记使用一些礼貌用语,表达出来的话语就会让下属有一种被呼来唤去的感觉,缺少对他们起码的尊重。因此,为了改善和下属的关系,使他们感觉自己更受尊重,主管不妨使用一些礼貌的用语。一位受人尊敬的主管,首先应该是一位懂得尊重别人的主管。

西奥多·罗斯福曾经作为威廉·塔夫脱总统的特使,应邀参加英国国王爱德华七世的葬礼。此时,罗斯福已下野,不再担任总统一职。葬礼结束后,罗斯福被安排与德国皇帝会晤。德国皇帝傲慢地说:"两点钟到我这里来,我只能给你15分钟时间。"罗斯福回答说:"我会两点钟到的,但很抱歉,陛下,我只能给你20分钟。"

你不尊重别人,就无法获得别人对你的尊重。尊重行为的发生遵照互惠定律——敬人者,人恒敬之;不敬人者,人恒厌之。

(2)让下属明白这件工作的重要性。下达命令之后,告诉下属这件工作的重要性,以激发下属的成就感,使其感觉"我的领导很信任我,把这样重要的工作交给了我,我一定要努力才不负众望"。

(3)给下属更大的自主权。一旦决定让下属负责某一项工作,就应该尽可能地给他更大的自主权,让他可以根据工作的性质和要求,更好的发挥个人的创造力。

(4)共同探讨状况、提出对策。即使命令已经下达,下属也已经明白了其工作重点所在,主管也已经相应的进行了授权,但也切不可就此不再过问事情的进展,尤其当下属遇到问题和困难,希望主管协助解决时,更不可以说"不是已经交给你去办了吗?"主管应该意识到,他之所以是下属,就是因为他的阅历、经验可能还不如自己,那么这时候应该和下属一起共同分析问题,探讨状况,尽快提出一个解决方案。

(5)让下属提出疑问。可询问下属有什么问题及意见,主管可采纳下属好的意见,并称赞他。

上述五个传达命令的沟通技巧能提升下属接受命令、执行命令的意愿,主管的意图才能被下属积极的执行,团队才会被团队成员感觉到是一个开放、自由、受尊重的工作环境。

下面是有多种命令下属的方式,你认为哪一种最好呢?

① 小李,你过来一下,最近我们线品质不太好,你一定要在近期把品质提上去,你回去吧!

② 小李,你过来一下,最近我们线品质不太好,OQC抽检合格率从99%下降到了95%,你一定要在近期把品质OQC抽检合格率提上去,你回去吧!

③ 小李,你过来一下,最近我们线品质不太好,OQC抽检合格率从99%

下降到了95%,你一定要在近期把品质OQC抽检合格率重新提高到99%,你回去吧!

④ 小李,你过来一下,最近我们线品质不太好,OQC抽检合格率从99%下降到了95%,你一定要从今天开始,在2周的时间内把品质OQC抽检合格率重新提高到99%,为我们线、我们部门做出更大的成绩,证明你的能力,你回去吧!

⑤ 小李,你过来一下,你前段时间工作表现一直很好,但最近我们线品质不太好,OQC抽检合格率从99%下降到了95%,你一定要从今天开始,在2周的时间内把品质OQC抽检合格率重新提高到99%,为我们线、我们部门做出更大的成绩,通过QC抽检报表数据分析后发现主要原因是你的生产线新来的那2名外观检查员工有大量的误判,造成不良品流入到OQC,你要在今天花不少于1小时以上的时间对这2名员工进行重点培训,讲解外观常见问题、限度样板、标准及判别方法,同时在生产过程中加强对他们的巡查,随时指导(改善此问题只需要投入人力,不需要投入其他资源),以提高他们的外观检出能力,以实现提高OQC抽检合格率到99%的目的,我相信你能做好这件事情,你回去吧!

(二)赞扬下属的技巧

赞美下属作为一种沟通技巧,也不是随意说几句恭维话就可以奏效的。事实上团队主管赞扬下属也有一些技巧及注意点。

1. 赞扬的态度要真诚

每个人都珍视真心诚意,它是人际沟通中最重要的尺度。英国专门研究社会关系的卡斯利博士曾说过:"大多数人选择朋友都是以对方是否出于真诚而决定的。"如果团队主管在与下属交往时不是真心诚意,那么要与他建立良好的人际关系是不可能的。所以在赞美下属时,主管必须确认所赞美者的确有此优点,并且要有充分的理由去赞美他。

2. 赞扬的内容要具体

赞扬要依据具体的事实评价,除了用广泛的用语如:"你很棒!""你表现很好!""你不错!"最好要加上具体事实的评价。

3. 注意赞美的场合

在众人面前赞扬下属,对被赞扬的员工而言,受到的鼓励很大,这是一个赞扬下属的好方式;但是采用这种方式时要特别的慎重,因为被赞扬者的表现若不能得到大家客观的认同,其他下属难免会有不满的情绪。因此,最好公开赞扬能被大家认同及公正评价的事项。

4. 适当运用间接赞美的技巧

所谓间接赞美就是借第三者的话来赞美对方,这样比直接赞美对方的效果往往要好。间接赞美的另一种方式就是在当事人不在场的时候赞美,这种方式有时比当面赞美所起的作用更大。一般来说,背后的赞美都能传达到本人,这除了能起到赞美的激励作用外,更能让被赞美者感到你对他的赞美是诚挚的,因而更能加强赞美的效果。所以,作为一名保险团队主管,不要吝惜对下属的赞美,尤其是在面对自己上司或者团队其他成员时,恰如其分的夸奖自己的下属,下属一旦间接地知道了主管的赞美,就会对主管心存感激,在感情上也会更进一步,双方的沟通也就会更加卓有成效。

总之,赞美是人们的一种心理需要,是对他人敬重的一种表现。恰当的赞美别人,会给人以舒适感,同时也能改善与下属的人际关系。所以,在沟通中,必须掌握赞美他人的技巧。

(三)批评下属的方法

俗话说:良药苦口,忠言逆耳。有人认为,批评就是"得罪人"的事。所以有些主管从不当面指责下属,因为他们不知道如何处理指责下属后彼此的人际关系,因而造成下属的不当行为,一直无法得到纠正。有些主管指责下属后,不但没有达到改善下属的目的,反而使下属产生更多的不平和不满。因此,管理者指责下属时,要讲究一些技巧。

1. 以真诚的赞美开头

俗话说:尺有所短,寸有所长。一个人犯了错误,并不等于他一无是处。所以在批评下属时,如果只提他的短处而不提他的长处,他就会感到心理上的不平衡,感到委屈。比如一名员工平时工作颇有成效,偶尔出了一次质量事故,如果批评他的时候只指责他导致的事故,而不肯定他以前的成绩,他就会感到以前"白干了",从而产生抗拒心理。另外,心理学研究表明,被批评的人最主要的障碍就是担心批评会伤害自己的面子、损害自己的利益,所以在批评前帮他打消这个顾虑,甚至让他觉得你认为他是"功大于过",那么他就会主动放弃心理上的抵抗,对批评也就更容易接受。

2. 要尊重客观事实

批评他人通常是比较严肃的事情,所以在批评的时候一定要客观具体,应该就事论事,批评他人并不是批评对方本人,而是批评他的错误的行为,千万不要把对下属错误行为的批评扩大到了对下属本人的批评上。因为后者是难以被对方接受的,因为有些话语让他很难堪,也许他只是一次无意的过失,领导却上升到了责任心的高度去批评他,很可能把他推到对立面去,使关系恶化,也很可能导致他在今后的工作中出更多的纰漏。

3. 指责时不要伤害下属的自尊与自信

不同的人由于经历、知识、性格等自身素质的不同,接受批评的能力和方式也会有很大的区别。在沟通中,应该根据不同的人采取不同的批评技巧。但是这些技巧有一个核心,就是不损对方的面子、不伤对方的自尊。指责是为了让下属更好,若伤害了其自尊与自信,下属势难变得更好,因此指责时要运用一些技巧。

4. 友好的结束批评

正面的批评下属,对方或多或少会感到有一定的压力。如果一次批评弄得不欢而散,对方一定会增加精神负担,产生消极情绪,甚至对抗情绪,这会为以后的沟通带来障碍。所以,每次批评都应尽量在友好的气氛中结束,这样才能彻底解决问题。在批评结束时,不应该以"今后不许再犯"这样的话作为警告,而应该对对方表示鼓励,提出充满感情的希望,比如说"我想你会做得更好"或者"我相信你",并报以微笑。让下属把这次见面的回忆当成是对他的鼓励而不是一次意外的打击。这样会帮他打消顾虑,增强改正错误、做好工作的信心。

5. 选择适当的场所

不要当着众人面指责,指责时最好选在单独的场合。

> 请回想一下你在赞美或批评你的下属时是否有以下的行为?
> ◇ 你常常赞美你的下属吗?
> ◇ 你对他们的赞美是发自内心的吗?
> ◇ 你能针对下属的具体行为及时加以赞美吗?
> ◇ 你喜欢当众赞美或批评你的下属吗?
> ◇ 当下属不在场的时候,你还会赞美他吗?
> ◇ 你常常因为害怕影响与下属的关系而不愿当面批评他吗?
> ◇ 你的批评常常令你的下属难堪吗?
> ◇ 你在批评下属的时候能做到对事不对人吗?
>
> 【参考答案】
> 是;是;是;否;是;否;否;是
> 如果你的答案正确率在80%以上,那么恭喜你,你已经很好地掌握了赞美和批评部下的方法,你和他们的沟通应该是很融洽的;如果你的答案正确率在50%以下,那么我们建议你应认真地学习以下内容,以改善沟通效果。

三、与同事沟通的技巧

1. 尊重是同事沟通的前提

多倾听对方意见、重视对方意见,要给对方留面子。

圣经中有一句话:"你希望别人怎样对待你,你就应该怎样对待别人。"这句话被大多数西方人视作工作中待人接物的"黄金准则"。每个人都渴望被重视、被尊重。真正有远见的人明白,要获得同事的信赖和合作,不仅要在日常交往中为自

己积累最大限度的"人缘儿",同时也要给对方留有较大的回旋余地。给对方留足面子,其实也就是给自己挣面子。所以言谈中少用一些"绝对肯定"等感情色彩太强烈的词,多用一些"可能"、"也许"、"我试试看"等感情色彩色强,褒贬意义不太明确的中性词,以使自己"伸缩自如"。如果伤害了对方,让对方产生忌恨,就更谈不上与你友好的沟通了。

2. 尊重对方劳动

用平等的姿态与人沟通,相信他的劳动是有价值的。同时也要相信别人获得的成绩是通过劳动获得的,不要眼红,更不可无端猜忌,应该在表示祝贺的时候,试着向人家靠近,学习人家成功的经验,这样才能提高自己。

> 小贾是公司销售部一名员工,为人比较随和,不喜欢争执,和同事的关系处得都比较好。但是前一段时间,不知道为什么,同一部门的小李老是处处和他过不去,有时候还故意在别人面前指桑骂槐,对跟他合作的工作任务也都有意让小贾做得多,甚至还抢了小贾的好几个老客户。起初,小贾觉得都是同事,没什么大不了的,忍一忍就算了。但是,看到小李如此嚣张,小贾一赌气,告到了经理那儿。经理把小李批评了一通,从此,小贾和小李成了冤家。

3. 主动让利

清代尚书张英老家桐城与建房与邻居吴员外闹矛盾:"千里来书只为墙,让他三尺又何妨?万里长城今犹在,不见当年秦始皇。"在现实工作中,很多人都站在自己的角度,争取自己的利益。工作中斤斤计较,喜欢占小便宜的,只顾眼前利益,这样的人肯定会被同事讨厌,往往很多时候却是占了小便宜却吃了大亏。在工作中应体现出自己的大度,实际是吃小亏占大便宜。因为这样赢得了更多同事的信任和尊重,当需要别人的信任和帮助时,别人才会不遗余力地给予支持。

4. 对待分歧,应求大同存小异

同事之间由于经历、立场等方面的差异,对同一个问题,往往会产生不同的看法,引起一些争论,一不小心就容易伤和气。因此,与同事有意见分歧时,不要过分争论,客观上,人接受新观点需要一个过程,主观上往往还伴有"好面子"、"好争强斗胜"心理,彼此之间谁也难服谁,此时如果过分争论,就容易激化矛盾而影响团结。

如果涉及原则问题,当然不能"以和为贵",不坚持、不争论、刻意掩盖矛盾,这是不对的。面对问题,特别是在发生分歧时要努力寻找共同点,争取求大同存小异。实在不能一致时,不妨冷处理,表明"我不能接受你们的观点,我保留我的意见",让争论淡化,又不失自己的立场。

5. 对待升迁、功利要保持平常心,不要嫉妒

许多同事平时一团和气,然而遇到利益之争,就当"利"不让;或在背后互相谗言,或嫉妒心发作,说风凉话。这样既不光明正大,又于己于人都不利,因此对待升迁、功利要时刻要时刻保持一颗平常心。

6. 与同事交往时,保持适当距离

在一个单位,特别是一个团队,如果几个人交往过于频繁,容易形成表面上的小圈子,容易让别的同事产生猜疑心理,让人产生"是不是他们又在谈论别人是非"的想法。因此,在与同事交往时要保持适当距离,避免形成小圈子。

7. 发生矛盾时,要宽容忍让,学会道歉

同事之间经常会出现一些磕磕碰碰,如果不及时妥善处理,就会形成大矛盾。中国有句俗话,冤家宜解不宜结。因此在与同事发生矛盾时,要主动忍让,从自身找原因,换位为他人多想想,避免矛盾激化。如果已经形成矛盾,是自己做得不对,要放下面子,学会道歉,以诚心感人。退一步海阔天空,如有一方主动打破僵局,就会发现彼此之间并没有什么大不了的隔阂。

第三节 保险团队沟通要素与沟通策略

一、保险团队沟通的要素之一——清晰表达

清晰表达是重要的团队沟通要素之一,清晰的表达意味着对想表达的内容了然于心,能简洁地表达信息,并且随时确认信息已被清楚、正确地理解。良好的沟通意味着说出心中之所想,并充分理解所有的反馈。

保险团队和其他企业团队一样,团队成员之间清晰、简洁、明确地表达要注意以下几个策略。

1. 选择合适的表达方式

表达方式可分为五种:书面语言、口头语言、身体语言、图像语言以及各种方式的结合(见表7-1)。尽管前四种方式独立运用效果也不错,但两种或多种方式结合使用可以增加趣味性、促进理解并且具有更持久的效果。因此,多种方式结合使用,沟通效果更佳。

表7-1 表达方式

	表达方式	举例	功用
书面语言	在任何一种语言和各种媒体中,书面语言都是文明社会的基础。	信函、备忘录、报告、提议、记录、合约、指示、议程、通知、规章、笔记、计划、讨论文件。	书面语言是组织间进行沟通的基础。因为它具有相对持久性且便于使用而被广泛使用。

(续表)

	表达方式	举例	功用
口头语言	这种沟通只有被目标接收者听到才有效。	访谈、会议、电话、辩论、提出请求、听取汇报、通告、演说。	面对面的交谈与电话中的交谈因其具有即时性而被采用,它是组织机构处理日常工作的主要沟通方式。
身体语言	任何能被目标接收者接收到的积极或消极行为。	手势、面部表情、动作、行为、语气、沉默、站姿、体态、活动、静止、出席、缺席。	动作和身体语言在无意中给他人以深刻影响,要善于对积极和消极姿势加以控制。
图像语言	能够被目标接收者看到的图像。	幻灯片、照片、图画、插图、图表、漫画、表格、录像、商标、电影、随意涂抹、美术拼贴、色彩配置。	图像语言因其生动地传达着有意识或无意识的信息而被使用。
多媒体	它是以上多种方式的结合,经常涉及信息技术的运用。	电视、报纸、杂志、散页印刷品、小册子、传单、海报、因特网、内联网、万维网、录像、广播、盒式磁带、只读光盘。	当媒体具有交互性时,就会体现其特点和作用;媒体的使用越专业,就可能越有效。

2. 理解身体语言

身体语言是一系列无意识的躯体动作。它可以促进沟通,也可以把沟通推向绝境。一个人即使一动不动地坐着,仍会在不知不觉中流露出自己的真实感情。事实证明,身体语言往往比言语信息更能打动人,团队沟通的信息发送者,必须确保发出的非语言信息强化语言的作用。

有关资料表明,在面对面的沟通过程中,那些来自语言文字的社交意义不会超过35%,换而言之,有65%是以非语言信息传达的。非言语信息包括沟通者的面部表情、语音语调、目光手势等身体语言和副语言信息。

面对面沟通通常被认为是一种投入沟通的基本姿势,这在保险团队沟通中最常采用。这种身体的朝向是在告诉对方"我正在关注你","我与你同在"。面对面沟通中与对方有多次的目光接触,是在用无声的语言告诉对方"我正在认真地听你说话"。这种目光的交流不同于盯着人看,也不是飘忽不定的,而是相当稳定和友好的。

在和对方进行沟通时,身体经常倾向对方,身体的适当前倾,是对对方表示关心的一种自然而然的方式,它是表达关注的一种可行方法;与之相反的斜靠、后仰都会让人感到对方对话题漠不关心,或者根本不感兴趣。

在身体语言中,一个人的姿势是极为重要的。在初次会面时,下面三种姿势会给人们留下不同的印象。积极的姿势能促进双方开诚布公的沟通,带来最佳效果;而消极的姿势则会使沟通陷入困境。

姿势一：面向前方，采取大方的姿态，显示出十足的信心，正面注视，面带微笑，表示出态度友好，手叉腰表明进行控制的决心和能力。**积极**

姿势二：正面注视表明注意力集中，松弛的四肢表明缺乏紧张感。**中间状态**

姿势三：躲闪的目光意在回避，拉耳朵的动作表明心存疑虑，肩部低垂表明缺乏信心，身体侧转意味着拒绝接受他人所说的话。**消极**

为他人留出一定的私人空间也是身体语言的一部分。这种空间的大小随环境的改变而有所不同。例如，社交聚会上的客人要比在非社交场合相遇的陌生人站得近一些。应该时时注意不要侵入他人的私人空间，以免激起防卫性或敌对性的反应。

手势同姿势和面部表情等非语言沟通手段一起成为身体语言的一个重要组成部分。无论是在面对大众的讲台上还是在面对面的会谈中，了解如何有效地运用手势，都可以帮助你有效地传达信息。

有一个秀才去买柴，他对卖柴的人说："荷薪者过来！"卖柴的人听不懂"荷薪者"（担柴的人）三个字，但是听得懂"过来"两个字，于是把柴担到秀才前面。

秀才问他："其价如何？"卖柴的人听不太懂这句话，但是听得懂"价"这个字，于是就告诉秀才价钱。秀才接着说："外实而内虚，烟多而焰少，请损之。"（你的木材外表是干的，里头却是湿的，燃烧起来，会浓烟多而火焰小，请减些价钱吧。）卖柴的人因为听不懂秀才的话，于是担着柴就走了。

二、保险团队沟通要素之二——积极倾听

一名善于沟通的保险团队成员（尤其是团队主管）必定是一位善于倾听的行动者，倾听对于沟通来说十分重要。在人们长期的传统思维中，"沟通"是一种富有"动作性"的动感过程。自然而然，"倾听"这一"静态"过程就被许多沟通者忽视了。但倾听恰恰是沟通行为中的核心过程。因为，倾听能激发对方的谈话欲，促发更深层次的沟通。另外，只有善于倾听，深入探测到对方的心理以及他的语言逻辑思维，才能更好地与之交流，从而达到沟通的目的。

1. 做好倾听的准备

沟通之前应尽多收集沟通话题的信息、督促团队成员的积极倾听，在沟通的过程中顾及其他倾听者的情况，向发言者提问以帮助团队成员集中注意在沟通话题上，有利于他们积极倾听他人的发言、礼貌地打断，当听到某个发言的成员开始语无伦次时，选择合适的时机，让其把发言的机会让给其他的成员。

2. 排除倾听的障碍

倾听之前不要对说话人或讨论话题先入为主的下定论。对话题不感兴趣，如

果告诉自己这个话题"我无所谓",就不会再有兴趣听下去了。过多地关注发言者本身,过分关注发言者的表达方式或外表,都会影响所说内容的关注,所以要把注意力放在沟通的内容上。固执己见,一味地坚持自己的观点会错过很多有用的信息。

3. 避免不良的倾听习惯

不良的倾听习惯很多:心不在焉,假装倾听,注意力并没有放在说话者的话题上;侃侃而谈,在沟通中滔滔不绝,不给对方说话的机会;打断、插话,对方还没有结束话题,就急于发表自己的意见;忙于手中的事情,在倾听时,没有停下手中的事情,比方整理文件,接听电话等;或者指出说话者的错误,这些都是很不礼貌的。

4. 诠释对话

要多去领悟话语的字面意思,而不要在其隐含意义上做文章。可以根据自己的理解重组语句,并说给对方听,以检验自己的理解是否正确。这样就可以确定双方已相互理解,否则对方会纠正并澄清他们所说的话。不管怎样,要注意一些身体信号和语言信号,如闪避的目光和犹豫不决、自相矛盾的言辞。它们有助于探查信息的真实性。切忌只听进那些自己想听到的话而对其他内容置之不理。

5. 检查自己的理解

当需要对方澄清所说的话,或者认为自己的话可能已被误解时,可使用下列语句,然后注意聆听对方的回答。

"恐怕我没有完全领会您的意思。请您重复一下可以吗?"

"我知道这不在您的工作范围之内,可我仍想听听您的意见。"

"我没说清楚。我的意思是要建立……"

> A营业部的吴伟向一位客户销售保单,交谈过程十分顺利。当客户正在签投保单时,另一位销售人员跟吴伟谈起昨天的足球赛,吴伟一边跟同伴津津有味的说笑,一边伸手去接客户签名的投保单,不料客户却突然掉头而走,连投保单也带走了。吴伟苦思一天,不明白为何客户突然放弃已经谈好的保险。第二天他终于忍不住给客户打了一个电话,询问原因。客户不高兴的在电话中告诉他:"昨天签单时,我同你谈到我的小女儿,她刚考上北京大学,是我们家的骄傲,可是你一点也没有听见,只顾跟你的同伴谈足球赛。"吴伟明白了,这次签单失败的根本原因是因为自己没有认真倾听客户谈论自己最得意的女儿,这实际上表现出对客户的不尊重,客户的自尊心受到了极大的伤害。

三、保险团队沟通要素之三——善用提问

恰当的提问往往可以打开知识和理解之门。提问的艺术在于知道什么时候

该问什么问题。许多保险销售精英在这一点上都做得十分到位。

1. 选择问题

事先准备问题时,时时注意哪种类型的问题有助于实现自己的目标。例如,组织一次讨论,或为了解具体信息,或为达到一定的目的,或以提问的形式下达命令。这时候,要知道事先准备好的问题是远远不够的——他人对这些问题的回答未必完整,这些问题本身也会引发出一些新的问题。所以要一直问下去,直到得到满意的回答为止。在提预先准备好的问题时,注意回答中的蛛丝马迹,以便稍后根据它们提出一些新问题。

2. 选择提问的类型

问题类型可分为开放性或封闭性的,根据问题的目的可分为探查式、追问式和反馈式,每种类型的问题举例见表7-2。

表7-2 提问的类型

问题类型		举例
开放性问题	这种问题并不能促使对方做出特定回答,但能引起讨论。	问:若为全体员工开设一个餐厅你认为如何? 答:从多方面考虑,我认为这是个好主意。
封闭性问题	具体的问题,一般用"是"或"不是"回答,也可辅之以适当细节。	问:你读过公司的内部杂志或简讯吗? 答:没有。
探查事实	提问的目的是获取关于某一特定主题的信息。	问:交回"员工意见调查表"的员工比率是多少? 答:发出2000份问卷,收到1400份答复,即回复率是70%。
追踪问询	旨在获取更多信息或引出新观点。	问:同上一次相比,这次调查的结果怎么样? 答:三分之二处于平均水平,这表明员工士气尚可。
反馈	这类提问旨在获取某种类型的信息。	问:你认为公司内的沟通状况是否有所改进? 答:我认为有所改进。在最近两周一次的会议上,通过同我的经理交谈,我受益匪浅。

3. 管理者的提问策略

有些保险团队主管喜欢摆上司的架子,总是对下属提出一大堆问题,这是一个不好的习惯。如果每次只问一个问题,则有助于发言者回答,可以使问题清晰明确,这是主管人性化管理的体现,也不至于给发言者造成咄咄逼人的感觉。另外,提问要直接,不要"别有用意",作为管理者,保险团队主管尤其要避免话中有话的提问,提问不当很可能会在其他团队成员中产生不好的影响。直接、明确、恰当的提问能很好地体现管理者的水平。再者,要善于把握提问的时机。在保险团队沟通中,并非主管一定是第一个提问,在最恰当、最关键的时候提出问题,才是最明智的。最后一点,要通过提问的方式鼓励团队成员轮流发言,这样可以提高成员的团队参与度。在讨论失控时,无人倾听任何人的发言时,管理者的提问可

以控制讨论的局面,可以要求大家轮流发言。要善于巧妙的提问,或者使用举例的方式把答案隐含在自己的提问中,以求得一致性的答案。

第四节 保险团队冲突处理

冲突是组织存在和发展中不可避免的现象,如今,团队运作已蔓延到几乎所有保险企业。企业强大的竞争优势不仅在于员工个人卓越的能力,更重要的是体现在团队合作的强大,但保险团队成员内部,团队之间经常由于追求目标的不同、利益的不同、价值观差异等原因,会发生相应的冲突以致影响团队合作的效果。因此,管理者要运用正确的策略化解团队冲突以发挥团队优势。

一、团队冲突概述

(一)团队冲突的定义和特点

团队冲突是团队内部成员之间、团队与外部组织、个人之间因为某些关系难以协调而导致的矛盾激化和行为对抗。矛盾激化主要是指发生冲突的主体之间潜在矛盾(或意见分歧)的不断表面化和激化的过程。冲突主体之间的对抗和不一致行为,既可表现为发生冲突双方或各方相互之间的争执、摩擦,也可以是对立的、互不兼容的力量或性质的互相干扰、争斗等。

一般来说,团队冲突具有以下特点。

一是团队冲突是一种对立的行为,冲突来自互不兼容性。这种对立(Opposition)的表现形式和程度会有很大的差别,涵盖所有水平的冲突,既可能是消极冷漠、沉默抗议,也可能是明显的攻击行为、侵犯伤害对方。

二是团队冲突是一种主观的感受。从认知的观点来看,冲突是个人主观的感受。冲突中个体感觉到愤怒、敌意、恐惧或怀疑等外显或内隐的种种情绪。是否存在冲突是一个知觉问题,如果没有"知觉到(Perceived)"冲突的存在,就没有所谓的冲突。

三是团队冲突是一种互动的历程。冲突是一个动态、不断改变的历程,采取建设性的做法,冲突可以降低,双方关系得到改善;采取破坏性的做法,敌意可能升高,引发更激烈的冲突。结果如何,要看冲突中双方的互动过程如何。Hay 提出团队冲突不同于个体内部的动机、思想冲突,而是个体与个体之间的互动关系,至少是两个人之间的社会交换过程。

四是团队冲突具有客观性,即团队冲突是客观存在的,是人群互动关系过程中不可避免的社会现象。

五是两重性,即团队冲突并非全是坏事,有破坏性的冲突,也有建设性的冲突。只有破坏性的冲突会对个体心理、人际关系和组织绩效造成有害影响,建设性冲突则可能导致问题的建设性解决。

(二)团队冲突的性质

理论界对冲突的性质认识基本上分为两派,一派认为冲突具有危险性和破坏性,组织内一旦出现冲突,会造成两个人或两个单位无法在一起工作,阻碍或搅乱了正常的活动。对冲突产生如此消极和悲观看法的人,往往过分强调社会或组织的完整性与稳定性。另一派则认为适度的冲突及某一形式的冲突对组织是有利的,它将促进组织的创新与进步。邱盖中甚至讲:"生活里永远免不了冲突,要做事有效率就必须面对冲突,组织成员要进行沟通交往就避免不了冲突,企业组织在完成任务的过程中也无法避免冲突。"这种对冲突有积极看法的学者,强调社会的多元化及社会发展的重要性。他们主张企业管理者应多学习一些指导冲突的技巧,他们甚至认为必要时,应在组织中"制造"出一些适度的冲突,以使企业组织生气蓬勃和富于创造性。持第二种观点的人有不断增加的趋势。

综合上述的不同认识,冲突本身无所谓好和坏,其对组织的影响和利弊,要看冲突的程度以及管理者处理冲突的艺术和技巧。

二、保险团队冲突产生的原因

保险团队冲突的发生,是多种因素综合作用的结果。在组织生存的环境中,处处存在着压力,冲突感就是压力的主要表现形式之一。在此意义上,团队冲突的发生就是团队有关各方所承受压力的不平衡而引起相互之间的抵触或不一致的行为。组织内部各部门之间、各个员工之间每一方都承受着对方给予的压力,它们构成一个动态的压力结构,当各方之间的压力处于均衡状态时,双方保持平衡并且和平相处,企业内部关系表现为一种和谐、协作的关系;而当各方之间不能承受对方的压力时,相互之间压力结构的均衡状态被打破,矛盾公开化,从而导致冲突的发生,并且随着对方给予的压力增大,冲突进一步趋于激化。由此可见,在冲突状态下,团队内部或者团队与外部的平衡被打破,团队所面临的压力增大了。

保险团队冲突的产生主要源于以下几个方面。

(一)利益

汪明生说道"团队是一种特殊的组织形态,也是需要协调各种利益的混合体,团队中的利益包括个人利益、团队整体(正式组织)利益、小团体(非正式组织)利益等",这里的利益主要是指经济利益,也包括诸如名誉、地位和成就感等非经济利益。不同个人或小团体之间以及团队与企业其他部门之间的利益对立,往往是保险团队产生冲突最基本的动因。人们之间关于利益的争执,主要集中于利益的分配上。当他方的意图被视为与己方的利益相反,或者冒犯了己方关于公平与公正的原则,冲突就会发生。

(二)目标

每个保险团队成员在加入团队时,都对其他团队成员和团队整体抱有某种期望,这种期望就是希望通过参加团队来达到的目标。然而,个人目标与其他团队成员目标,或者与团队整体目标可能有所差异,而团队整体目标与组织中的其他群体目标也会有所不同。这种目标的差异也是造成团队成员与团队整体冲突的主要原因。而且,当行为主体的目标越高或欲望越强烈时,就越容易卷入冲突当中。

(三)组织结构

这里所说的组织结构对于团队冲突的影响,指的是团队所在组织采取的结构形态对于团队冲突的影响。目前绝大多数保险企业采用最多的仍然是职能型、矩阵式或者事业部制组织结构,其根本设计思想都是以劳动分工为基础,将组织所面临的任务进行分解,从而建立起相关部门进行处理。这种以劳动分工为基础的组织结构实际上建立起了组织成员之间的互助关系和分配关系。在完成工作任务方面,组织各部门之间必须紧密配合,相互依赖。在争夺完成任务的资源以及企业利益的分配上,组织各部又构成一种分配关系,由于资源和利益的有限性,各部门之间必然围绕资源和利益展开争夺。当团队与组织其他部门之间的依赖关系随着认知差异或者目标分歧出现时,或者依赖关系限制了各方的行为、欲望或产出时,冲突就很容易产生。处于团队或其他部门中不同位置、担当不同角色的成员,会对团队和组织有各自不同的看法,由此产生"局部思维"。依赖关系与局部思维同时存在,也会导致各方冲突的发生。当团队成员来自于组织中的其他部门,而其他部门负责人又对团队目标不负有直接责任时,此时结构中的分配关系就表现得尤其明显。为了完成各自的任务,团队负责人和其他部门负责人围绕团队成员展开争夺,这时冲突就容易产生,因为此时一方的收益往往是另一方的损失。除非其中一方是高度慈善的,资源是相当丰富的,或者双方没有认识到这种关系的本质,而这几乎是不可能发生的情况。

(四)权力和政治

权力斗争是一个更为普遍的冲突来源。权力实际上规定了保险团队成员(个人或整体)在多大程度上占有稀缺资源或者让稀缺资源为自己服务,围绕资源安排所形成的势力范围、影响力、指挥链、习惯与传统等往往成为冲突的诱因。因此,一方权力被另一方削减或者权力失衡会导致较弱一方对较强一方加以抵制,甚至把冲突看做是提高权力的一种途径。同时,在团队管理实践中还存在以下两类现象:"权威重复"和"破例"。前者是指同一个问题,谁具有最高权威或裁判权不明确,例如公司在成立开发小组进行一项全新产品的开发过程中,事前很难对每一项技术决策活动做出由谁负责的规定,这种情况下如果技术人员和团队经理都希望自己影响决策活动,就很容易产生"权威重复"现象,从而造成冲突;而"破例"则是指团队中某些权威人物运用权力对团队制度进行破坏,从而与严格遵守制度的团队成员发生冲突。

（五）文化差异

组织文化是组织内成员共同认可的,可以通过符号手段进行沟通的一套价值观体系,组织文化对组织冲突的引发起着重要的影响。团队作为一种临时性的组织形态,其团队冲突也必然受到组织内的主文化和团队内亚文化的双重影响。

三、保险团队冲突处理的五种策略

（一）竞争策略

竞争策略又称为强迫策略,指的是牺牲一部分成员的利益,换取自己的利益或是团队整体的利益,这是一种对抗的、坚持的和挑衅的行为,为了取胜不惜任何代价的做法。当遇到如下情形时,应当采取竞争策略来对待保险团队冲突。

（1）当快速决策非常重要的时候,比如碰到了紧急情况,必须采取某种方式。这时作为保险团队领导在平衡各种方法的可行性、经济性的基础上,还必须要快速反应,这时为了尽快开展行动,就有必要采取竞争的策略。

（2）执行重要的但不受欢迎,或不为多数人理解的行动计划,如缩减预算,执行纪律,裁减人员等,虽然这些措施对企业的发展是有利的,但有部分人的利益将在此过程中受到损害,抵触和冲突不可避免,在这种情形下是难以取得全体成员的理解和认可的,因此常常也被迫采取竞争策略。

（3）另外一种采取竞争策略的原因是出于政治因素。公司政治是一个不可能回避的话题,在某些情形下,比如在保险团队建设的初期,团队领导需要树立威信,或领导履新之时,往往要借助一些事件来树立权威,或是在一些特殊阶段,需要借打击竞争对手等。在这类情形下采用竞争策略,则可以建立起雷厉风行,敢做敢当的形象,当然同时也可能会留下刚愎自用、脱离群众的评价。

使用竞争策略,可以压制部分团队成员可能损害整体利益的行为,快速形成决策,解决冲突,树立权威,但使用竞争策略也有着明显的缺点,首先使用竞争策略并未触及冲突的根本原因,可以强迫对方服从,但不一定令对方心服。也就是说所有事情都是强迫对方去做,不能用有效的理由来说服他。

> 由于客户坚持要求一次付清货款,销售部的肖经理到财务部要求马上提出货款200万元,财务部的柴经理说高于100万元的款项,必须提前一周向财务打报告。两人都认为自己都是为公司争取利益,谁也不让步。

（二）迁就策略

迁就指抚慰冲突的另一方,愿意把对方的利益放在自己的利益之上,做出自我牺牲,遵从他人观点,从而维持相互友好的关系。在迁就的过程中,常常牺牲或

放弃了个人的目标或利益。当需要维护团队和谐关系,或为了团队的长远建设和发展时,应考虑采用迁就策略,如:

(1)当发觉自己的观点有错误的时候,应当放弃自己错误的观点,不必执迷不悟;

(2)当团队成员犯错误时,也不必穷追猛打,只要不是原则性的严重错误,应当给其提供改正错误的机会;

(3)当事情对于别人来说更具有重要性时,不妨迁就他人,换取对方的理解和支持;

(4)在保险团队建设的特殊时期,如当团队遇到严重困难和挑战的时候,和谐比分裂更重要,氛围比成果更重要的时候,往往需要所有团队成员多一些宽容和迁就。

　　来找肖经理的客户是公司的老客户,这一次来是想和肖经理商量,可否先发货过些日子再付款。肖经理很为难,因为公司一直是款到付货,可是这个老客户确实对公司作用很大,肖经理就咬咬牙答应了。

(三)回避策略

回避是指冲突一方意识到冲突的存在,但采取忽视和放弃的态度,不采取任何措施与对方合作,或维护自身利益,继而是一躲了之的办法。回避的方法既不合作,也不坚持,对自己和对方都没有什么要求。在一些特定的条件下,不妨采取回避的策略:

(1)当冲突事件无足轻重;

(2)当对方过于冲动,或解决问题所需的条件暂不具备的时候,不妨暂时回避,让对方冷静下来,或争取解决冲突的条件当其他人比自己能更有效地解决问题的时候,也可回避一下,让更合适的人出面解决;

(3)坚持解决分歧,可能会破坏关系,导致问题往更严重的方向发展的时候。

　　如果保险团队的销售奖励政策大家都很不满意,以前讨论过多次要改但一直都没改,那么主管对此政策在利用时就要注意了。这时,如果团队主管提出对手下的某一个特别优秀的或特差的业务员,采取特别的奖励或惩戒办法,就可能会引起更大的冲突。所以团队主管不要急于利用大家不满意的有关政策去处理某个业务员。

(四)合作策略

合作指主动跟对方坦诚布公地讨论问题,寻找互惠互利的解决方案,尽可能地使双方的利益都达到最大化,而不需要任何人做出让步的解决方式。合作策略认为双方的需要都是合理或重要的,哪一方放弃都不可能,也不应该,双方相互支

持并高度尊重,因而得到许多人的欢迎,合作策略适宜的情形有:

(1) 当双方的利益都很重要,而且不能够折衷,需要力求一致的解决方案时;

(2) 当需要从不同角度解决问题,平衡多方利益的时候;

(3) 为了获得他人的承诺,或是满足对方利益可能争取自己或团队整体的更大利益的时候;

虽然"双赢"是目前非常流行的解决冲突的方法,受到大家的普遍欢迎,但也有不可避免的缺点:采取合作是一个漫长谈判和达成协议的过程,时间很长。有时在解决思想冲突上也不一定合适。解决思想问题多半是一方说服另一方,竞争的方式更适合一些。

前例中的肖经理与柴经理沟通,柴经理今天要组织财务部针对今年的年度审计开个会,为此他已经做了一些准备,他跟肖经理说款项的事先放一放,财务部先召开会议。肖经理正好来了一个客户,就没再坚持。

与此同时,柴经理紧急与总经理进行联系。经过多方联络,总经理通过电话对柴经理进行了授权:批准肖经理的紧急签单权,并先动用总经理基金补上另外的 100 万元。柴经理马上着手,终于在规定时间之前付足了货款。

(五) 妥协策略

妥协指冲突双方都愿意放弃部分观点和利益,并且共同分享冲突解决带来的收益或成果的解决方式。采用妥协方式的原因在于完美的解决方案常常不可实现,坚持己见不如退而求其次,其目的在于得到一个快速的、双方都可以接受的方案。妥协的方式没有明显的输家和赢家,旨在达到双方最基本的目标,适用于如下场合:

(1) 当目标的重要性处于中等程度,或属于非原则性问题;

(2) 双方势均力敌,难以对一方形成压倒性优势,或难以找到互惠互利的解决方案的时候;

(3) 面临时间压力或问题非常棘手、复杂,没有更多的时间实施合作策略的时候。

妥协虽然不是最好的解决方法,但常常可以在双方利益、时间、成本、关系等各个方面取得较好的平衡,因此也是化解团队冲突的常用手法。

最后需要说明的是,化解保险团队冲突的办法,有一个隐含的假设,即以实现保险团队目标为前提,而不以解决冲突根源为最终目的,因此,化解保险团队冲突的措施,往往有其临时性,很多时候是"治标不治本"的行为。作为团队领导,如果同时也是企业的高级经理人,在解决保险团队冲突之后,还应当检视导致冲突出现的原因背后可能揭示的企业深层次的管理问题,并采用系统的解决办法,才能清除隐患,促进企业健康发展、永续经营。

四、保险团队冲突管理的有效方法

冲突管理的具体措施主要涉及冲突的预防、冲突的解决和体制的完善。冲突的预防和冲突的解决是针对冲突超过一定程度给团队带来危害的冲突。体制的完善是弥补公司的不足之处,处处以人为本,公私分明,使团队的信息畅通,让员工畅所欲言;采取人性化的管理,使员工感受集体的温暖,形成良好的人际关系等等。保险团队冲突管理的有效方法主要有以下六个方面。

(一)沟通化解冲突

成功的保险团队必须能进行高效的沟通,有效的沟通可以减少或缓解团队冲突,现实中应主要从目标、思想、信息等方面加强沟通。

1. 重视在目标上的沟通。

目标既是团队工作的出发点,也是最终归宿。通过沟通让团队进一步了解整体目标的要求以及各部门的贡献,通过如何协调、配合实现。在实际执行中,力争把部门利益与共同的目标联系起来,进而增强各自对组织目标的关切感,减少部门间不必要的冲突。只有经过沟通达成共识,才能在处理具体事务时相互理解与支持,相互调整与适应,共同受益,最终实现团队目标。

2. 重视思想观念上的沟通交流。

团队是一个整体,在思想观念上要重视从系统思想出发,从全局考虑问题。团队各成员在思想、观念、思维方式等方面虽存在着差异,在观点上会出现争鸣与分歧,通过平等的交流,启发可缩小认识上的差距,达成共识。

3. 重视感情的沟通。

沟通是组织中人群紧密结合的黏合剂,是组织成员彼此传达信息、交换意见、消除冲突,相互协作的合作模式。沟通不仅是获得他人思想、感情、见解、价值观的一种途径,也是人与人交往的一座桥梁。同时,沟通还是一种重要且有效的影响他人的工具和改变他人的手段。通过沟通交流增进了解,增进彼此间感情,消除隔阂、误会,达到心灵相通,在工作中融洽配合。

4. 重视信息的沟通。

沟通是信息和意义的传递与理解。工作中只要缺乏信息沟通,就容易造成部门之间的不了解、不理解和不协调。严重导致冲突,既影响工作,又影响团结。凡主动沟通的团队,及时传递信息就可使成员领悟管理者意图,给予积极配合,同心协力完成任务,沟通和交流是管理冲突、解决冲突、消除冲突、提高组织凝聚力的最重要因素。为使组织内各种需求的沟通都能准确及时而有效地实现,团队领导一定要设置稳定合理的正式沟通网络系统,并明确各种渠道的功能,使其始终畅通无阻,减少干扰、失真和延误,防止各种谣言、传闻和小道消息四处传播而干扰工作正常进行。

(二)了解员工需求

为了有效管理保险团队冲突,降低和控制功能失调冲突,激发适度的建设性冲突,必须了解员工的需求。因此,保险团队主管要善于察言观色,从员工的一举一动中细心推测他们心里在想什么,了解他们的心理状况,然后再针对他们的实际情况而采取相应的行动化解冲突,这样就能达到事半功倍的效果。一般来说,要想使用人行为顺利地进行,有两个先决条件是必不可少的:一是管理者愿意使用员工;另一个就是员工要愿意接受上级的使用。从公司的角度来说,后者比前者更为重要,而且难度也更大。因为员工的心态一般都比较复杂,而且每位员工都不尽相同。

而在通常情况下,员工都有哪些期望和要求呢?根据心理调查资料显示,员工对管理者的期望和要求可以划分为以下四个层次。

一是追求安全。期望管理者公道正派、光明磊落,不整人,不害人,不落井下石,不嫉贤妒能,不栽赃陷害,当自己偶有过失时,不把自己当替罪羊抛出去。应该说,这就是每个团队成员对团队主管都会提出的起码的期望和要求,因而属于最低层次的心理需求。

二是追求温暖。期望团队主管能关心自己的疾苦,及时帮助自己解决工作上和生活上遇到的各种困难,为自己提供起码的工作条件和生活条件。有时候,由于受到本地区、本单位财力和物力的限制,自己一时难以解决遇到的一些困难,但只要团队主管能够表示一下关心,员工就能感到团队上的温暖了。显然,这属于员工的较低层次的心理需求。

三是追求信赖。期望团队主管能够充分理解自己、信赖自己,十分放心地让自己参与各种重要的团队管理活动,把一些比较重要的工作交给自己,经常听取自己提出的合理化建议,并能够听自己说一些知心话。显然,员工对团队主管提出的这些期望和要求并非人人都能得到满足,它已经属于较高层次的心理需求了。

四是追求事业。期望团队主管和自己情趣相投、思想一致,能够为自己获取事业上的成功提供一切方便条件,甚至期望团队主管在必要的时候为自己的尽快成才承担一定的决策风险。不难看出,这是少数雄心勃勃的员工对团队主管提出的最高层次的心理需求。

因此,无论从保险团队过程管理还是团队成员自身发展来看,只要了解员工需求,团队主管就能抓住冲突的原因,及时化解团队的冲突。可见了解员工需求对有效的冲突管理也是必不可少的。

(三)尊重个体差异

试图把所有员工统一化的做法是非常危险的。和谐并不是统一,貌似完美的统一并不是达成和谐的最好手段。管理者要尊重员工,首先就要接受员工之间的

差异性。

保险团队的员工拥有不同的学识、才干、天赋和不同的思维方式,只有包容员工多样化的差异性,才能够形成一种向心力和凝聚力。正因为团队成员的个性不同,擅长的专业也不同,才使得团队内部的各项工作都能够找到最合适的人选,使各项工作得以正常运行。团队主管尊重团队成员的差异性也就是承认了员工的独一无二,认同了员工的不同于他人的价值所在,这也满足了员工被肯定、被尊重的心理,从而激发起员工的工作热情。

对于团队主管来说,最好的员工不一定是最优秀的,而是最合适的。那些优秀的员工往往缺点也是很明显的。所以,团队主管要接受员工在素质上的差异,用人之长而弃人之短,这样就能够发挥不同的人才的潜能,推动公司发展。一个人才多样化的保险团队,才能够不断应对外界的变化,促进公司的长期发展。如果一味把目光盯在优秀人才身上,而不是注重不同素质员工的潜力挖掘,就会使整个团队变得失去活力。

总之,团队主管要尊重每一位员工,认识到他们的个体价值,充分利用他们之间的差异性,将他们放到最能发挥自己特长的位置上,这样,整个团队必将充满活力,和谐发展。如果团队主管不能容忍员工之间的差异性,而用严厉的制度强行打压他们的差异性,只会浇灭了团队成员的工作积极性,降低他们的工作效率,甚至造成人才的流失。当整个团队内不同素质的员工之间能够各展所长、团结协作的时候,公司就拥有了活力和不断创新的力量,也就能够实现持久发展。

(四)和谐管理

1. 和谐管理不是要封杀个性

一个和谐的保险团队需要所有的团队成员劲往一处使,同心协力,但并不需要所有的团队成员有共同的声音。因为所有人异口同声的时候,并不是一个团队高效工作的时候。团队中不仅需要优秀的技术人员,还需要有决策者和协调者。员工都是有不同技能和爱好的人,性格各异,只有他们将自己的能力充分发挥,并向着团队的整体目标努力的时候,团队才是一个高效率的团队,团队成员之间才达到了和谐,整个团队才能运转正常。

2. 和谐管理要让团队成员目标明确

为了让每一位团队成员在团队工作中都能够得到发展,团队主管必须让所有的团队成员都应该有明确的目标,向着同一个方向努力。当员工全身心地投入到团队工作中去的时候,才能够和整个团队一起成长。为了让每一个团队成员都能够自动自发地在工作中倾注自己的热情,团队主管需要对每一位团队成员给予充分的尊重和关注。团队主管的关注和激励,能够激起员工的责任感,使他们确立团结协作完成任务的信念,从而成为每一个团队成员完成任务的动力。

3. 和谐管理要求团队成员有奉献牺牲的精神

每一个团队成员,除了要保证自己手边的工作及时有效地完成,还要为整体任务的完成而努力,不然团队合作也就不存在了。所以,在团队工作中,有时候需要团队成员牺牲掉自己的利益来成全整个团队的整体利益。在一个团队之中,任何时候,团队的整体利益都是高于员工的个人利益的,只有使员工认识到这一点,他们才能为团队的目标全力以赴地工作。有时候,一部分团队成员会需要帮助另一部分团队成员,以提高团队的整体绩效。只有这样,每一位团队成员个人才能和团队一起成长。

4. 和谐管理要强调团队合作

为了防止团队成员之间出现矛盾和纠纷而影响整个团队的工作,管理者就要在公司中鼓励团队精神和合作意识,避免公司中出现一个人的胜利的情况,将奖励的目标针对整个团队而不是团队中的某个人。只有每一位员工都真正具备了合作精神,才能形成对整个团队的激励作用,整个团队才能更好地合作,员工才能和团队一起成长。求大同存小异和谐并不等于完全一致,团队主管和员工之间没有丝毫的矛盾和不协调是不可能的。团队主管要和谐管理,并不是要抹杀掉所有的不同和差异,让所有人达到同一个标准,而是求大同存小异。在涉及团队生死存亡的大问题上,要坚持原则,要求所有人达到统一,但在一些小事上出现不协调时,要允许每个员工保留他的不同意见,这才是对人的充分尊重,也是公司达到和谐管理的必要条件。

有职场必有团队,有团队必有团队活动。很多企业会以团队活动的方式来鼓励团队成员,增加团队的凝聚力,营造和谐团队氛围,化解团队冲突。然而组织策划团队活动是件辛苦的事情,绝对不是我们主观上认为的找个饭店大吃一顿这么简单。前程无忧曾经就公司"团队活动"这一主题进行了在线调查,调查显示有41.2%的受访者非常肯定团队活动的作用,认为通过团队活动,能更好地认识同事,更好地处理自己与他人之间的关系,从而增强团队凝聚力;也有22.9%的受访者觉得即便团队活动没有那么大的作用,但大家也能在吃吃喝喝中拉近距离放松心情,或多或少能够避免以后团队中的某些冲突发生,总归是件好事。团队活动无疑就像春晚,不可或缺却众口难调,但整体上是利大于弊的。

(五)建造和谐的保险团队价值观

保险团队有多个利益相关者,他们是团队负责人、团队成员、业主、发起人、出资人等。并且,保险团队的工作不是例常性、重复性的,需要充分发挥团队的创新能力,给团队的利益相关者带来更多的附加价值。但是创造性的过程难以程式化,不能以逻辑性来加以控制。为了增加取得理想结果的可靠程度,作为"外行"

的团队管理者必须通过与"内行"的团队成员一起确定共同的价值观、公认的工作原则和绩效标准来进行管理。塑造和谐一致的保险团队价值观和创建良好的工作氛围为可以从以下两个方面着手。

其一,有益于保险团队目标的确立。保险团队要想建立共同的价值标准、道德规范和行为方式,首先要确立一个团队成员共同追求的、有意义的团队目标。当冲突双方认为冲突是在一个共同和有意义的目标下发生时,或者双方的目标虽不相同但却相互依存时,冲突将会具有积极意义。确立一个有意义的目标,使团队成员的相互依赖性达到一个新的高度,是团队领导者的首要工作。对团队成员而言,有意义的目标必须符合两个要求:一是要体现出员工的价值,二是要具有挑战性。

其二,建立保险团队的心理契约。所谓心理契约是指一系列相互的心理期望,这些期望是契约双方相互知觉但非明确表达的、不被其他团体所共享的。心理契约既然是一种契约,它必须包含甲乙双方的心理期望。在团队中,如果甲方是团队,那么乙方则是团队的其他成员。而在团队成员的眼中,团队管理者就是团队的化身,因此甲方就是团队管理者。甲方对乙方的心理期望是发挥全部的潜能、承诺团队目标的实现、相互支持、诚实和全力以赴等。乙方对甲方的期望较多,包括:有意义的目标、尊重专长、信任、工作具有挑战性、公平、能够自由发表意见、容忍失败、得到信息、努力得到回报、能够得到帮助、工作具有趣味性等等。这种团队与团队成员心理契约的建立,使团队管理者充分意识到自己在保险团队运作过程中所起作用和需要行使的职责,使他们会更多地运用自己的影响力而不是权威来领导团队成员,会尽可能地为他们创造一个和谐、积极的团队氛围。同时,团队成员之间心理契约的缔结,也会增进他们之间的理解和支持,促使他们协同处理事务,形成一种积极的创新氛围。

(六)建立有效的激励机制

如果保险团队成员的绩效考核与其贡献出现较大偏差,团队成员就会产生不满情绪,在团队运作后期将会产生大量的关系冲突,这种关系冲突在很大程度上会加剧任务冲突和过程冲突,从而严重影响团队绩效。因此,必须让保险团队成员的薪酬与绩效挂钩,这就要求保险团队建立一个完善的体系,对员工个人贡献进行正确评估并支付合理酬劳。如何对团队成员进行有效的激励机制,为此要采用"薪酬激励、机会激励和环境激励对团队成员进行激励"。

> 在通用汽车公司发展的历程中,曾有一段时间,公司的良性冲突很少,因为那时公司倾向于招聘唯唯诺诺的人,他们对于公司的任何事情都没有异议,结果公司发展缓慢,由于过于保守而遭受了不少损失。

> 在企业管理实践中,很多事实表明:在一些发展成熟的公司里,相比高度同质化的团队而言,团队存在冲突时往往绩效要高很多。

 **本章小结**

本章主要阐述团队沟通和团队冲突基本概念,分析团队沟通障碍和引发团队冲突的原因,并在此基础上提出保险团队有效沟通和冲突处理的策略和方法。团队沟通基于团队成员之间共享信息、交流情感、协调行动、解决问题,有助于提升团队绩效、实现组织目标。提高保险团队沟通者自身的沟通技能是改善保险团队沟通的根本途径。根据企业发展需求有目的地健全团队的沟通渠道对团队沟通效率的提高具有重要的决定意义,同时还要健全企业团队沟通反馈机制和沟通管理的效率。团队冲突是团队内部成员之间、团队与外部组织、个人之间因为某些关系难以协调而导致的矛盾激化和行为对抗。由于利益、目标、文化等差异的存在,冲突在一个团队中是不可避免的。通常处理保险团队冲突的策略主要有以下五种:竞争策略、迁就策略、回避策略、合作策略和妥协策略。除此之外还可以通过了解员工的需求、尊重员工的个体差异、建立和谐的团队价值观、加强团队的沟通等方法来管理保险团队的冲突。

 **思考练习**

1. 什么是团队沟通?
2. 影响团队有效沟通的障碍有哪些?
3. 化解团队冲突的五种策略分别是什么?请用团队冲突的策略回答以下问题。

(1) 公司与其他公司签了一个重要的协议,要交付一定的预付款,必须在签协议的同时将款项打入对方的账户,因为已来不及打报告,负责的经理只好动用所有的资源来筹款,以配合这个协议的签订。你是否同意经理的意见?

(2) 有个职业经理说,我需要做的沟通工作太多,太累;有个做IT的员工工作有问题,但他找的参考书不对路,我得告诉他怎么找书;有个材料上周交给关系部门了,过了一周还没有答复,我得去问一问;部门的耗材需要购买,打了报告给行政部,一周过去了也没有买回来,我还要去问一问……而且我还有很多更重要的事情,一些问题只能先放一放。你用什么办法可以把这位经理从这么多事情中解放出来?

(3) 公司规定周四报销,结果销售部的肖经理周二就来报销,这段时间他一直在外面跑,天南海北的,好不容易才在公司里露上一脸,明天还要到上海去出差。柴经理认为他确实很急,就给他报了账。柴经理是否违反了原则?

(4) 市场部前段时间在华东区做的广告效果不好,影响了销售部的业绩,由于这个区是重点区域,所以销售部非常有意见,销售部经理找市场部找了多回,也争吵了好几次,像这种情况,有没有合适的方式来解决?

案例分析

果真是"管到怕"了吗?

华丰机械厂职工徐益平时工作表现不错,为人也不错。由于夫妻长期分居两地,徐益几次向厂方提出调动要求,均未被予受理。那天,他又去找厂人事劳动负责人何是,对方态度生硬,双方争吵起来。争执中,徐益脚边的暖水瓶倒地爆裂。何是指责徐益寻衅闹事,扬言如再闹就要让公安局来抓人。徐一听火更大了,盛怒中说了不理智的话。于是,真有人打电话报警。这时走进一位厂经营部的负责人宋晏。宋晏与徐益相互熟识,见状对徐益说:"你平时好像不是这样的人。"恰在此时,公安局的人接踵而至。看到徐益转而平静下来,一些人认为,这人到底还是怕来硬的,要管还是要管到怕。

问题

1. 该职工之所以平静下来是因为他怕了吗?
2. "好的士兵害怕长官程度应该远远超过害怕敌人的程度。"这一古罗马军队的格言适合于当今时代的企业管理吗?
3. 应当从此事得出什么教训?如何妥善处理?是让公安局把人带走吗?

实训项目

多人参与"瞎子摸号"游戏。

活动目的:让学员体会沟通的方法有很多,当环境及条件受到限制时,怎样改变自己,用什么方法来解决问题。

时间:30分钟

材料及场地:摄像机、眼罩及小贴纸和空地。

适用对象:参加团队管理与建设训练的全体人员。

操作程序:

1. 学员分组,若干人为一组,让每位学员戴上眼罩;
2. 给每人一个号,但这个号只有本人知道;
3. 让小组根据每人的号数,按从小到大的顺序排列出一条直线;

4. 全过程不能说话,只要有人说话或脱下眼罩,游戏结束;

5. 全过程录像,并在点评之前放给学员看。

讨论:

1. 你是用什么方法来通知小组你的位置和号数?

2. 沟通中都遇到了什么问题,你是怎么解决这些问题的?

3. 你觉得还有什么更好的方法?

第八章

人性化管理与新人留存

> **教学目标**

通过本章学习,了解团队管理中关于人性化的基本观点,学习如何在保险团队中实现以人为本的管理理念,理解新人留存的基本技巧以及团队如何开展培训活动,做好职业生涯规划的方法。

> **教学要求**

要求掌握人性化管理的基本理念和新人留存的技巧,按照团队管理的要求实现培训管理和职业生涯规划,能够把本章知识应用到保险团队管理实践中以提高团队新人留存率。

> **案例导入**

中国有一句古话叫做"人多力量大"。其实,在群体组织中,并不必然得出1+1>2的结果,德国科学家瑞格尔曼的拉绳实验也能告诉我们这一点:

参与测试者被分成四组,每组人数分别为一人、二人、三人和八人。瑞格尔曼要求各组用尽全力拉绳,同时用灵敏的测力器分别测量拉力。测量的结果有些出乎人们的意料:二人组的拉力只为单独拉绳时二人拉力总和的95%;三人组的拉力只是单独拉绳时三人拉力总和的85%;而八人组的拉力则降到单独拉绳时八人拉力总和的49%。

现代社会把人们组织起来,就是要发挥团队的整体威力,使整体大于各部分之和。而拉绳实验却告诉我们:1+1<2,即整体小于各部分之和。这一结果向团队的组织者发出了挑战。如何进行人性化管理,使团队成员都自愿留存在团队中并将自己的作用发挥至极致?

团队管理过程中,所有的问题都和人有关。团队管理的相关理论研究和实践,都是以人为核心和基础的。美国著名的行为科学家道格拉斯·麦格雷戈在《企业的人性面》中说:"在每一个管理决策或每一项管理措施的背后,都必然有某些关于人性本质及人性行为的假定。"

第一节 人性化管理的内涵

20世纪以来,人们对企业管理的认识不断深化,东西方管理文化不断融合,企业人性化管理理论在这种深化和融合过程中得到了研究和发展。

一、人性的概念和人性论的内涵

(一)人性的概念

人性,顾名思义指只有人才具备的特性,即该特性可以用于区别于其他事物(包括动物、植物)而为人所独有的特性。例如:能够使用利用言语、文字、音乐、或其他工具彼此交流,能够独立思考、感悟,能够有所创造、能够彼此团结协作,能够近忧远虑、能够认识客观世界并有能力改造客观事物等一些只有人才具有的特性,因为这些特性是其他动物、植物所不具备的。

因为研究的角度不一样,人性的定义还有很多。如:

亚里士多德在《政治学》中讲:"人类在本性上,也正是一个政治动物",具有"社会本性。"

西方人本主义也认为:"'人性',就是人的理性。"

马克思对人的本质阐述道:"人的本质不是单个人所固有的抽象物,在其现实性上,它是一切社会关系的总和。"

(二)中国古代的人性论

中国古代,儒家管理哲学的人性理论最为发达,道德是评论人的最高价值尺度。中国古代的思想家大多以善恶为标准讨论人性,常见的理论观点有以下几点。

1. 性善论

"性善论"是中国古代主张人性本善的一种理论。战国时孟子首先提出。孟子认为:"人性之善也,犹水之就下也。人无有不善,水无有不下。"(《孟子·告子上》)。在孟子看来,性善的根源在人有善心,"仁、义、礼、智"是人之所以为人的根本标志。

2. 性恶论

"性善论"是战国时荀子首先提出的一种主张人性本恶的一种理论。荀子认为:"人之性恶,其善伪也","'伪'者为也,凡非天性而人作为之皆为伪"。也就是说,人的本性原本是恶的,但是通过后天对礼仪道德的学习、教育可以改变。

3. 人性无善恶论

"人性无善恶论"是战国告子的人性观点。告子认为:"生之谓性,食色性也。"他认为,人性无善恶,人性的主要内容是和动物一样的,都是与生俱来的为了生存和繁衍后代而进行的"食"和"色"两项活动。他反对孟子把仁义("善")当成人性的观点,认为人性和仁义是两个不同的概念。

4. 人性亦善亦恶论

"人性亦善亦恶论"的观点最早出现在战国早期的儒家世硕,发展与西汉时期的王充,东汉杨雄则提出了著名的"性善恶混"的论断:"人之性也,善恶混。修其善则为善人,修其恶则为恶人。"(《法言·修身》)"人性亦善亦恶论"是对孟子性善论和荀子性恶论的折中。

(三)西方管理中的人性假设

迄今为止,西方学者提出了一系列的人性假设理论,其中对管理学发展有重大影响的理论是:"经济人"的假设、"社会人"的假设、"自我实现的人"的假设和"复杂人"的假设。

1. "经济人"的假设

"经济人"(Rational-economicman)的假设又称为"理性经济人"的假设,它产生于早期的科学管理时期,最初思想来自英国古典经济学家亚当·斯密在《国富论》中的描写,由科学管理之父泰勒提炼并形成了系统的理论表述。该理论认为:人的一切行为都是为了最大限度地满足自己的利益,工作的动机是为了获取物质报酬;在企业主眼里,人是具有经济意义的人,他们只对经济利益感兴趣;因此,只要对他们施以经济刺激就能驱使他们像"机器人"一样工作。因此,以泰勒为代表的管理学家们设计出了以提高劳动生产率为中心和目的,只满足"经济人"的利益最大化要求,管理者和被管理者对立的管理模式。

2. "社会人"的假设

"社会人"(Socialman)的假设是由霍桑实验的核心人物梅奥提出来的。其主要内容是:经济动机并不是人们唯一的主要动机,主导人们行为的也不仅仅是追求个人利益最大化的理性主义,人性中还有情感、情绪等非理性的内容,而这些情感、情绪等方面的需要,只有当人们处于一个融洽的社会关系中才可能得到满足。因此,以梅奥为代表的管理学家们设计出一种试图通过满足工人的安全、友情、受尊重及自我实现上的需要来提高工人的士气,调动工人的积极性和创造性,以提高生产率的管理模式。

3. "自我实现的人"的假设

"自我实现人"(Self-actualizingman)的假设是20世纪50年代末,由马斯洛、阿基里斯、麦格雷戈等人提出的。马斯洛认为:人类需要的最高层次就是自我实现,每个人都必须成为自己所希望的那种人,具有这种强烈的自我实现需要的人,就叫"自我实现人"。"自我实现人"假设认为:人们除了社会需求以外,还有一种欲望——发挥自己的潜力,表现自己的才能;只有人的潜力充分发挥出来,人的才能充分表现出来,人才会感到最大满足。因此,以麦格雷戈为代表的管理学家们设计出一种调动人的工作积极性,发挥潜力,实现自我,管理者和被管理者互相信任关爱的管理模式。

4."复杂人"的假设

"复杂人"（Complexman）的假设是 20 世纪 60 年代末至 70 年代初,美国行为科学家沙因在对已有的人性假设做出划分后,针对管理中人性问题的复杂性,提出了自己的"复杂人"假设。"复杂人"假设认为:人类的需要是分成许多类的,并且会随着人口发展阶段和整个生活处境的改变而变化,由于需要与动机彼此作用,并组合成复杂的动机模式、价值观与目标,所以人们必须决定自己要在什么样的层次上去理解人的激励。"复杂人"的假设涵盖了"经济人"的财富欲、"社会人"的权利欲、"自我实现人"的发展欲,这种不拘泥一处的复杂假设使管理理论形成了形形色色的流派,管理理论进入了"丛林阶段",由此诞生了管理学中的权变管理模式。

二、人性化管理的内涵

对人的管理始终是管理理论的一个重要内容,如何有效的管理人,使人的行为在企业中产生良好的效用是管理者孜孜以求的目标。企业只有了解了人性中这些自然属性和社会属性,才能对错综复杂的人际关系和员工的行为和动机进行有效的引导和管理,才能根据企业不同的发展阶段提出更高的更能发挥全员潜能的管理目标。

（一）人性化管理的概念

人性化管理就是一种在企业管理过程中充分注意人性要素,以充分发掘人的潜能为己任的管理模式。其内容包含诸如对人的尊重、物质激励和精神激励、培训、员工职业生涯规划等多方面。

（二）正确理解人性化管理的内涵

正确理解人性化管理的内涵必须注意以下几个方面。

1. 注重人的潜能开发是人性化管理模式的出发点

注重人的潜能开发,是提高员工素质的一个根本途径。员工的素质对于企业来讲至关重要。人是生产力中的特殊因素,不同于生产资料、劳动对象,是生产要素中最活跃、最不稳定的因素。每一个员工尽管职务、地位、年龄、外表各不相同,具备不同的个性特征、能力倾向和兴趣爱好,但作为人来讲,都有一些共同的基本点,即有自己的感情、观点、需要,有比他人认为更多的智慧。正是因为人具有多样性,管理者必须接受这一事实,而不能以本人的好恶作为评价员工的标准。只有了解员工需要的客观性和需要的多样性,开发员工的潜能,企业才能构建思想统一、行动统一、目标统一的团队,逐步形成企业的核心竞争力。

2. "员工也是上帝"是人性化管理模式的本质体现

在现代西方企业管理中,管理学家近期提出了一个颇具新意的观点,认为企业有两个上帝,一个是顾客,另一个是员工。美国罗森布鲁斯旅游公司更是标新立异,独树一帜,大胆提出了员工第一,顾客第二的口号,并将其确定为企业的宗旨付诸实践,使该公司在短短的十余年时间便跻身于世界三大旅游公司的行列。西方管理学界已经意识到了员工的重要性,意识到了员工队伍的稳定、创造性的大小、素质的高低、凝聚力的强弱深刻影响着企业的效益和发展。有调查表明,员工跳槽的原因中工资待遇低仍属第一。人要实现自己的价值,要开掘自己的潜能,必须以物质需要的满足为基础。况且,给员工的福利待遇不是企业的施舍,而是员工的应得,或者说是员工付出劳动的报酬。只有摆正了企业与员工的位置,才有人性化管理可言。

3. 人性化管理强调自我管理、自我约束,崇尚个人事业的拓展

人性化管理不讲究外在约束和硬性规定,不等于随心所欲、无视规章和制度,而是不拘泥于形式、纠缠于细枝末节,以关心人、引导人为根本,意在营造宽松、和谐的工作环境。强调自我管理、自我约束,不等于各行其是、各自为政,而是不限制人发展,不束缚人发挥,营造人人进取向上的竞争氛围,督导人自觉提升自我、发展自我。崇尚个人事业的拓展,不等于放任自流、天马行空,而是倡导融入团队、融入企业,在团队和企业中、在竞争与合作中发挥个人的作用、价值,做出个人贡献。

"人性化管理"不同于通常我们所说的"讲人情"。我们可能有一个共同的感受:人与人有许多微妙的关系,正确地处理了这些关系做事时会觉得得心应手。当你在工作中出错时,你的同事、上司、朋友没有指出你的错误、没有告诉你它的危害,却反而拍着你的肩头说声没事,为你隐瞒了事实,这就是"讲人情"。"讲人情"在管理工作中是不允许的,甚至会使你的工作变得更糟糕。然而人性化管理则不一样,"人性化管理"虽然允许你在工作中出错,但它会告诉你这样做是错的,会带来什么样的危害,你应该怎么做会更好。这样既原谅了你,让你不用时刻担心工作中出现什么过错当心你的上司责怪你,你的同事怎么看待你,反而使你的工作激情会更高涨、工作目标会更明确。同时,"人性化管理"还要求建立合理的"人性化管理"实施与评价体系,如:上市公司为提高员工的主人翁精神,提倡员工入股制度;大集团公司为激励员工的创新意识,不惜拿出巨额资金作为员工创新奖项;爱立信则别出心裁,在企业内部从上到下要求员工多做自我批评,实施自我评价体系,让员工从工作中真正感受管理人性化。

三、保险团队管理过程中倡导人性化管理的意义

1. 人性化管理能够促使保险团队管理者树立"以人为本"的观念

保险团队管理中,树立"以人为本"的观念,有利于调动人在团队中创造财富和赢利的主动性、积极性和创造性。在企业的人、财、物、信息四大资源要素之中,人的管理是第一位的。凡是出色的大企业家,对人都有深刻的理解。"经营企业就是经营人",只有理解了人,才能把团队能量充分发挥出来。"以人为本"的观念应该成为高效团队建设的最高准则。

> 以人性为出发点就是把员工作为最重要的资源,以员工的需求、能力、特长、兴趣、心理状况等综合性情况来科学地安排最合适的工作,并在工作中充分地考虑到员工的成长和价值,使用科学的管理方法,通过全面的人力资源开发计划和团队文化建设,使员工能够在工作中充分地调动和发挥工作积极性、主动性和创造性,从而提高工作效率、增加工作业绩,为达成团队目标。

2. 人性化管理能促使个人目标与保险团队目标的有机结合

人生活的意义在于不断地实现心中的目标,并不断形成新的目标。目标代表着个体潜在的理想、愿望或愿景。在人的心理世界中,三种层次的目标:生存目标、社会目标和与自我发展目标,三者之间相互联系、相互作用,构成一个有机的功能整体,即目标结构。不同个体之间因个性特征的差异,目标结构上存在广泛的差异。因此,保险团队和其他团队一样,其团队成员都有着一种固有的全面实现自身目标并形成新目标的内在动力,团队作为个人生活的环境,应肩负起实现团队成员目标的责任。每个团队应建立明确、合理的目标,而且必须把目标进行分解,使每一位成员都知道自己承担的责任和应做出的贡献,把每一位成员的目标与团队总目标紧密结合在一起。

> 在保险团队目标制定和分解过程中,须强调参与式的目标设置,并且强调所有目标都必须是明确的、具体的和可衡量的。保险团队目标一定要团队成员能认同,认同的方法是强调每个成员工作对团队目标的意义(强调个人价值)和团队目标对成员的意义(强调个人利益),从个人的"经济需求"、"社会需求"、"自我实现需求"三个方面驱动团队成员朝目标发展,形成合力。

3. 人性化管理有利于在保险团队中建立融洽、向上的气氛

社会需要和谐进步,高效团队也需要和谐向上。世上没有完美的个体,只有完美的团队。人际关系影响着团队的凝聚力,影响着员工的身心健康。但高效能的团队却能建立起相互平等、相互尊重、相互学习和公平竞争的人际关系。因此,保险团队领导人要注重建立直接、方式多样的沟通渠道,消除相互交流的障碍。

现实中,高绩效的保险团队都能保障沟通顺畅,使团队具有凝聚力、忠诚感和信赖感,这样的氛围有利于团队成员取长补短、共同学习和进步。

建设一个团队不容易,建设一个保险团队更不容易,尤其要做好保险团队中成员精神世界的整合、有效对成员进行精神激励,是其中极为重要的一个环节。古往今来,凡是成功的团队都是一个和谐的团队,都是以共同的价值趋向为基础,以深厚的情感氛围为纽带,以统一的战略目标为动力,团队具有强大的凝聚力和向心力,从而引发无穷的执行力和战斗力。团队是要有精神的!有精神的团队,才是优秀的团队,才是上进的团队,才是能够成长的团队,才是有活力的团队。

第二节 保险团队的新人流失与留存

保险团队建设的瓶颈并不在于新人的招募,而是新人的留存。团队中普遍存在着人员流失率高的问题,新人难以在保险行业营销团队中正常地持久地留存。中国平安、中国人寿、中国太保三大保险上市公司2011年中期业绩发布之后,"增员难、留存难、人力产能乏力"等字眼频繁出现在相关投研报告中。"增员、留存"铁打的保险公司,流水的营销员,两难已经成为全行业面临的一个共性问题。新人留存的问题需要从根本上解决,只有新人留存解决了,保险营销团队建设才能进入一个正常的状态。而新人的留存又绝不仅仅是组训讲师的工作职责,基层业务主管和营销团队的领导者应该肩负重任。

一、保险团队新人流失的原因

据资料统计,中国的保险代理人总体流失率每年高于50%,其中,保险代理人新人第一年的流失率最高,达70%~80%。保险营销团队中人员的高频率流失成为一种普遍现象。现象的根源除了社会大环境的影响和个人的因素外,保险公司对人力资源管理上出现的弊病占有很大的比重。

1. 佣金收入低,难以安居乐业

国内保险公司长期存在的粗放的发展模式造成营销员产能水平低下,收入和社会地位也不高。营销员队伍扩张方式粗放,主要依靠人情保单增员和业务拓展,且绩效水平较低,每月人均保单件数不足1件,收入水平缺乏竞争力。有统计数据显示,截至2010年年底,我国保险营销员平均每人每年佣金收入为17252元,同比减少2384元。每月1438元的佣金收入,仅比深圳市最低工资每月1320元多出118元。过低的收入,使得保险营销团队成员在这个行业中无法安居乐业,无法以保险销售安身立命，直接影响了营销团队成员的工作积极性，削弱了保险营销员职位的吸引力。

业务的快速发展是每一保险公司和每位业务员追求的目标。能够收到保费就是能人，保费收入名列前茅便是精英，每个公司都希望在自己的公司里能多产生出一些能人、一些精英，因此，任务达标奖、销售精英奖等奖励举措比比皆是，英雄的衡量标准在于保费收入的多少。保费收入得多，即使工作上有点庇暇，也能以褒掩暇，如果没有保费收入，其他方面的贡献再大，也可能被嗤之以鼻。有不少的业务人员在进入保险公司之前，就是冲着做保险能带来高收入而来的。他们也往往忽视了高收入必须有高付出。满腔热情是保险行销必不可少的，但还要具备良好的思辨能力和表达能力，具有一定的保险和投资理财知识，同时还具有百折不回的精神和面对失败的勇气。而这些能力并不是人们与生俱来的，它需要人们在社会生产生活过程中不断地学习、不断地积累、不断地调整。

2. 粗放经营观念，培训脱节

高速发展的保险业吸纳了大量良莠不齐的社会资源，进而在社会上造成对保险营销员的负面评价，形成行业社会评价低，增员困难的恶性循环。有一部分新人在做完"近亲"保单后，无法通过转介绍顺利过渡到陌生客户市场的开拓，最终丧失对销售乃至团队的信心。此外，保险营销团队的培训内容不够全面系统。员工的技能和经验是保险公司智力资本的重要组成部分。这类技能和经验不是简单地通过教育和培训就可以获得的，而是需要团队新人在长时间的学习和工作中积累的。新人上岗后如果在衔接教育和后续跟踪辅导环节不能有新的突破，就不能解决在展业过程中碰到的实质性问题，失去对团队的信心和对公司的信任，最终直接导致新人的流失。

培训拘泥于形式时，只知培训而不利于留存。

新人必须通过培训方能上岗展业。在所有的新人培训中，培训者都会毫无例外地介绍本公司的发展、创业历程，公司的经营理念、保险的基本知识以及必要的展业技巧等，讲者引经据典，郑重其事，尽管是形式化的培训，但初听者仍是倍感新鲜、热血沸腾。然而，新人在实际操作过程中，就会感到培训时所学的东西实在是难有较大的用途，即使是所谓的展业技巧在实战中也往往不能奏效。一段时间过去，碰壁或拒绝的次数多，原来的热情逐渐消逝。没有工作热情的业务员的脱落是很自然的。

3. 团队内部领导能力偏低，团队成员缺乏满意度

许多保险营销团队的管理者来源于一线员工的提升，团队的主要负责人领导

能力偏低,团队会经常会出现这样的情况,主管的各方面能力和素质都不如新增人员,但仍然是他的主管,这对于一些追求较高社会地位和自我价值的人才来讲无疑会有未得到足够的尊重之感。因此有能力的人不服从主管,不遵守公司制度,在展业过程中有所懈怠。另一方面团队负责人因为害怕失去增员使自己的利益受损,而对其听之任之,对缺勤请假等违纪行为大开绿灯。久而久之,增员由于缺乏和公司的必要沟通以及疏于管理和业务而流失了。

员工满意度的高低也反映了企业和团队对他们的尊重程度。国内的保险公司基本上都不会做经常性的员工满意度调查。这一方面是由于高层管理者"以人为本"的管理意识不强,没有充分意识到员工满意度调查的意义;另一方面是由于团队负责人缺乏这方面的技能,满意度调查意识淡薄。所以,在流失的员工当中,由于缺少企业的重视而辞职的员工不在少数。

当前,随着保险主体的增多,保险市场竞争更加剧烈,大量增员已成为各保险公司抢占市场份额的有力法宝,于是就把增员当做任务层层下达。而当增员成为任务时,基层公司或业务员便有了一种紧迫感,为完成任务而完成任务时的工作往往是粗放性的,数量上去了,质量下来了。由于增员还可以增加主管佣金以外的收入,此时,许多业务主管只知增员而不知留存。团队的人员如同走马灯一样,看似热闹,实是作用不大。相反,还会产生消极作用。有些基层公司或业务主管奉行增员万能的观念,认为只要有人了,一切都好说,一个新人平均每月只做两份单,一年就是二十多份,如果新增两百人,那就是每年新增四千余份新单。账虽算得好,但随着人员的大量流失,希望极易成为泡影。

由此可见,在营销人员起着决定作用的保险行业,解决好我国保险营销团队成员的流失问题是保险行业当前的关键问题,它不仅可以规范保险市场,而且可以减少成本,实现企业效益最大化和团队个体人才价值最大化,促使我国民族保险健康持续发展。

一个坚强有力的营销团队,是现代保险业发展的重要支撑,因此,有效增员是队伍发展以保证营销目标实现的关键。但从目前保险业界的状况来看,"增员难"、"留存低"的问题已经十分突出,成为制约保险营销发展的瓶颈。行业里不乏这样增员与留存对弈的现象:辛苦增员,但又难以留存,于是再增员、脱落……形成了一个流动性"怪圈"。

二、保险团队的新人留存

新人在经历过增员环节后,进入了保险团队之中,一般在第三个月到第六个月遭遇留存瓶颈,这一阶段新人流失较多。因此团队新人的留存应重点关注新人加入公司后第三个月以后的情况。怎样才能做好保险团队的新人留存呢？在做好增员环节的前提下,要坚持以下三个方面的要求。

1. 坚定热爱行业的信念

意愿百分百,潜能无限大。欲使新人留存,首先需转变其观念,让其认识保险,了解保险,进而爱上保险,坚定其在保险业"长治久安"的信念。在新人集中培训中,加入老主管的分享,将保险业与传统行业做比较,突出保险险营销事业成长性、快乐性、前途性、收入性和稳定性,进而坚定"在保险行业干,发展无极限"的信念。团队也可以安排一些活动,让新人看到现实生活中因"没钱"和"意外"导致的悲剧,也让他们了解因保险的存在而散播的爱心,这样以书本讲义为主,以"现身说法"为辅,更容易使新人对保险产生强烈认同,为"留人"奠定基石。

2. 坚持专业知识的培养

坚定了新人留存的决心还不够,专业技能的培养是新人留存的重中之重,否则新人遇到困难,而没有专业技术为支撑的话,容易产生退缩逃避的情绪。因此,在新人管理体系中必须要有完善的培训体系：如对新人一定要坚持1~3个月的强化培训,不断加固其在保险专业技能上的基础；晨会对促进新人快速成长是很有效果的方法,它可以让新人从彼此之间吸取优点,融会贯通。当专业技能与意愿相辅相成,创造业绩应该不是难事,留存自然更不是问题。

3. 团队主管要言传身教,营造团队氛围

言传,顾名思义,就是团队主管等人员以"言"去影响新人,给新人注入正面向上的养分。首先,思想决定行为,要通过"言"灌输理念,让其认同行业,认同公司,认同产品,并且认同自己在团队中未来的发展。从行业发展前景、国家政策指引和国家对保险业的重视程度入手宣讲,让其对行业、公司和产品产生信心。针对新人会遇到的困难方面,团队主管也要在组织培训中进行讲解,让新人明白什么是重点,更要新人掌握遇到特殊状况该如何解决问题的必须技能。因此,要提高新人留存率,提高其遇到困难的应变能力,团队主管就必须要把大部分时间放在训练上。

新人习惯的养成也是新人留存的一个方面。团队主管要在出勤习惯上以严格的制度约束,出勤率高的人也要以出勤奖励配合；同时在活动日志填写上也要定期检查规范。良好新人习惯会造就优良的团队作风,使团队有良好的氛围和很强的凝聚力。以习惯育人、培养人、进而留人,是打造团队氛围的重要手段。

有言传也要有身教。团队主管在工作中要时刻谨记自己的职责,带领新人走向成功。除了利用"营销基本法"倡导团队发展以外,作为主管要有奉献精神和团队协作精神,给新人最大程度上的帮助。"陪防,跟访,带访"就是最好的帮助方法。陪访相当于"我做你看","我教你做",主管陪新人拜访客户,教导其如何拜

访,简单的事情重复做;跟访是主管跟随新人拜访新人的客户,在新人拜访过程中发现其与客户沟通的优势和弱势,然后给其指导,扬长避短;带访是主管带领新人拜访主管的客户,一般是转介绍的客户,让新人现场看主管是如何与客户沟通,要求转介绍,如何现场处理即发问题的。"身教"可加快新人的成长速度,也能使其在最短的时间实现自我价值。

新人留存小技巧:

新人能够留存,在现实操作过程中主要关注新人以下几个方面的认识:一是对公司和团队的认可,二是满足自己的收入,三是自己有增员。从第一个方面来讲,就需要建立一个和谐的团队氛围,简单来讲就是环境留人;第二个方面来讲就是有持续不断的收入,新人在6个月是一道坎,如果在3个月内不能掌握转介绍的方法,不能不断增加新的准主顾,就会面临脱落的危险;第三个方面来讲,就是抓住新人增员这一点,利用"基本法"倡导组织发展,只要增员了,他就有责任辅导和陪同,从某一方面来说,他被迫解决增员的问题,自己就会变得成熟起来。

第三节　团　队　培　训

团队成员的培训是指通过有计划有步骤的整体学习,协调所在团队成员的关系,促进成员之间的合作,提升团队成员的多方面理念与业务技能,提高团队成员的个体绩效,从而实现共同组织目标。团队培训重在协调为达成共同目标而努力工作的不同个人之间的合作。各个成员们之间必须分享信息,个人的行为会影响到群体的整体绩效。

一、团队培训的对象和内容

"团队"一词的英文翻译为"Team",这个词汇在团队建设和管理领域还可以找到一个新的寓意:培训。将 Team 一词的英文字母拆分开来,其意思分别为:T——target,目标;E——educate,教育、培训;A——ability,能力;M——moral,士气。因此,对 Team 的解释可以是对在团队目标的指引下,对团队的成员进行训练和教育,提升团队成员的能力和士气。

(一)团队培训的对象

当今世界,团队成员仅仅能胜任本职工作是远远不够的,为了生存和发展,组织和团队需要应变的速度和灵活性,才能满足顾客在质量、品质、个性化、便捷等方面的需要。要适应不断变化的环境,不仅需要有一支受过技术培训的团队,而且需要团队的成员能够分析、解决与工作有关的问题,实现卓有成效的团队业绩。为了促进团队和团队成员的共同成长,不论是团队的新人,还是一般成员,甚至是团队的领导,都应该成为团队培训的对象。

团队的成长,是团队成员思想不断交流、智慧火花不断碰撞的过程。英国作家萧伯纳有一句名言:"两个人各自拿着一个苹果,互相交换,每人仍然只有一个苹果;两个人各自拥有一个思想,互相交换,每个人就拥有两个思想。"在保险团队中,每个成员应该学会把自己掌握的新知识、新技术、新思想拿出来和其他团队成员分享,增加集体的智慧,产生 $1+1>2$ 的效果。

给一个人一条鱼,你只能喂饱他一天;教会一个人钓鱼,才能使他一辈子不会挨饿。作为保险团队领导者,团队主管不但要自己会钓鱼,还要教会团队成员钓鱼。给人以鱼只能使他"做对了事情",授人以渔则可以使他"以正确的方法做事情"。不仅要做正确的事,还要正确地做事,这是活到老也要学到老的事。

(二)团队培训的内容

一般来说,对保险团队成员而言,其培训的内容主要是:价值观培训、知识培训和业务技能培训。

1. 价值观培训

即向团队成员灌输正确的保险理念、公司的企业文化、团队的价值观念,统一团队的思想,即让团队成员知道:要"做什么"才符合保险团队发展的目标。这是团队培训的首要内容。

2. 知识培训

知识是人类生产和生活经验的总结。知识是各种各样的,如物理知识、化学知识、人际交往知识、管理知识,等等,而且发展十分迅速,以至于人们用"知识爆炸"来形容知识的增长。保险团队成员在展业中往往要接触到形形色色的客户群体,因此不仅需要具备必要的保险相关知识,还要了解各行业各领域有关的知识。知识培训是团队成员适应岗位工作的基础,它让团队成员通过培训能认识到:岗位的内容"是什么",其相关流程和程序"是什么",工作中面对的对象"是什么",没有知识就可能遭遇被社会淘汰的危险。

3. 业务技能培训

技能是对动作方式的一种概括,是按一定的方式反复联系或模仿而形成的熟练的动作。对保险团队成员来说,业务技能培训是团队培训中最大部分的培训内容,其特点是内容具有极强的针对性,学时较短,注重某项领域(尤其指险种销售领域)的突破。这种培训,一方面,能使团队成员学习和掌握完成本职工作所必须的专业技能,即应该"怎么做"才能完成组织的任务;另一方面,也能让团队成员之间能对伙伴的知识、技能、专业能力有足够的了解,有利于成员间互相理解、相互学习和默契配合。

  A公司对新入司的营销员有一套比较完整的培训体系,包括新人岗前培训、衔接培训、转正培训、产品培训、晋升培训和主管培训等。培训内容除新人岗前培训有"保险的意义与功用"和"行业介绍"等课程以外,大多与产品和展业技能有关,而主管培训则主要是如何增员、如何管理团队的内容。

二、团队培训的作用

1. 顺利达成团队的目标

团队的目标并不是单一的,它是一个目标体系。达成团队的目标,通常是指达到"三个满意":顾客满意、员工满意和组织满意。就保险团队来说,组织对团队的满意主要是指团队能出色地完成保险公司的业绩任务。绩效公式表明,一个组织的绩效取决于员工的能力、工作意愿和工作机会三者相乘的函数关系,缺少其中任何一项,都不可能取得理想的绩效。由此可见,决定团队绩效的重要因素之一就是团队成员的专业知识和技能。这就是需要团队管理者有效开展团队培训的原因,团队的士气和精神状态、价值理念也需要培训加以统一达成共识。

2. 实现团队成员与组织的双赢

团队成员接受培训后能够实现能力的提升和个人的成长,对团队绩效和团队管理者来说是一种合作共赢的结局。在团队中,只有鼓励成员发展个性、激发潜能,才能使组织永远具有活力。在保险团队中,每个团队成员都应通过发挥特有的才能和力量来肩负起团队应尽的责任。团队培训是人性化管理的体现,它使团队成员提升能力,得到成长,体现团队成员个性的独特性和尊重。同时,它鼓励团队成员表现自己,只有在这种氛围中保险团队才会变得强大。

3. 促进团队和组织的发展

团队成员是团队和组织的细胞,组织的领导者和团队主管要创造一个有利于团队成员成长的环境。在一定程度上,塑造优秀的团队成员就是塑造优秀的团队和组织。21世纪的今天,世界舞台上少了战场上的硝烟,却多了商场上的竞争,在这个追求个人价值实现的时代,个人单打独斗的时代已经远去,团队合作的时代已然到来。团队培训不仅仅体现在技能的增加方面,也体现在团队精神的培养和团队凝聚力的提升方面,它可以促进团队和组织的持续发展。

  联想集团曾经提出一个团队建设口号:"打造虎狼之师",它塑造的员工既要像兽中之王老虎那样有"以一当十"的王者风范、英雄气概和雄厚实力,又要拥有像群狼那样分工合作,精诚团结的"以十当一"的精神,每个人知道自己在团队中的位置和作用,把个人目标与团队共同目标合二为一。而这也正是联想能够做大做强的原因之一。

三、团队培训的流程

保险公司过去的"救火式"培训之所以逐渐被否定,就是因为培训本身没有与公司战略结合且缺乏系统性,所暴露的就是现状与理想培训绩效的差距,使得投入和产出的悬殊加大,因此在人力资源开发中,培训转化为效益的地位显得越来越重要。根据调查显示,2001年美国企业投入了约1000亿美元的培训费用,但培训成果的转换率只有10%~20%。为了确保提高培训成果的转换率,从培训需求分析入手,对培训需求评价进行系统化、流程化,以更切合实际地应对各级各类、各岗位的培训显得更为迫切和重要。

（一）培训需求分析

培训需求分析可从战略、员工素质、绩效与资源四方面入手。

1. 保险公司战略目标决定培训目标。

公司培训必须牢牢围绕战略系统进行,培训不仅本身是一个系统,还应该是战略系统的一个有机组成部分。只有在理解公司总体战略和目标的基础上,准确把握业务发展方向,建立公司的战略目标与人力资源质量（知识、技能和态度）、数量,人员结构模型,通过培训成本和绩效差异比较相匹配制订培训计划,才能确定公司哪个层面、哪些部门、哪些人员需要哪方面的培训,以保证制订出符合实际的培训方案。

2. 员工素质对培训内容起引导作用。

团队成员素质是判断个人能否胜任工作的起点,是决定并区别绩效好坏差异的个人特征。素质如何有效驱动绩效的实现,最关键的是要建立一个确保每一位员工及管理人员都能在岗位上得到开发的制度与环境,巩固学习氛围、调动管理者参与,它决定并作用于人的行为,以至最终驱动绩效的产生。员工素质偏低,所接受培训的内容就要相应增多,且培训内容对素质提升要有一定针对性。

3. 培训需求分析要考虑团队绩效差异的大小。

任何培训活动都旨在消除或缩小现有情况与理想绩效要求之间的差距。绩效差异的确认,也就是实际的绩效与理想的、标准的、或预期的绩效间的差距,寻找差距,有助于解决绩效问题的真正根源和有效方法。理想绩效是公司为实现当前和未来战略目标而必须表现出来的绩效行为描述的总和,一般通过资格标准、行为标准或素质模型来界定。通过科学的评估手段分析员工所在现有的知识、技能水平和态度与绩效模型（理想绩效行为）的差距,确认出可能存在的培训需求,使员工培训需求严格地置于"公司整体战略—部门业务目标—员工个人绩效"的架构中,并得到系统评估。

绩效需求可以和问题需求结合考虑。在保险营销团队中,问题需求的原因可以从销售业绩不佳、团队士气低落、竞争压力、成长瓶颈,法规、制度、管理盲点、管理者角色错位、能力的缺失、新产品、工作流程及销售技能的应用掌握,客户要求、服务水平、新岗位的要求、跨部门沟通与合作困难等表现出来,根据分解、诊断和分析结果确定培训需求,重在识别谁需要培训及需要什么培训,而将鉴别培训因素及非培训因素的任务转移到绩效问题范畴。包括重复性需求、短期性需求、长期性需求等,再确定其培训对象、应开设的相关课程及其培训期限。

4. 培训需求分析还要与培训资源分析相结合。培训资源分析包括培训经费、课程体系、教材体系(音像带)、师资队伍、教学设备调研分析等。

如何提高培训经费的使用效率,让有限的培训预算产生最好的培训效用?国际大公司的培训总预算一般占上一年总销售额的1%～3%,最高者达7%,平均为1.5%,而我国的许多企业都低于0.5%,甚至不少企业在0.1%以下。

保险企业培训费用的占比也偏低。在培训经费的投入上要切实转变观念,不能将其简单当做员工成本支出,而应视为获取公司竞争优势的一项人力资本战略性投资,以此形成教育培训投入产出的良性循环,使培训达到高效捷径。对培训师资、教材、课件的开发等资源应统一建设与管理;建立培训课程设计、开发与管理体系。依培训对象和课程类别建立培训课程库。建立培训课程模板,并将每门课程的课程介绍、PPT文档、教师手册、学员手册、培训辅助资料(游戏、案例、音像带、道具等)、视频资料等完善整理入库。同时,讲师筛选和内部培训师培养,公司可根据自身拥有的人员和专业水平及预算约束进行确定。

(二) 制订培训计划

一要明确培训的内容。培训的内容应包括知识、技能、价值观和理念的培训。

二要确定培训的对象。培训的对象有横向和纵向的划分。纵向可以按级别确定;横向可以按岗位类别细分,不同的培训对象其培训方案应该有区别。

三要确定培训的时间和地点。新人可以实施7～10天的集中培训,甚至1～2个月的岗前培训。一般员工则需要根据培训对象的能力和经验来确定培训的时间。

四要安排师资队伍。团队培训对师资的要求是:具有精深的专业知识和丰富的实战经验,具备卓越的训练技巧和对培训工作的执著敬业精神。

五要选择教材和教法。针对岗位培训、脱岗培训、素质能力开发培训等不同的培训内容和培训对象应有不同的教材和培训方法。教学方法的形式较多。拓展训练是塑造个性素质,打造团队精神的重要方法。

(三) 开展团队培训

团队培训活动的实施是把培训计划付诸实践的过程。是达到预期目标的基本途径。

1. 前期准备工作。

做好前期准备工作是培训成功实施的关键。其内容包括：布置培训场所、营造良好的培训环境、准备培训工具、准备培训教材、确定培训师、确认培训的时间地点并通知参加培训的学员、培训接待等。

2. 培训实施阶段。

这一阶段，重点是抓好培训开课的各个环节，落实和完成培训计划的各项内容，如做好培训设备器材的维护、培训各项反馈资料的收集，比较现行活动和预计目标见得差距、发现偏差积极纠正等。

（四）培训效果的评估

培训效果的评估就是对培训效果的好坏进行评测。从培训后的评估讲，一般来说可以从短期和长期两方面看培训的效果。

短期培训效果，即在培训刚刚结束时的评估。这时可以采取的办法无外乎考试或者对对员工培训满意度进行的问卷调查。考试是常用的手段，既是督促学员认真听讲的威慑力量，也是学员对知识理解程度的直接体现。

> 考试题目的设计是有技巧的，一般多以开放式的题目为主，鼓励学员对某一课题的思考和与实际工作的联系。从试题的回答上就可以看出学员是否理解了所讲授的内容，更加重要的是学员是否将知识与实际工作中遇到的问题结合起来，这才是培训的最终目的。

培训结束时的问卷调查也是评估培训效果时的常用手段。一般来说，可以让学员从课程的针对性、课程的时间安排、教材的选择、培训内容的逻辑性和实用性、培训形式、讲师的培训风格和专业知识等各个方面让学员进行评分，让学员对某项给出的最高分或者最低分要求其给出具体的理由。评分时各选项可以设置不同的权重以反映培训组织者所关注的重点。

> 除了评分之外，问卷中还可以设计一些开放性的问题，如觉得对自己最具意义的培训内容是什么，对培训教程中哪部分培训内容印象最深，觉得培训需要改进的部分是什么等，以帮助培训组织者积累总结经验。

长期培训效果是培训对员工在实际工作帮助效果的体现，最好的指标应是员工生产效率、员工在定期绩效考核中的得分等，但是由于影响这些指标的因素很多，这些指标的变化只能对培训效果的评估起一个参考的作用。

总的来说，对培训效果的评估还是以短期的评估为主，适度结合长期效果的评估，这样能够较全面地反映出培训的效果。

四、团队培训的方法

保险团队培训的常用方法主要有以下九种。

(一)课堂讲授法

课堂讲授法是传统模式的培训方法,也称"课堂演讲法",是一种将大量知识通过语言表达,使抽象知识变得具体形象、浅显易懂,一次性传播给众多听课者的教学方法。一般情况包括三种具体的方式:讲述、讲解、讲演。课堂讲授法常被用于一些理念性知识的培训,用于向群体学员介绍或传授某一单一课题的内容。

课堂讲授法在培训员工的教学中,是活用程度最高和运用范围最广的基本技法。选定授课讲师是课堂讲授法的关键,讲师是授课法的灵魂人物,教学质量全由他把握,必须仪表、谈吐俱佳,在台上有天生的表现欲,对讲授的知识了如指掌。

课堂讲授法优点是:传授内容多,有利于大量培养人才;传授知识比较系统、全面;能够做到师生互动,有利于营造良好的培训学习氛围;员工平均培训费用较低;对培训环境要求不高;便于培训师运作发挥。

课堂讲授法也有他的局限性:传授内容多,培训对象难以消化吸收;单向传授不利于教学双方互动;容易导致理论与实践脱节;不能满足培训对象的个性需求;培训师水平直接影响培训效果;传授方式枯燥单一,难以长时间调动学员注意力见表8-1。

(二)研讨法

研讨法是在培训师指导下,组成学习小组,就既定议题进行讨论,通过学员的提问、探讨和争辩,找出解决方案的培训方法。一般适应于:沟通能力、思维能力、学习能力团体协作的培训。

在运用研讨法时要注意以下问题:培训师要事前深入研究研讨资料,紧扣主题,并有清晰、明确的结论,使学员的讨论结果尽可能地在预估范围内;分组研讨要明确组长职责、切实发挥组长的作用;鼓励畅所欲言,允许为个人观点做辩护;培训师要注意观察、认真倾听、掌握全局,只做总结,不做评价,避免说教。

研讨法的优点:学员参与性较强;可有效帮助学员加深对问题的全面认识和理解,因而适用于概念性或原理性知识的把握和学习;形式灵活多样,适应性强,气氛轻松,学员参与机会多。

研讨法的缺点是:容易跑题,主持人需具有较高的控场能力;讨论成功与否,受到主题与参加研讨人员的学识水平制约;众口难调,确定研讨主题有一定难度;参加讨论的人数不能太多。

(三)角色扮演法

角色扮演法是提供学员某种情景,要求一些成员担任各个角色并出场表演,其余学员观看表演,使其注意与培训目标有关的行为;表演结束后学员进行情况汇报,扮演者、观察者联系情感体验来开展讨论各自行为的培训方法。适用范围为:可以在决策、管理技能、访谈培训中使用;适用于对实际操作人员或管理人员的培训,主要是运用于询问、电话应对、销售技术、业务会谈等基本技能的学习和提高。

角色扮演法的优点：角色、环境和目标更加确定，主题也更加集中，因而在培训人际关系的技巧时，其效果会比较好；易于调动人的感情，引起人的兴趣，激发人的行为，适于进行感情及行为领域的培训；能为受训者提供更多的参与机会，使教、学双方互动交流更充分。

角色扮演法的缺点是：控制过程比较困难；角色自身存在的问题可能不具有普遍性，不利于全面提高学员的能力；情景的人为性强，现实相对弱化，限制了角色的创新行为；学员要求一定的表现技巧，否则会影响培训效果。

（四）案例分析法

案例分析法是指把实际工作中出现的问题作为案例，交给受训者研究分析、培养学员们的分析能力、判断能力、解决问题及执行业务能力的培训方法。这种方法比较适合解决静态的问题，新人、管理者、经营干部、后备人员等员工均适用，也适用于学习解决问题的技巧或教授解决问题的程序。

案例分析法培训的流程一般有以下几个步骤。

1. 案例的选择

培训师事先准备的案例要有真实性，必须是工作中确实存在的事例，切忌为哗众取宠而虚构案例；案例还要有启迪性，启迪管理人员阐述自己的看法，分析问题并提出解决问题的手段。

2. 案例实际角色分析

先安排受训人员研读案例，使他们自己如同当事人一样去思考和解决问题。其他学员也要预习案例，提出问题；然后要求学员进入角色，在独立分析思考问题的基础上拿出解决问题的方案和办法；随后在培训师的引导下发言，鼓励交锋，提倡创新，控制课堂局面。讨论可按以下步骤开展：发生什么问题——问题因何而起——如何解决问题——今后采取什么对策。

3. 进行案例的点评和升华

同一案例由于学员能力、经历和水平不同，可能解决案例中问题的手段和方案也各不相同，甚至完全相反。实际上，现实社会经济生活中的许多问题多半也是没有精确答案的，也没有一种完全不变的结论。所以培训师在点评中，要结合学员的实践，要注意每一方案的闪光点，要启发学员去联想、对比、创新，使学员从多角度、多层次去解决案例中的问题，将使点评升华，让学员得到显著提高。案例本身不是重点，重要的是要使学员的分析问题能力得到提升。优秀的培训师往往会在培训授课之前就在这方面做好充分的准备工作。

（五）游戏法

游戏法是由两个或更多的参与者在遵守一定规则前提下，互相竞争并达到预期目标的方法，被广泛地应用于员工的团队精神、创新精神领域和开发学员潜能等方面的课程中。

使用游戏法培训要注意的事项有：培训师要引导学员合理安排时间,有目的、有节制地进行一些益智性游戏操作；游戏的选择要有利于帮助学员扩大视野、丰富知识、增强技能和提高意识；要把握好引入游戏的尺度,不能以玩带教,因玩误教；要注意游戏后的归纳与总结,游戏后的启示要比游戏本身更为重要。

（六）拓展培训法

拓展培训法是指把受训人员带到大自然中,通过专门设计的具有挑战性的课程,利用多种典型场景和活动方式,让团队和个人经历一系列的考验,使参与者在解决问题、应对挑战的过程中磨炼克服困难的毅力,培养健康的心理素质和积极进取的人生态度,增强团队意识的培训方法。适用范围：提高个体的环境适应与发展能力、提高组织的环境适应与发展能力及其相关培训活动。

拓展训练的注意事项：

1. 精心选择培训机构。在拓展训练中,安全是第一位的。户外拓展训练一般由专门的训练机构组织实施。因此,选择培训机构时,要选择一家信誉好的、设施齐备、安全措施周全和服务到位的正规机构。

2. 一定要购买人生意外保险。尽管有安全保障设施,但在拓展训练中不排除意外的可能性。因此,事先要与培训机构达成协议,为学员购买相应的人身意外保险。

3. 准备措施充分。在参与训练前,必须要有整套正规的服装和装备,设施齐全,仔细检查核对,同时要告诉学员每项活动的危险性及其训练要点。在各项准备到位后,再开始进行训练。

（七）辅导培训技术

辅导培训技术,即常说的"师傅带徒弟"。该技术适用于基层营销人员、技术人员和各级管理人员的培训,也是团队中有经验的成员对其他成员进行培训的技术。辅导培训技术的内容一般是由一系列有逻辑顺序的步骤或程序组成。培训者或者辅导者要教受训者如何做,并提出如何做好的建议。辅导培训技术的注意事项是：培训者或辅导者要具备较好的教练技术,熟悉培训内容的要点和难点。

（八）头脑风暴培训法

头脑风暴培训法又称智力激励法,是一种创造能力的集体训练法。它通过把一个组的全体学成员都组织在一起,以会议的形式,让与会者自由地交换想法或点子,以此激发与会者提出大量新观念,创造性地解决问题。头脑风暴培训法可以弥补个人思考的局限性,提高思考问题的正确性,它适用于员工激励、思维创新的培训,培训对象可根据需要从各阶层人员中选择适合的人选。

（九）网络培训法

网络培训法是企业通过互联网技术提供学习网址,或者直接建立自己的网页,开设网上课程,发给学员学习卡,准其进入并监督其学习时间和进度的一种现代培训方法,它是一种典型的远程非现场式培训教学方法。

网络培训法的优点:培训不受时间和空间的限制,还有利于对课程和教学进程进行管理,节约培训成本;网络培训可以让受训者完成控制培训传递,并与其他受训者和培训者彼此共享信息;可以同时为多人提供不同步的培训资料。

网络培训法的局限:计算机网络无法解决广泛的视频问题,需要控制和预先通告使用者;建立网站需要有规模意义的受训群体做后盾。

表 8-1　培训内容与培训方法选择参考工具表

培训课程内容	培训适合方法
产品知识	课堂讲授、小组讨论
营销知识	课堂讲授、小组讨论
礼节礼仪	课堂讲授、角色扮演
管理技能	角色扮演、模拟训练、训练辅导
销售技能	角色扮演、行为模拟
沟通技能	角色扮演、研讨会
团队精神	游戏、拓展培训
服务心态	游戏、拓展训练

第四节　团队成员职业生涯规划

引导新人留存还需要另一个工具,即职业规划书。当新人入司后,团队主管往往会根据新人的特点,如年龄、原收入、家庭状况等,一对一地为其做职业规划。首先最低做一年的规划,时间细分到每年、每月、每周甚至每天;内容细分到收入提升到多少,做到什么职级,每天做什么,学习什么等。这样就给了新人任务感以及方向性,有了目标他就会自发的按照规划走棋,自然少了"出局"的旁骛。可以说,职业生涯规划是新人留存最重要的方法之一。

一、职业生涯规划的概念和意义

(一)职业生涯规划的概念

职业是人们在社会中所从事的作为谋生手段的工作;从社会角度看职业是劳动者获得的社会角色;从国民经济活动所需要的人力资源角度来看,职业是指不同性质、不同内容、不同形式、不同操作的专门劳动岗位。

规划,即长远的发展计划,是对未来整体性、长期性、基本性问题的思考、考量和设计未来整套行动方案。

职业生涯规划,简称职业规划,就是对职业生涯乃至人生进行持续的系统的计划的过程,它包括职业定位、目标设定、通道设计三部分内容。通常所说的职业生涯设计实际上是指对职业通道的设计。职业生涯规划,需要个人发展与组织发展相结合,在对个人和内外环境因素进行分析的基础上,确定一个人的事业发展目标,并选择实现这一事业目标的职业或岗位,编制相应的工作、教育和培训行动计划,对每一步骤的时间、项目和措施作出合理的安排。

30岁之前频繁跳槽,可以用年轻不懂事为自己开脱;30岁之后仍旧如此,别人会觉得你幼稚,这么大了还不知道奋斗目标。

30岁之前在职场失败了,一切可以从头再来;30之后屡屡失败,你未必还有东山再起的勇气与资格。

30岁之前,年轻就是最大的本钱,只要勤奋不愁找不到工作;30岁之后,经验是最大的优势,没有某个领域的长期积累,你如何与年轻人竞争同一岗位?

30岁之前,或许你只需负担自己,30岁之后你会面临更多的经济压力。没有一份有前景的工作,如何承担这些责任?

职业生涯规划在团队管理中包含了两方面的含义:一是对成员而言,团队成员都有从工作中成长、发展、实现满意的愿望和要求。为了这个愿望和要求,成员会不断追求、设计自己的职业目标和职业规划;二是从团队管理者的角度看,对成员制定个人职业规划应重视和鼓励,并指导其结合团队和组织的需要、发展,给员工多方面的咨询和指导,创造条件帮助员工实现个人的职业目标。

(二)团队成员职业生涯规划的意义

1. 有利于促进成员的成长和发展以及增加他们的满意度

职业生涯规划可以帮助团队成员树立职业发展的目标,让他们充分认识到,保险是团队成员一辈子的爱心事业,从而促进团队成员在目标实现的过程中不断自我成长和发展,不断增强自己在保险专业知识、销售技巧、人际沟通等多方面的知识和技能,增强自身竞争能力。

2. 职业生涯规划是发展团队竞争力,实现人性化管理的有力举措

团队和组织要发展,就必须要吸引人才,留住人才,就必须要重视和实践团队和组织的人性化管理,为团队成员进行职业生涯规划是人性化管理的重要体现。

3. 团队主管做好成员的职业生涯规划可以调动团队成员的积极性、主动性和创造性

例如,可以更深入地了解成员的兴趣、愿望、理想,使其能够感觉到自己是受到重视的人;由于主管和成员有较多时间接触,主管的示范作用有利于激发成员的上进心,从而使团队成员更加积极主动地为团队的工作做贡献;由于了解了成

员希望达到的目的,主管可以根据具体情况来安排对员工的培训;可以适时地用各种方法引导成员进入单位的工作领域,从而使个人目标和组织的目标更好地统一起来,降低了成员的失落感和挫折感;能够使成员看到自己在这个单位的希望、目标,从而达到稳定队伍的目的。

职业规划,很多人的第一个疑问就是有必要规划吗?不少人没有规划,事业也很成功啊!但是我们能举出更多因为规划而成功,不规划而失败的例子。我们考虑问题时,不能仅仅着眼于个例,要看概率。比尔·盖茨辍学创业成了世界首富,但大部分人都不会因此而效仿他,我们还是会力争走考个好大学、找份好工作这样一条平常路。所以,如果你像杜拉拉一样没有任何背景,就必须靠个人奋斗去获得职场成功,不妨关注职业规划。

二、职业生涯规划基本理论和方法

职业生涯辅导的前身为职业指导,起源于上世纪初的美国,是由帕森斯等人提出的。经过近百年的发展,先后产生多种理论,各种理论从不同角度解析了职业规划的体系,给出了职业规划的方法。

(一)职业生涯规划基本理论

1. 霍兰德类型论

霍兰德提出了四个基本假设:大多数人可以归纳为六种人格类型,既实际型、研究型、艺术型、社会型、企业型、常规型;工作也可以划分为相应的六种基本类型,或者其中几种基本类型的组合;人们一般都倾向于与其个性类型相一致的职业类型,以求充分施展个人的技术与能力,体现个人价值;个人的行为由人格与环境的交互作用决定。六边形的六个角分别代表霍兰德提出的六种类型。相邻的两个维度各种特征相近,相关程度高,距离越远两个维度之间的差异越大,相关程度越低。

2. 舒伯的生涯发展理论

舒伯与1953年提出"生涯"的概念。他把生涯的发展看成是一个持续渐进的过程。"自我概念"是舒伯理论中的核心概念。所谓"自我概念"指个人对自己的兴趣、能力、价值观、及人格特征等方面的认识和主观评价。生涯发展即自我实现的过程,可以划分为五个阶段:成长阶段、探索阶段、确立阶段、维持阶段和下降阶段。每个阶段都有其独特的职责和角色,以及不同的发展任务。

3. 信息加工理论

20世纪90年代初期,彼得森和利尔敦提出了从信息加工取向看待生涯问题解决的认知信息加工理论。该理论认为生涯发展就是关于一个人是如何做出生涯决策以及在生涯问题解决和生涯问题决策过程中是如何使用信息的。该理论把生涯发展与规划的过程视为学习信息加工能力的过程。该理论按照信息加工的特性构成了一个信息加工金字塔。位于塔底层的是知识领域，包括自我知识（对自己兴趣、技能、价值观等方面的了解）和职业知识。金字塔中间是决策技能领域，包括沟通、分析、综合、评估、执行五个阶段，构成决策循环；最上层是执行领域。

除了以上三种理论之外，还有很多职业生涯规划理论。各种理论从不同角度进行分析和阐述，但其核心均围绕着对自我的认识、对职业的认识以及决策执行的方法。

（二）职业生涯规划的基本方法

当组织成员形成了职业生涯规划的意识之后，可以进行一些初步的规划活动。

1. 自我探索

自我探索的目的是认识自己，了解自己，因为合理科学的职业生涯规划必须建立在充分且正确认知自身条件的基础上。对自我的探索包括对性格、兴趣、价值观、能力、学习风格等等。人们可以通过霍兰德职业兴趣量表、卡特尔16种人格因素问卷等专业测量工具进行自我探索，对自己建立一个科学的、清晰的认识。

2. 职业探索

职业探索的目的是充分的了解环境，分析环境条件的特点、发展变化情况，分析职业环境因素对自己职业生涯发展的影响，把握环境因素的优势与限制，了解本专业、本行业的地位、形势以及发展趋势。人们通过各种信息渠道全面了解目标职业的技能要求、工作特点、薪酬待遇、发展空间等各方面的信息，然后可以进一步通过生涯访谈、生涯追随等方法更细致全面地了解职业信息。

3. 职业决策

当进行了充分的自我探索和职业探索之后，需要对若干目标进行筛选决策。在筛选决策过程中可以使用信息加工理论的决策循环的方法。通过"沟通"明晰自己生涯发展中的问题；通过"分析"以自我知识和职业知识为基础确定生涯规划方向；通过"综合"可以的得到若干解决方案；通过"评价"可以在各种方案中进行取舍，得到执行方案；通过"执行"可以发现方案中的不足，进行反馈，开始新一轮决策循环。

三、保险团队职业生涯规划的原则与流程

（一）保险团队职业生涯规划的制定原则

1. 利益整合原则

利益整合是指保险团队中成员利益与团队、组织利益的整合。这种整合不是牺牲成员的利益，而是处理好成员个人发展和团队、组织发展的关系，寻找个人发

展与组织发展的结合点。每个个体都是在一定的组织环境与社会环境中学习发展的,因此,成员必须认可团队、组织的目的和价值观,并将其价值观、知识和努力集中于团队、组织的需要和机会上。

2. 公平、公开原则

在职业生涯规划方面,团队在提供有关职业发展的各种信息、教育培训机会、任职机会时,都应当公开其条件标准,保持高度的透明度。这是团队成员的人格受到尊重的体现,也是维护管理人员和团队主管整体积极性的保证。

3. 协作进行原则

协作进行原则,即职业生涯规划的各项活动,都要由团队、组织与成员双方共同制定、共同实施、共同参与完成。职业生涯规划本是好事,应当有利于组织与员工双方。但如果缺乏沟通,就可能造成双方的不理解、不配合以至造成风险,因此必须在职业生涯开发管理战略开始前和进行中,建立相互信任的上下级关系。建立互信关系的最有效方法就是始终共同参与、共同制定、共同实施职业生涯规划。

4. 动态目标原则

一般来说,团队和组织是变动的,因此团队、组织对于成员的职业生涯规划也应当是动态的。在"未来职位"的供给方面,团队、组织除了要用自身的良好成长加以保证外,还要注重成员在成长中所能开拓和创造的岗位。

5. 时间梯度原则

由于人生具有发展阶段和职业生涯周期发展的任务,职业生涯规划与管理的内容就必须分解为若干个阶段,并划分到不同的时间段内完成。每一时间阶段又有"起点"和"终点",即"开始执行"和"达成目标"两个时间坐标。如果没有明确的时间规定,会使职业生涯规划陷于空谈和失败。

6. 发展创新原则

发挥成员的"创造性"这一点,在确定职业生涯目标时就应得到体现。职业生涯规划和管理工作,并不是指制定一套规章程序,让团队成员循规蹈矩、按部就班地完成,而是要让成员认识和发挥自己的能力和潜能,达到实现自我、创造组织效益的目的。同时还应当看到,一个人职业生涯的成功,不仅仅是职务上的提升,还包括工作内容的转换或增加、责任范围的扩大、创造性的增强等内在质量的变化。

7. 全程推动原则

在实施职业生涯规划的各个环节上,对团队成员进行全过程的观察、设计、实施和调整,以保证职业生涯规划与管理活动的持续性,使其效果得到保证。

8. 全面评价原则

为了对成员的职业生涯发展状况和组织的职业生涯规划与管理工作状况有正确的了解,应由团队主管、成员、上级管理者、家庭成员以及社会有关方面对成员的职业生涯进行全面的评价。在评价中,要特别注意下级对上级的评价。

(二)保险职业生涯规划的流程

职业生涯规划的过程包括树立正确的生涯发展信念、自我评估、职业生涯机会的评估、职业方向定位、设定发展目标、制订行动方案与实施计划、生涯评估与反馈七个基本步骤。

1. 树立正确的生涯发展信念

生涯发展的信念是事业成功的基本前提。俗话说"志不定,天下无可成之事"。立志是人生的起跑点,反映着一个人的理想、胸怀、情趣和价值观,影响着一个人的奋斗目标及成就的大小。所以,在制定生涯规划时,首先要确立人生志向,期望人生取得更大发展,这是制定职业生涯规划的关键。保险不仅仅代表生活保障和投资理财,它更体现了一种爱心与责任,团队成员应该对这一理念有全新的认识,把保险作为自己人生的事业去用心经营。

2. 自我评估

自我评估的目的是认识自己,了解自己。因为只有认识了自己,才能对自己的职业作出正确的选择。一般来说,自我评估包括自己的兴趣、特长、性格、学识、技能、智商以及组织管理、协调、活动能力等。

3. 职业生涯机会的评估

生涯机会的评估主要是评估各种环境对自己生涯发展的影响。每一个人都处在一定的环境之中,离开了这个环境,便无法生存与成长。所以,在制定个人的职业生涯规划时,要分析环境条件的特点、环境的发展变化情况、自己与环境的关系、自己在这个环境中的地位、环境对自己提出的要求以及环境对自己的有利条件与不利条件,等等。只有对这些环境因素充分了解,才能做到在复杂的环境中避害趋利,使生涯规划具有实际意义。如对寿险营销团队的组织环境因素评估包括组织发展战略、人力资源需求、营销基本法中反映的晋升和发展机会等。

4. 职业方向定位

通过自我评估及生涯机会评估,结合生涯发展愿望,可初步确立个人的职业发展方向,如保险行业中具体的职业、职位、希望发展的高度等。

> 我们制定五年目标时,或者是在开会上台发表时,往往一激动,就写下目标是"收入百万,要当上高级经理、营销总监、区域经理"等等,这样的话是没有错的,但这只是五年规划总体目标里很小的一部分,不是最重要的部分,大多数人没有成功,根本原因就是只有外职涯规划,没有内职涯规划!
>
> 要想获得收入百万,要晋升总监,正确的观念有哪些?比如情绪管理,对保险业的认识和内心感受,能力怎么样,包括主观开拓能力、面谈能力、销售能力等,是否具备高级经理、总监的习惯等等,这些就是内职涯规划。

5. 设定发展目标

生涯目标的设定是职业生涯规划的核心。一个人事业的成败,很大程度上取决于有无正确适当的目标。没有目标,就如同大海的孤舟,四野茫茫;有了目标,目标就犹如海洋中的灯塔,引导你避开险礁暗石,走向成功。职业生涯目标的设定,是以自己的最佳才能、最优性格、最大兴趣、最有利的环境等信息为依据,通常包括人生目标、长期目标、中期目标与短期目标的确定,它们分别与人生规划、长期规划、中期规划和短期规划相对应。一般,首先要根据个人的专业、性格、气质和价值观以及社会的发展趋势确定自己的人生目标和长期目标,然后再把人生目标和长期目标进行分化,根据个人的经历和所处的组织环境制定相应的中期目标和短期目标。

内职涯规划有哪些呢?

- 如何正确认知保险行业。如:你在心理素质上、心态上是否确认了"黄金50年"。
- 对目标态度如何。定目标不是乱拍脑袋,要认真思考,说到就要做到。
- 考虑专业销售技能如何提高,做季度规划和月规划就要有明确具体的技能。
- 客户开拓技能、保单回执转介绍的能力。
- 增员技能;需要补充和完善哪些知识、自我管理的能力、行动力。

6. 制订行动方案与实施计划

在确定了生涯目标后,行动变成了关键的环节。没有达成目标的行动,就不能达成目标,也就谈不上事业的成功。这里所指的行动是指落实目标的具体措施,主要包括工作、训练、教育、轮岗等方面的措施。例如,为达成目标,你通过什么样的通道来实现?在工作方面,你计划采取什么措施提高你的工作效率?在业务素质方面,你计划如何提高你的业务能力?在潜能开发方面,采取什么措施开发你的潜能?这些都要有具体的计划与明确的措施,以便定时检查。

7. 生涯评估与反馈

俗话说"计划赶不上变化",影响生涯规划的因素很多。有的变化因素是可以预测的,而有的变化因素难以预测。在此状况下,要使生涯规划行之有效,就必须不断地对生涯规划进行评估与修订。其修订的内容包括:职业的重新选择、生涯路线的选择、人生目标的修正、实施措施与计划的变更,等等。

本章小结

本章主要阐述人性化管理的基本理念及其在保险团队成员留存中的运用。

人性化管理是一种在企业管理过程中充分注意人性要素,以充分开掘人的潜能为己任的管理模式。人性化管理有丰富的内涵,它强调自我管理、自我约束,崇尚个人事业的拓展。保险团队中的新人流失有多种原因,主要与团队缺乏人性化管理有关。因此,保险团队要发展,不仅是先做大后做强的思路,更重要的是在团队管理过程中倡导人性化管理,做好新人的留存和团队成员的培训工作以及团队成员的职业生涯规划。职业生涯规划是对职业生涯乃至人生进行持续的系统的计划的过程,它包括职业定位、目标设定、通道设计三部分内容,通常所说的职业生涯设计实际上是指对职业通道的设计。根据相关理论,团队成员的职业生涯规划在方法、实施原则和步骤等方面有一定的规律可循。

1. 联系实际谈谈现代组织中为什么要注重人性化管理?
2. 请阐述你所了解的人性理论,人性化管理的内涵是什么?
3. 新人流失的主要原因有哪些?如何做好新人留存工作?
4. 团队培训的方法和技术主要有哪些?请结合实际谈谈这些方法和技术各自有什么优缺点?
5. 什么是职业生涯规划?如何做好团队成员的职业生涯规划?

王主任的电话追踪

王主任的组员王海东,近来迟迟不能出单,心态不是很好,对组内同事冷淡,经常抱怨,情绪急躁。王主任因此做了一次电话追踪。以下是对话内容:

主管:请问王海东在不在? 王妻:海东在吃饭。

主管:您是海东的妻子李小玉吗? 王妻:我是,请问您是……?

主管:我是海东的销售主任王大山。 王妻:您好,他刚吃完饭,我让他听电话。

主管:您好,海东,我是王大山。 海东:您好,王主任!

主管:怎么这么晚才吃饭?要注意身体。

海东:有个客户,原想下班去他家把单签下来,结果又没有成功。

主管:海东,这段时间你拜访了大量的客户,应该说这对你将来的发展打好了一个坚实的基础,任何优秀的销售人员,都是从大量的拜访开始的。但到现在没有签单,您觉得是什么问题?

海东：我觉得我不好意思向客户要钱,只是提一下,如果客户没有反应,也就不好意思再说什么了。

主管：是这样,上次陪你去拜访有好几次都可以促成的,但我看你都没有动作;这样,明天早会结束后,我和你一同做个促成演练,下午你约一个客户,我陪你一同去促成。

海东：谢谢主管的关心。

主管：没有什么。这是我应该做的,那就这样,你不要太辛苦,注意身体,饭要一口一口吃,客户要一个一个拜访,我们的工作不是一朝一夕的事。好,再见。

海东：再见!

问题

1. 通过对话内容,你觉得王主任是一个怎样的团队主管?为什么?
2. 以上案例给予你什么启示?

业务员阿萍(女),今年40岁。年轻时阿萍去安徽插过队,回城后在一家街道工厂工作。阿萍的亲戚朋友很多。虽然阿萍的家境一般,但阿萍一向工作认真、为人热情,所以在亲戚朋友圈内的口碑很好。前些日子由于市场竞争的加剧,阿萍所在的工厂倒闭了,阿萍也下岗在家。阿萍由于文凭不高且年龄较大,所以很难找到一份合适的工作。阿萍一个小姐妹的老公现为××保险公司的主任,当他得知阿萍的近况后竭力劝说阿萍到保险公司做业务员。阿萍答应试一试。阿萍在参加代理人考证辅导班时,就把自己准备做代理人的想法告诉了几个小姐妹。小姐妹们本就对阿萍下岗一事感到惋惜,都希望能帮她一把。于是纷纷答应,在她取得代理人资格证书后在她这里买些保单。当阿萍顺利通过代理人考试并办好入司手续后,在一个星期内就签了3份保单,保费8000元左右。阿萍因此兴奋不已,对未来充满了信心。

训练题:

1. 如果你是团队主管,你应如何开展新人辅导?
2. 将全体学员分成三人一组,分别扮演业务主任、业务员和观察者,根据上题分析结果进行演练,使全体学员初步掌握通过沟通交流发现、分析处于新人时期的辅导需求的方法与技巧。

第九章

团队精神培育

▶ 教学目标

通过本章学习,掌握团队精神的内涵,了解团队凝聚力培养的措施和方法,理解团队精神塑造的技巧和方法。

▶ 教学要求

要求掌握团队精神的各种基本理念的概念,并能用这些基本理念对团队精神塑造进行分析,识别组织中哪些行为不符合团队精神塑造的要求,在此基础上用正确的团队精神塑造技巧和方法指导团队建设活动。

▶ 案例导入

在一个狼群内部,每一匹狼都具有自己独特的声音,每一匹狼都要尊重其他狼的嚎叫,因为那是狼个体与团队最和谐的表现,狼群在围猎时,有严格的战术和作战纪律。每一匹狼都有自己的任务,任何狼都不能擅离职守。有些狼要做先锋,去骚扰猎物;跑得快的狼去围追或者到前面堵;强壮的狼去猎杀强壮的猎物;弱小的狼去猎杀相对弱小的猎物。群狼团队分工明确,合作到位,相互依赖,相互信任,和谐相处。

第一节 团队精神概述

一、团队精神的概念

团队精神,是指团队整体的价值观念、信念和奋斗意识,是团队成员为了团队的利益和目标而相互协作、共同奋斗的思想意识。简单来说就是大局意识、协作意识和服务精神的集中体现。团队精神也反映在团队的凝聚力、集体的士气、成员之间的高度信任感以及为团队目标而合作的意识上。

也有人从如下角度定义团队精神：团队精神，就是团队成员之间具有学习意识、协作意识、创新意识，有共同的团队发展愿景，并具有较强竞争力，齐心协力向着目标不断努力奋进的精神体现。

团队精神是团队能够取得高绩效的灵魂，是成功团队身上难以模仿的特质，也是团队发展壮大的核心竞争力。团队成员不一定能很清楚地描述团队的"精神"，但每一个团队的成员都能感受到团队精神的存在，能够感到其令人振奋的力量并受到鼓舞。高绩效团队具有强大生存力、发展力和可持续竞争力的根源，不仅仅在于其成员个体能力的卓越，而在于其成员形成的整体合力的强大。

团队中的每个成员，就好比一颗一颗的珍珠，而对团队的归属感、责任感就好像一根坚韧的线，如果没有这跟线，即使每一个珍珠都很漂亮，也只能散落一地；但是通过这根坚韧的线，我们就能连在一起组成一串美丽的、价值连城的珍珠项链。团队意识和团队精神能形成强大的凝聚力，距离不能阻碍我们、困难也不能使我们恐惧，"We-are-the-one, we-are-family"，我们的团队是我们赖以生存的家庭，我们的队友都是我们最可爱的家人。

二、团队精神的三层次

（一）团队凝聚力

团队凝聚力也称内聚力，是指一个团队之中的成员围绕在团队，尽心于团队的全部力量。包括团队成员对团队的向心力，团队对其成员的吸引力，团队成员之间的相互作用合作力以及相互信任的氛围。

团队的凝聚力是针对团队和成员之间的关系而言的。团队精神表现为团队强烈的归属感和一体性，每个团队成员都能强烈感受到自己是团队当中的一分子，把个人工作和团队目标联系在一起，对团队表现出一种忠诚，对团队的业绩表现出一种荣誉感，对团队的成功表现出一种骄傲，对团队的困境表现出一种忧虑。当个人目标和团队目标一致的时候，凝聚力才能更深刻地体现出来。

团队凝聚力的增强有很多种途径。一是要求团队的领导要采取民主的方式，让团队的成员敢于表达自己的意见，积极参与组织的决策。二是建立良好的信息沟通渠道。让员工有地方、有时间、有机会向领导反映问题，互通信息，化解矛盾。三是建立健全奖励及激励机制。个人奖励和集体奖励具有不同的作用，集体奖励可以增强团队的凝聚力，会使成员意识到个人的利益和荣誉与所在团队不可分割；个人奖励可能会增强团队成员之间的竞争力，但这种奖励方式会导致个人顾个人，在团队内部形成一种压力，协作、凝聚力可能会弱化。所以,经常采取的方式是在对职工奖励时综合考虑,即承认个人的贡献,又承认团队的成绩,在对个人奖励的同时,对员工所在的团队在精神文明上给予奖励。

(二)团队成员的合作意识

合作意识是团队成员们在团队与成员个体之间关系上表现为协作性和共为一体的思想特征。团队成员间相互依存、同舟共济、互相敬重、彼此宽容和尊重个性的差异;彼此间形成一种信任的关系,待人真诚、遵守承诺;相互帮助和共同提高;共享利益和成就、共担责任。

良好的合作意识与行动是团队取得高绩效的基础。

如何培养团队成员的合作意识呢?一是要在团队内部积极营造融洽的合作气氛。团队的精髓就是在于"合作"二字。团队合作受到团队目标和团队所属环境的影响,只有在团队成员都具有与实现目标相关的知识技能及与他人合作的意愿的基础上,团队合作才有可能取得成功。二是团队领导者首先要带头鼓励合作而不是竞争。美国总统肯尼迪曾说:"前进的最佳方式是与别人一道前进。"成功的领导者总是力求通过合作消除分歧,达成共识,建立一种互溶互信的领导模式。很多的管理者热衷于竞争,嫉妒他人的业绩和才能,恐惧下属的成就超过自己,而事实上没有一个领导者会因为自己下属优秀而吃尽苦头。三是制定合理的规章制度及合作的规范。在一个团队中,如果出现能者多劳而不多得,就会使成员之间产生不公平感,在这种情况下也很难进行合作。要想有效推动合作,管理者必须制定一个被大家普遍认同的合作规范,采取公平的管理原则。四是要强调大家的共同长远利益,管理者要使团队成员拥有共同的未来前景,使大家相信团队可以实现目标,这样团队成员就不会计较眼前的一些得失,主动开展合作。五是要建立长久的互动关系。作为团队的管理者,要积极创造机会使团队成员不断增进相互间的了解,融为一体。如组织大家集中接受培训、开展各种有益的文体娱乐活动、进行比赛或采取多种激励的活动,等等。

(三)团队成员的高昂士气

"士气"一词原是一种军事用语,用以表示作战时的团队精神。美国心理学家史密斯(C. R. Smith)认为,士气就是团队成员对团队或者组织感到满意,乐于成为该团队的一员,并协助达成团队目标的一种态度。

提升团队士气的手段如下:一是要采取措施让员工的行为与团队的目标一致。如果团队成员赞同、拥护团队目标,并认为自己的要求和愿望在目标中有所体现,员工的士气就会高涨。二是利益分配要合理。每位员工进行工作都与利益有关系——无论是物质的还是精神的,只有在公平、合理、同工同酬和论功行赏的情形下人们的积极性才会提高,士气才会高昂。三是要充分发挥员工的特长,让员工对工作产生兴趣。员工对工作热爱、充满兴趣,士气就高,因此,团队的管理者应该根据员工的智力、能力、才能、兴趣以及技术特长来安排工作,把适当的人员安排在适当的位置上。四是实行民主管理。团队内部的管理方式,特别是团队的管理层的领导方式对员工的积极性影响很大。管理层作风民主、广开言路、乐于接纳意见、办事公道、遇事能与大家商量、善于体谅和关怀下属,这时士气就会非常高昂。而独断专行、压抑成员想法和意见的管理者就会降低团队成员的士气。五是营造和谐的内部环境。团队内人际关系和谐、互相赞许、认同、信任、体谅,这时凝聚力就会很强。六是要进行良好的沟通。管理层和下属之间、下属之间、同事之间的沟通如果受阻,就会使员工或团队成员出现不满的情绪。

团队精神体现为上述三方面的有机结合,凝聚力、合作意识和士气三者缺一不可,互为联系。

三、团队精神与心智模式

彼得·圣吉教授在《第五项修炼——学习型组织的艺术与实务》一书中指出,心智模式又叫心智模型,是指深植于人们心中关于自己、别人、组织及周围世界每个层面的假设、形象和故事,并深受习惯思维、定势思维、已有知识的局限,是对世界的理解方法和行为方式那些根深蒂固的假设、归纳,甚至就是图像、画面或形象。在某种程度上,"心智模式"是一种思维定势,这里所说的思维定势并非是一个贬义词,而是指人们认识事物的方法和习惯。当心智模式与认知事物发展的情况相符时,能有效的指导行动;反之,心智模式与认知事物发展的情况不相符,就会使自己好的构想无法实现。所以,要保留心智模式科学的部分,完善不科学的部分,才能取得好的成果。

就团队建设来说,如果想要打造真正成功的优秀团队并且使团队具备独一无二的团队精神,就必须在深层次上寻找改变团队成员甚至整个团队心智模式的道路和方法。这是实现团队的可持续发展的根本保障,正如壳牌集团前规划协调人德赫斯所说,这要依靠"组织机构的学习,即团队成员看待本公司、竞争对手和市场的集体心智模式的转变过程"。从心理学的角度来说,团队精神塑造要达到较高的层次,必须将团队精神的核心元素内化为团队的"潜意识",转化为共同行动的集体心理机制。

彼得·圣吉教授认为"反思实践"是心智模式的基础,因为旧有的心智模式没有被深刻的反省和检查,团队行动就会仍然被束缚在过去熟悉的范围内,使团队欠缺创新精神和前进动力。只有清楚反思个人和团队在实践中的种种成见、固

执,并去创造更加符合个人和团队发展阶段全新的心智模式,团队的凝聚力、合作、士气才能真正实现。

当然,从心智模式的角度推动团队精神建设是团队管理中的较高境界,需要团队多年的磨合,在团队领导人及全体团队成员达成共识的基础上进行共同修炼。

> 心智模式的几个特点:
> - 每个人都具有心智模式
> - 心智模式决定了我们观察事物的视角和做出的相关结论
> - 心智模式是指导我们思考和行为的方式
> - 心智模式让我们将自己的推论视为事实
> - 心智模式往往是不完整的
> - 心智模式影响着我们的行为的结果,并不断强化

四、团队精神的作用

(一)激发团队成员责任感

责任感是主体对于责任所产生的主观意识,也就是责任在人的头脑中的主观反映形式。通俗来讲,责任感就是自觉做好分内的事情,当然也包括在此基础上对他人提供帮助和支持。

团队责任感,就是在一个团队里,个人对他人的关怀和义务的自觉性。在团队中,每一个成员如果能够做到"团队兴亡,我的责任",才能使团队持续不断稳定、健康地发展,团队成员也才能得到真正的个人发展。团队造就个人,个人成就团队。

健康积极的团队精神能激发团队成员的责任感,在这种责任感的驱使下,为团队做出贡献,使个人与团队达到双赢。

> "自己的猴子自己管好"是管理学上的一个法则,即猴子法则。这里用猴子来代表一种责任,它有两个方面的意思:一是,我们每个人,处在不同的工作岗位上,都有各自的职责和责任,一种责任就像养一只猴子,所以每个人虽然分工不同、岗位不同,但都养着一群或多或少、或大或小的猴子。二是,猴子是活动的,会跳来跳去,即责任有时是会转移的。我们既要养好、管好自己的猴子也不要把其他人的猴子领来养或把自己的猴子给别人养。
>
> 领导有领导的猴子要养,员工有员工的猴子要养。如果每一个人都做到了"自己的猴子自己管好",各负其责,团队的整体工作才会顺畅有成效。

(二)目标导向功能

团队精神的培养使团队齐心协力,拧成一股绳,朝着一个目标努力。

对团队成员来说,团队要达到的目标即是自己所努力的方向,团队整体的目标顺势分解成各个小目标,在每个员工身上得到落实。

一方面,团队精神对个人目标有导向性:团队精神会使个人的目标因为置于团队目标中更具有持续性。同时,因为个人目标在团队精神的鼓舞下达成后,团队会根据团队成员的发展阶段进行目标调整,使团队成员向着新的目标努力争取,从而实现个人目标的不断突破。

另一方面,团队精神推动团队目标的实现:一个团队如果没有明确的目标,就像航海时没有灯塔,很容易迷失方向和失去效率。而要想实现团队的目标,就必须利用团队精神指引团队达到最终目标。

(三)凝聚功能

任何组织群体都需要一种凝聚力,传统的管理方法是通过组织系统自上而下的行政指令,淡化了个人感情和社会心理等方面的需求,而团队精神则通过对群体意识的培养,通过员工在长期的实践中形成的习惯、信仰、动机、兴趣等文化心理,来沟通人们的思想,引导人们产生共同的使命感、归属感和认同感,反过来逐渐强化团队精神,产生一种强大的凝聚力。

团队凝聚力是无形的精神力量,是将每一个团队成员紧密地联系在一起的看不见的纽带。团队的凝聚力来自于团队成员自觉的内心动力,来自于共有价值观,是团队精神的最高体现。团队精神使团队成员的归属感加强、信任度提升,更是赋予了团队成员发自内心的荣誉感,这些都将极大地促进每一个成员紧紧地以团队目标为中心,提升自我,最后实现自我价值。

(四)激励功能

团队精神要靠员工自觉地要求进步,力争向团队中最优秀的员工看齐。通过员工之间正常的竞争可以实现激励功能,而且这种激励不是单纯停留在物质的基础上,还能得到团队的认可,获得团队中其他员工的尊敬。

团队精神激励团队产生良性竞争氛围,使团队成员更加优秀。因为团队精神在很大程度上是为了适应竞争的需要而出现并不断强化的,团队内部具有一定水平的竞争,有利于激发团队成员的工作激情,在互相竞争的同时,团队成员也会相互激励,大家的主动性、创造性才能更加有效地激发出来,在这样的情况下,团队会有很强的活力和很高的士气,也会更具有战斗力。

"霍桑效应"的发现来自一次失败的管理研究。1924年11月,在美国霍桑工厂,以哈佛大学心理专家梅奥为首的研究小组试图通过改善工作条件与环境等外在因素,找到提高劳动生产率的途径。他们选定了继电器车间的六名女工作为观察对象。在七个阶段的试验中,主持人不断改变照明、工资、休息时间、午餐、环境等因素,希望能发现这些因素和生产率的关系——这是传统管理理论所坚持的观点。但是,不管外在因素怎么改变,试验组的生产效

率一直在上升。

这个令人困惑的结果引发了管理学上一场革命。经过一段时期的试验和研究,人们终于意识到了人不仅仅受到外在因素的刺激,更有自身主观上的激励,从而诞生了管理行为理论,开始把人当做"人"而不是机器的附属物来看待了。

由于受到额外的关注而引起绩效或努力上升的情况我们称之为"霍桑效应"。

就霍桑试验本身来看,当这六个女工被抽出来成为一组的时候,她们就意识到了自己与车间其他同事相比,是特殊的群体,是试验的对象,是这些专家一直关心的对象,这种受注意的心理感觉实际上是一种外在激励,使得她们加倍努力工作,以证明自己是优秀的,是值得关注的。另一方面,这种特殊的地位使得六个女工之间团结得特别紧密,在潜意识当中产生了与车间其他人竞争的强烈主观愿望,进而产生自我激励,谁都不愿意拖这个观察对象集体的后腿,她们之间甚至形成了一种相互加油鼓劲力争上游的团队默契。就这样,个人微妙的心理和团队精神促使着她们的产量上升再上升。

(五)控制功能

员工的个体行为需要控制,群体行为也需要协调。团队精神所产生的控制功能,是通过团队内部所形成的一种观念的力量、氛围的影响约束规范并控制职工的个体行为。这种控制不是自上而下的硬性强制力量,而是由硬性控制向软性内化控制;由控制职工行为,转向控制职工的意识;由控制职工的短期行为,转向对其价值观和长期目标的控制。因此,这种控制更为持久有意义,而且容易深入人心。团队精神通过使团队成员意识的转变及约束成员养成良好工作习惯,实现其控制功能。

第二节 团队凝聚力培养

一、团队凝聚力的含义

团队凝聚力不仅是维持团队存在的必要条件,而且也是增强团队功能,实现团队目标不可或缺的条件。没有凝聚力,团队就不能很好地完成组织赋予的任务,团队也就失去了存在的价值和功能。

测量团队凝聚力有多种方法。心理学家莫里诺提出的社会测量法,是一种管理界常用的团队凝聚力的测量方法。该方法的公式表示为:

团队凝聚力=成员之间相互选择的数目之和/所有可能相互选择的总数

实际工作中企业的凝聚力可从两个方面来衡量：一是员工满意度，二是员工流失率。这两个指标有着内在联系。一般情况下，员工满意度高，流失率就低；满意度低，流失率就高。不过我们还应当看到，员工的流失分为显性流失和隐性流失。员工因满意度低而辞去工作，是显性流失；但是当员工心里不满，并没有选择离开，而是采取消极怠工的方式继续留下来混日子，这即是隐性流失。有的企业员工流失率极低，但并不一定说明企业的凝聚力强。

团队凝聚力表现为团队成员头脑中所具有的团队意识，它包括以下几个方面。

1. 归属意识

归属意识即希望自己在某个组织中有一定的位置，以获得物质上和精神上的满足。团队成员将自己在社会中的位置具体定位于所在团队，认识到团队为自己提供了工作，个人命运与团队是休戚相关的。

2. 亲和意识

亲和意识即个人意愿与他人建立友好关系和相互协作的心理倾向。团队成员在工作时相互依从、相互支持、密切配合，建立了平等互信、相互尊重的关系。

3. 责任意识

责任意识即团队成员有着为团队的兴盛而尽职尽责的意识，具体包括恪尽职守、完成任务、勇于创新、遵守团队规则等。

4. 自豪意识

自豪意识即团队成员认为自己所在的团队有令他人羡慕的声誉、社会地位和经济收入等的荣耀心理。

二、团队凝聚力的影响因素

团队不是孤立存在的，而是处在一定的环境中，因此团队凝聚力要受到多种因素的影响。这些因素包括外部因素和内部因素。当团队成员受到外部威胁时，无论团队内部曾经发生过什么问题和矛盾，团队成员都会团结起来共同面对困境和难题，团队的凝聚力会增强。例如，一个团队与其他团队展开竞争时，团队的内部通常也会加强合作，提高凝聚力，这就是外部因素对团队凝聚力的影响。团队凝聚力的主要影响因素来自其内部，这些内部因素具体包括以下几个方面。

1. 团队的规模

团队规模越大，凝聚力相应就会越小。因为团队规模越大，成员之间的互动或相互作用就越困难，团队保持共同目标的能力也会相应减弱。而且，随着团队规模的增大，团队内部产生相对独立小团体的可能性也相应增大，而这些小团体通常会降低团队的凝聚力。

2. 团队的目标

当团队的目标与个人目标一致时，显然，团队成员就愿意合作完成任务，凝聚

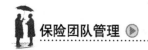

力就会增强;反之,如果个人目标与团队目标南辕北辙,个人所付出的努力就会减少,对团队的感情就趋于冷淡,团队的凝聚力也就会降低。

3. 团队的激励方式

对员工激励时,奖励的方式以团队为单位,可以使成员意识到个人利益和团队利益不可分割,可以强化团队的奋进精神,提高团队的凝聚力。团队不仅是人的集合,而且是能量的结合。团队精神的实质并非要团队成员牺牲自我完成工作,而是要充分利用和发挥团队所有成员的个体优势去做好工作。团队的综合竞争力正是来自于对团队成员专长的合理配置。

4. 团队的成功经历

如果某个团队有成功的表现或极高的美誉度,就容易建立起团队合作精神。成员在这样的团队中也就会产生荣誉感和自豪感。已往的光荣就会激发今天的成员,让他们做得更出色。一般来说,成功的企业比不成功的企业更容易吸引和招聘到新的员工。对于成功的研究小组、知名大学和常胜运动队也同样如此。

5. 团队成员因素

包含两个层次的问题:一是成员的相似性。团队成员之间的特征相似程度对团队凝聚力有一定影响。这里的成员特征包括根据个人档案记录、归纳、总结的比较明显的个体特征,也包括那些难以观察、对人的行为模式更具决定性影响的深层次因素,如个性、态度、价值观及其他心理因素等,还包括个体内在特性动态集合所产生的总体特征。如果团队成员的差异性及分歧太过明显,则会影响团队凝聚力。二是成员的相吸性。如果 A 从 B 身上发现了自己喜欢的某种品质特征,如名声和社会地位、愉悦、支持性以及其他令人喜欢的个性特点等,A 会对 B 表示赞美、钦佩,成员间的这种相互吸引会使得他们愿意在一起共同完成某项任务,而这正是团队凝聚力塑造的最重要的基础。

三、团队凝聚力培育措施及方法

1. 明确团队目标

管理者与团队成员共同建立目标,融团队目标与个人目标于一体,使个人目标与团队目标高度一致,可以大大提高团队成员的工作积极性和团队的生产效率。有效目标的建立一般有如下原则:(1)目标的具体化、可测量化。(2)清楚地确定时间限制。良好的目标应该是适时的,它不仅需要确定的时间限制,而且还要对完成任务的时间进行合理的规定。(3)运用中等难度的目标。除了上述三个方面以外,定期检查目标进展情况,运用过程目标、表现目标以及成绩目标的组合,利用短期的目标实现长期的目标,设立团队与个人的表现目标等方式都有利于团队凝聚力的培育。

有三只老鼠一同去偷油喝,到了油缸边一看,油缸里的油只剩一点点在缸底，并且缸身太高，谁也喝不到。于是它们想出办法：一个咬着另一个的尾巴，吊下去喝，第一只喝饱了，上来，再吊第二只下去喝……第一只老鼠最先吊下去喝，它在下面想："油只有这么一点点，今天总算我幸运，可以喝个饱。"第二只老鼠在中间想："下面的油是有限的，假如让它喝完了，我还有什么可喝的呢？还是放了它，自己跳下去喝吧！"第三只老鼠在上面想："油很少，等它俩喝饱，还有我的份吗？不如早点放了它们，自己跳下去喝吧！"于是，第二只放了第一只的尾巴，第三只放了第二只的尾巴，都只管自己抢先跳下去。结果它们都落在油缸里，由于永远逃不出来而饿死了。这就是在团队中，成员追逐的个体小目标与团队总目标不一致而造成的后果。"老鼠偷油队"因为只有个人目标、缺少团队目标付出巨大代价，全军覆没。

2. 良好的团队内部管理

（1）领导。在领导方式上，要增强团队凝聚力，应较多地采取民主型领导方式，在团队决策上应共商共议，力求最大限度反映民意，切忌独断专行，这样可以使成员之间更友爱，成员相互之间情感更积极，思想更活跃，凝聚力更强。

（2）沟通。团队成员者的沟通与交流既可增强人际凝聚力也可增强任务凝聚力，所以在团队内部应保证足够的沟通时间、适宜的空间或渠道以及营造良好的沟通氛围。① 在沟通时间上，可以根据任务的需要安排每天或每周的某个固定时间或其他适宜时间，各团队成员汇报最近的任务进展情况、新的想法、新发现的问题等，以便能即时调整，避免不必要的人力、物力浪费；② 要保证有沟通的空间与渠道，沟通的场所可以选择在办公室、会议室、休息室、餐厅等，渠道可以由面对面交流、电话、网络等，场所与渠道的多样性与优质性可以方便成员间进行快捷、有效的沟通，保证信息在团队内部的畅通以及知识和信息的共享；③ 营造良好的沟通氛围就是要让各成员敢于表达、愿意表达、能够表达自己的思想，集思广益。营造良好沟通氛围应注意成员之间应相互信任（信任的四个要素，即获得成效、一致性、诚实和表现关注）、相互尊重彼此的想法、把交流的中心集中在任务上，对事不对人，避免伤及他人感情，团队中的领导或权威人物对成员发言进行评价时要慎重，避免伤害发言者或欲发言者的积极性，为了让成员打开思路，可以对其发言进行追问，不要急于评定其想法的优劣，另外，也可考虑延迟评价。

研发部梁经理才进公司不到一年，工作表现颇受主管赞赏，不管是专业能力还是管理绩效，都获得大家肯定。在他的缜密规划之下，研发部一些延宕已久的项目，都在积极推行当中。

部门主管李副总发现，梁经理到研发部以来，几乎每天加班。他经常第二天来看到梁经理电子邮件的发送时间是前一天晚上10点多，接着甚至又看到当天早上7点多发送的另一封邮件。这个部门梁经理总是下班时最晚离开，上班时第一个到。但是,即使在工作量吃紧的时候,其他同人似乎都准时走,很少跟着他留下来。平常也难得见到梁经理和他的部属或是同级主管进行沟通。

  李副总对梁经理怎么和其他同事、部属沟通工作觉得好奇,开始观察他的沟通方式。原来,梁经理部是以电子邮件交代部署工作。他的属下除非必要,也都是以电子邮件回复工作进度及提出问题。很少找他当面报告或讨论。对其他同事也是如此,电子邮件似乎被梁经理当做和同人们合作的最佳沟通工具。

  但是,最近大家似乎开始对梁经理这样的沟通方式反应不佳。李副总发觉,梁经理的部属对部门逐渐没有向心力,协作意识逐渐淡化,除了不配合加班,还只执行交办的工作。

  沟通的方式、时间、技巧等都会对团队建设产生影响。

(3) 制定有效的团队规范。团队规范,是团队成员认可的并普遍接受的规章和行为模式,它可以具体化为团队成员对某种特定行为的认同或反对,区分出某种行为是有益的或是有害的,以此来规范团队成员的行为,鼓励有益的行为、纠正有害的行为,帮助成员了解什么是被期望的行为,提高团队的自我管理、自我控制的能力,从而促进团队的凝聚力。

团队凝聚力是无形的精神力量,是将一个团队的成员紧密地联系在一起的看不见的纽带。有了凝聚力团队就会很有更好的发展。

一个团队成立并稳定生存,团队凝聚力是其必要条件。丧失凝聚力的团队,就犹如一盘散沙,难以持续并呈现低效率工作状态。与其相反的是,如果团队凝聚力较强,那么团队成员就会热情高,做事认真,并有不断的创新的行为,因此,团队凝聚力也是实现团队目标的重要条件。

  国内权威的团队管理专家谭小芳老师认为,凝聚力是企业的生命力,要提高和增强这种内在聚合力,没有捷径,也没有灵丹妙药,更没有锦囊妙计,只有扎扎实实从一点一滴做起,努力在目标、管理、机制、环境这几个方面下苦功,努力提高员工的满意度,只有真心才能换来真情,只要把方方面面的工作都做好了,满意度自然会提高;满意度提高了,凝聚力必然增强;凝聚力增强了,企业当然能快速、健康地发展。

3. 强化团队成员个体心智模式修炼

正如前面所论述,团队凝聚力培育如果想要达到稳定和具有真正的向心力,就必须在强化个体心智模式修炼的基础上,锻造基于共识的团队心智模式。

心智模式主要从以下几个方面进行修炼:第一,把镜子转向自己,是心智模式修炼的起步。有时候,人们需要独处,静静地审视自己的心智模式,学习发掘内心世界的图像,使这些图像浮上表面,并严加审视。第二,倒掉壶中之水,虚怀若谷;

学会感激,有容乃大。第三,敞开胸怀,以开放的心灵容纳别人的想法。第四,换个角度爬山,每次都有新收获;第五,用多棱镜看世界。

成功人士的心智模式:

成功=15%智商+60%情商+5%逆境商+20%学习商

智商:包括内智力(注意力、记忆力、观察力、理解力、推理力、内省力、创造力等),外智力主要指知识、经验和技能;

情商:人的行为中所显示的智力以外的激励与控制自己的能力以及了解他人、激励他人和控制他人的能力;

逆境商:信念、自信心、意志力、容挫力和乐观性等;

学习商:即学习力;

一个人情商高低标志:

- 是否同情和关心他人;
- 是否善于表达和理解感情;
- 是否善于控制自己的情绪;
- 是否具有独立的个性;
- 是否具有较强的文化适应性;
- 是否善于处理人际冲突;
- 是否具有坚韧性;
- 是否具有一颗善良的心;
- 是否尊重他人;
- 能否"慎独",利用个人独处来有效清理自己的思绪。

第三节　团队精神塑造

团队精神的形成,其基础是尊重个人的兴趣和成就。设置不同的岗位,选拔不同的人才,给予不同的待遇、培养和肯定,让每一个成员都拥有特长,表现特长,这样的气氛越浓厚越好。团队精神在形态上表现为一种文化问题,而其核心问题其实就是团队共同价值问题,团队精神是团队及其成员的共同价值取向和行为标准,它的形成是复杂因素综合作用的结果,其中既有主观的因素也有客观物质条件的因素。团队精神的培养应该从以下三个方面着手。

一、确定目标方向,为团队精神塑造奠定基础

(一)科学确立团队目标,并使之在团队内充分渗透

团队目标并不是可有可无的,它是团队精神的灵魂和核心,是团队精神建设

的出发点和基础,是团队成败得失的关键。在确定团队目标过程中至少必须遵循以下四项原则。

其一,经营理念应该具有时代性,合乎社会规范,并与团队成员的价值取向相统一,这样才能引起团队成员的心理共鸣。

其二,目标必须真实,切忌好大喜功,盲目冒进,也应避免保守畏缩。确立团队目标应根据团队现有内外环境资源及市场机会理性分析,综合评判。目标不能定得太高,也不应太低。

其三,目标必须对团队成员具有激励作用,团队目标应该是团队成员利益的集中表现,只有这样目标才能得到团队成员的认同,才能对团队成员的行为起规范作用。

其四,目标必须不断更新。当团队的主客观条件、社会环境发生变化以后,团队目标也必须获得更新,否则,就会丧失其导向功能和动力作用。

(二)科学制定团队成员职业生涯规划,使成员个人目标与团队目标保持一致

科学的团队成员职业生涯规划强调成员个人发展目标与团队整体目标保持一致,相互促进。通过帮助团队成员科学制定职业生涯发展规划,增强成员的融入团队的积极性、主动性。主要从以下五个方面进行:

(1) 努力创造平等参与的机会,使团队成员能充分发挥个人才能;
(2) 鼓励团队成员不断积极上进,不断充实自己,提高自身素质;
(3) 帮助团队成员在团队中找准合适的位置并扮演好自己的角色;
(4) 协助团队成员从错误中总结教训,反省自我以及让团队成员指导自己优势和长处;
(5) 在不同职业发展阶段,对团队成员进行经常性的岗位匹配度分析,让每个团队成员在发展过程中动态对应有助于他们更好发展的岗位。

> 一个企业就好像一辆高速运行的列车,企业员工本来是应该坐在列车上的。而有的员工在工作一段时间以后发现,自己跟企业没有什么关系,于是他把一条腿放在车上,另一条腿不肯放上去,如果看到第二辆列车,就跳了上去。这样一种状态,结果肯定是非常危险的。
>
> 员工不能与企业同心同德,首先损害的是员工的利益,其次对企业也是一个非常大的损失。有的员工一旦离开,就会带走一部分客户,将企业客户资源变成了个人资源,等等。
>
> 所以,团队必须考虑团队成员的职业生涯规划。帮助成员进行科学的职业生涯规划,不仅是帮助成员的个人成长,更重要的是,在职业生涯规划的引领下,让成员和团队更加紧密地融合在一起,使个人和组织的目标更加趋于一致,从而使团队更加稳固和富有战斗力。

二、强化团队管理,为团队精神塑造提供保障

(一)强化团队领袖行为

优秀的团队领袖会使团队保持高度一致。团队领袖的行为直接影响到团队精神的建立。团队领袖首先必须懂得如何选人、管人、育人、用人、留人。任何团队都会有管人的问题。团队必须建章立制,这是保持团队完整的基本条件,"没有规矩,不成方圆",用标准来管理人、约束人并持之以恒地实行,这是团队领袖的重要工作内容。团队领袖必须善于育人,人才是团队最重要的资源,人才来源,一是靠引进,二是靠培育,引进来后得加以培养。团队领袖在团队分工的时候还必须做好用人的事情,把人才放置到最合适其发挥才能的工作岗位上,真正做到人尽其才。其次,团队领袖必须加强自身素质和能力的修炼。团队领袖要善于学习,勤于学习,懂得运筹帷幄,懂得方向和大局,研究事业发展战略,同时,还要加强自身的德性修养,懂得以德服人,讲信誉、宽胸襟,敢于否定自己、检讨自己,善于集中团队成员的智慧和采纳团队成员的意见,发扬民主管理的作风。

出色团队领袖的十二大品质

1. 慧眼识人才

对人才别具慧眼,且有广阔的胸襟,能容纳才华比自己高的人,而且有宽广的人际脉络,网罗适合的人才。

2. 化"零"为整

能够让成员工明白各人的物质与地位,互相尊重,从而融洽地成为一个整体。

3. 勇于突破

有胆色突破传统,能接受别人犯错,不容许官僚主义存在,每个人都是平等的,能容许每个人将自己的见解坦率地表达,使事情能更完美。

4. 决断而不专横

他们必须做决定,但不能限制其他参与者早已认定的自主,让其他人能够充分阐述自己的观点和表达自己的意愿。

5. 务实的梦想者

具有创新、可实现的远景,能把远景形容为触手可及、诱人至极的事情,让其他人都看得见,并热烈参与。

6. 出色总管

能驱除让成员分心的事物,让他们专心一志,并在遭遇挫折和压力之际,让众人保持希望。

7. 激励有法

能激励成员投入较不重要的计划,令辛劳的工作变得既有意义又有

趣味。

8. 创造敌人

必须能为团队制造敌人,以提升团队的竞争危机,有助团队整军练武,保持明确立场。

9. 使成员快乐

能使每个成员在工作中得到乐趣,发挥自己的专长。

10. 提供正确工具

了解成员需要什么,产除工作中非必要的事物,并提供正确工具,确保成员得到需要的信息,充分共享信息及其他所需资源。

11. 防患未然

若成员有不满情绪时,能在它未威胁到计划前先予克服。

12. 耐心聆听

这样才能把来自不同背景、文化、年龄、思想的成员之差异缩窄,令工作得以更顺利进行。

(二)建立规范的管理制度和激励机制

规范的管理制度、良好的激励机制是团队精神形成与维系的内核动力。团队精神的培育,必须有一套规范化的管理制度和一套激励员工的机制。规范化的管理制度牵着团队成员向正确的方向走,良好的激励机制引导团队成员向前走。

三、培养良好氛围,为团队精神塑造营造环境

(一)建立团队价值观,培养良好的团队气氛

协同工作是良好团队精神的体现。团队内部必须树立起"人人为我,我为人人"的共同价值观。团队是每个成员的舞台,个体的物质和精神回报离不开团队这一集体,每个成员要想获得自己的荣誉,实现事业的抱负,这都离不开其他成员在信息、知识、能力和爱心上的帮助和支持。因此,要在团队内部经常性地开展沟通工作,倡导感恩和关爱他人的良好团队气氛。

尊重团队成员的自我价值是形成共同价值观的前提。一般来说,团队成员在团队中是以个人的经济收入和各种潜能的发挥作为价值目标的,并体现在团队的贡献上;而团队则应在追求团队价值的同时,充分考虑到每个成员都能平等地在整体环境中获得追求和实现自我价值的机会。要使这两个方面有机地统一起来,团队的凝聚力就会形成,团队的共同价值也就能通过个体的活动得以实现。

良好的团队价值观具有多方面的作用:

1. 胶水作用——能使人们抱成一团。举个例子,婚姻、家庭是个很牢固的组合体,婚姻开始是靠激情,婚后激情将会逐渐减弱,家庭靠什么来维持

呢?靠的就是共同的价值观来维持,过来人都会有体会价值观比感情更重要。价值观不同的夫妻双方,在对待儿女、父母、朋友、金钱、处世为人等方面双方格格不入,无休止的冲突是很难维持家庭的稳定性的。

2. 地基作用——所有团队的建设都要建立坚固的基础之上,价值观就是团队建设的基础。

3. 尺子作用——价值观帮助团队树立一个工作目标,这个共同目标是衡量大家工作表现的尺子。

4. 罗盘作用——只要价值观正确,不管环境如何变化,团队都能朝着正确方向并坚定不移地前进。价值观是处理问题、解决问题的方向,价值观混乱,思想就会混乱,就会损害团队的利益。我们要满足自己最大需求,就要给他人最大化的服务。以这个不变的规律为出发点、为指导思想去建立良好的人脉关系,努力学习增长知识,努力提高工作能力,发挥团队成员的聪明才智。

5. 磁铁作用——团队的价值观取向会吸引相似价值观的人,如果价值观相差太远,团队成员就会掉队、离队。现在我们团队中有些人专爱干损人利己的事,这些人只能暂时得到利益,因为这些人的价值观与团队的价值观背道而驰,最终将会被团队当做"坏苹果"扔掉。

6. 身份证法则——价值观是一个人的标记,团队有共同的价值观,就能起到胶水作用、地基作用,从而增进团结、提高效率。

7. 价值驱动——人们都希望自己是优秀企业中的一员,都认为自己是最优秀的,渴望得到认可,害怕孤独、担心无助。

(二)建立团队民主气氛

一个人如果供职于一个具有民主气氛的团队中,他会感到一切都很随意,在工作中能与其他成员充分沟通,愿意开放自己的胸襟接受来自团队内外的批评,愿意倾听客户的意见和其他成员的意见。通过培养这种民主气氛,还可以使团队成员之间的关系更加融洽,从而更好地开展工作,为团队目标的达成作贡献。

建立民主气氛的方法有:让所有团队成员充分参与团队的各项活动;使所有团队成员享有同等发言权,每个人的意见都同等重要;在团队内部培养尊重不同观点的态度;认可团队内部的不同动机、不同意见和不同价值观;在进行决策、解决问题、化解纠纷或执行团队工作的过程中,综合多方观点;让每一个团队成员参与团队讨论的全过程;使每一个团队成员获得充分的信息,团队领导要尽量了解更多的情况。

(三)营造相互信任的组织氛围

团队精神的培育是和相互信任的组织氛围紧密联系在一起的,情感认同是一

个团队最坚实的合作基础,能给团队成员一种安全感,并能使团队成员以团队作为自己发展的舞台。所以,在培育团队精神的过程中,应通过一些活动增加团队领导与团队成员之间的情感交流,从情感交流上相互信任。

(四)借助企业文化塑造团队精神

通过文化的力量逐渐形成团队自身的行为习惯及形式规范,这种规范同时也表现出这个团队的行为风格与准则。团队的规章制度、标准规范的建立健全,在团队精神的培育方面可起辅助的作用,而塑造团队精神的关键是团队的良好文化的形成。团队的良好文化的形成是塑造团队精神的最主要因素,良好文化的形成可以保证在团队管理中组织、指挥的有效性,团队成员也会自觉地按照团队的行为规范要求自己,形成团队良好的风气和氛围。

本章对团队精神内涵、团队凝聚力培养及团队精神塑造等方面的问题进行了阐述。团队精神是团队整体的价值观、信念和奋斗意识,是团队成员为了团队的利益和目标而相互协作、共同奋斗的思想意识。团队精神包含团队的凝聚力、成员之间的高度信任感和团队合作意识、团队士气。具有高凝聚力,人际关系和谐,有强烈的责任感和工作士气的团队,能够克服众多困难,有着强大的战斗力。因此,团队管理者应当努力塑造团队精神,成为团队精神的建设者和精神领袖,应当充分尊重和信任团队成员,敢于授权,鼓励团队成员勇担责任,并在资源分配、绩效考核、奖惩激励等制度建设方面体现团队的整体性和相互合作的精神,强化团队成员的合作意识。

1. 保险团队在初创时期应如何提升团队凝聚力?
2. 什么是团队精神?团队管理为什么要强调团队精神?
3. 联系实际谈谈如何塑造团队精神。

蚂蚁如何将巨蟒搬回家

一条巨蟒,足够全国蚂蚁一年的口粮了,这次战争虽然牺牲了两三千只蚂蚁,但收获也不小。

蚁王命令把巨蟒扛回宫殿,在军师的指挥下,近亿只蚂蚁一齐来扛巨蟒。他们并不费力地把巨蟒扛起来了。

然而,扛是扛起来了,并且每一只蚂蚁都很卖力,巨蟒却没有前移,因为虽然有近亿只蚂蚁在用力,但这近亿只蚂蚁的行动不协调,他们并没有站在一条直线上,有的蚂蚁向左走,有的向右走,有的向前走,有的则向后走,结果,表面上看到巨蟒的身体在挪动,实际上却只是原地"摆动"。

于是军师爬上大树,告诉扛巨蟒的蚂蚁:"大家记住,你们的目标是一致的,那就是把巨蟒扛回家。"统一了大家的目标。

军师又找来全国嗓门最高的一百只蚂蚁,让他们站成一排,整齐地挥动小旗,统一指挥前进的方向。

这一招立即见效,蚂蚁们很快将巨蟒拖成一条直线,蚂蚁们也站在一条直线上。然后,指挥者们让最前面的蚂蚁起步,后面的依次跟上,蚂蚁们迈着整齐的步伐前进,很快将巨蟒抬回了家。

这个故事给我们的启示是:

1. 和同事们交流任何可能的事,沟通是团队精神塑造的重要环节。他们知道得越多,就越能理解团队的宗旨就越关注团队的发展。而一旦他们关注了,什么都阻止不了他们对团队工作的参与。

2. 如果你不信任你的同事,不让他们了解正在发生的一切,他们就会知道你并没有真正把他们当成伙伴。从而失去与你共同行动的心思和愿望。

3. 激励你的伙伴们,让他们知道你们将会共同达到的目标和成就。

4. 赞赏你的同事为公司所做的一切,让每个人感觉自己的劳动和努力得到尊敬和珍视。

5. 庆祝你们的成功,将成功的喜悦分享到团队的每个角落,感染伙伴们的团队,使他们更愿意再次与团队携手取得更大成功。

6. 认真倾听你所在公司的每一个人的谈话,每一次沟通都有可能对工作产生益处。

> **问题**
>
> 1. 同样一群蚂蚁,为什么一开始没有能够成功将蚂蚁搬回家,而后来又可以了?
> 2. 谈谈该故事关于团队精神对你的启发。

实训项目

将学员分成若干组,每一个组各自围成一个圈,统一向右转,将双手放在前一位同学的肩上,同时保证你的双脚并拢,并顶在你前一位同学的后脚跟上,现在在听到指令之后每一个同学坐在你后一位同学的双膝上,你前一位同学坐在你的双膝上。将大家凑在一个大圈,指导者站在中间,说一些鼓励的话,并计时。看哪个组团队协作能力更强,坚持得更久。

主要参考资料

[1] 姚裕群.团队建设与管理[M].北京：首都经济贸易大学出版社,2006.
[2] 陶金.团队建设与管理[M].广州：暨南大学出版社,2010.
[3] 坦纳著,张羽译.团队建设员工管理[M].北京：机械工业出版社,2010.
[4] 彼得·圣吉.第五项修炼——学习型组织的艺术与实务[M].上海：上海三联书店,1996.
[5] 〔美〕斯蒂芬·P.罗宾斯著.孙健敏,李原译.组织行为学[M].北京：中国人民大学出版社,2005.
[6] 李屹立.苹果的哲学[M].南京：江苏人民出版社,2011.
[7] 〔美〕哈里森·斯诺,陈飞星译.团队建设游戏教练手册[M].北京：企业管理出版社,2009.
[8] 阎剑平.团队管理[M].北京：中国纺织出版社,2006.
[9] 张国才.团队建设与领导[M].厦门：厦门大学出版社,2006.
[10] 姚裕群.团队建设与管理[M].北京：首都经贸大学出版社,2006.
[11] 谢清顺.保险经营管理专业手册[M].北京：中国国际新闻出版社,2005.
[12] 韩雪.保险客户服务与管理[M].北京：中国金融出版社,2009.
[13] 孙郡锴.你是最好的保险经理[M].北京：中国华侨出版社,2010.
[14] 鲁克德.笑话中的管理学[M].北京：电子科技出版社,2010.
[15] 易书波.好中层会沟通[M].北京：北京大学出版社,2010.
[16] 余世维.有效沟通——管理者的沟通艺术[M].机械工业出版社,2009,3.
[17] 姚裕群,许晓青.团队建设与管理[M].北京：首都经济贸易大学出版社,2006.
[18] 安妮·多娜伦,燕清联合译.无障碍团队沟通[M].北京：机械工业出版社,2004.
[19] 青平.现代企业的新型管理模式：冲突管理[M].北京：人民出版社,2002.
[20] 汪明生,朱斌妤.冲突管理[M].北京：九州出版社,2001.
[21] 〔美〕麦格雷戈.企业的人性面[M].台湾中华企业管理中心,1979.
[22] 章义伍.如何打造高绩效团队(学习手册)[M].北京：北京大学出版社,2005.
[23] 姚裕群.团队管理[M].北京：首都经济贸易大学出版社,2007.
[24] 姚裕群,孔冬.团队建设与管理[M].长沙：湖南师范大学出版社,2007.

[25] 中国人寿保险股份有限公司.团队精神[M].北京:中国金融出版社,2010.

[26] 张云云,党刘栓.论企业团队建设[J].科技创业月,2005,9.

[27] 涂强.保险营销员高流失率简析[J].上海保险,2009,1.

[28] 孙启伟,孙英隽.论高绩效保险营销团队的建设和管理[J].中国商界,2010,12.

[29] 曹庆华.企业有效沟通障碍剖析及应对[J].科技与企业,2011,3.

[30] 曾德明,周青,秦吉波.高新技术企业R&D团队柔性冲突管理机制研究[J].管理评论,2005,6.

[31] 刘电芝,疏德明.团队凝聚力的影响因素及其培育措施[J].现代管理科学,2008,5.

[32] 万涛.不同类型团队冲突管理研究的构思与展望[J].科技进步与对策,2006,12.

[33] 颜志坚.A保险公司营销员激励方式优化设计[D].兰州大学硕士论文,2011.

[34] 刘洪亮.企业团队精神塑造研究[D].哈尔滨工程大学硕士论文,2006.

[35] 百度百科.http://baike.baidu.com/

[36] 百度文库.http://wenku.baidu.com/

[37] 百度知道.http://zhidao.baidu.com/

[38] 团队建设专题.经理人网.http://www.sino-manager.com/tab_353_p6.html

[39] 向日葵网.http://www.xiangrikui.com/shouxian/pinglun/20111009/147577_1.html